Goldstadt-Reiseführer
Fichtelgebirge
Gernot Messarius

Das Fichtelgebirge

Kennst Du die Flüsse, die hier ausgehn
Als Boten in alle vier Winde?
Zu laden alle, die draußen stehn,
kommt her zu mir geschwinde:
Die Saale, die Eger, die Naab und der Main,
Ihr Ruf soll mir willkommen sein!

Fichtelgebirgslied

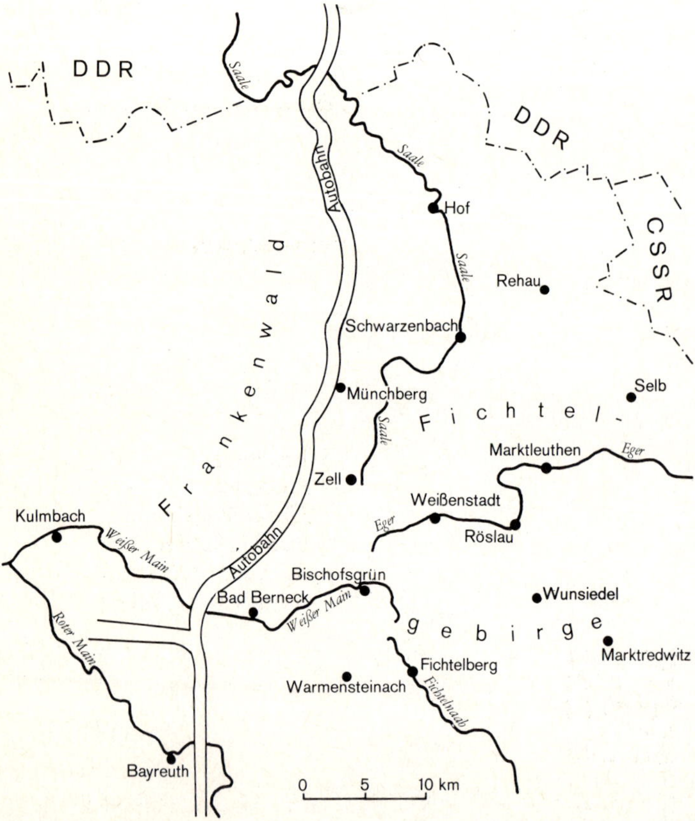

Goldstadt-Reiseführer
Band 2318

Fichtelgebirge

Naturpark zwischen
Bayreuth, Hof und Selb
Städte, Orte und Strecken

Gernot Messarius

15 Farbfotos
38 Fotos s/w
1 Übersichtsskizze
5 Streckenskizzen
1 Stadtplan Bayreuth
farbiger Kartenteil

GOLDSTADTVERLAG PFORZHEIM

Titelbild: Der aus einem gewaltigen Granittrümmerfeld bestehende Kösseine-Gipfel, von dessen Aussichtstürmchen sich ein unvergeßliches Fichtelgebirgspanorama erschließt. (Foto: Gernot Messarius)

Die Farbfotos im Vorspann stammen von der Tourist-Information Fichtelgebirge in Fichtelberg (9) und vom Autor Gernot Messarius (6).

ISBN 3-87269-318-2

3. überarbeitete Auflage

Herstellung: Karl A. Schäfer, Buch- und Offsetdruckerei, Pforzheim
Vertrieb: GeoCenter Verlagsvertrieb GmbH, München

03880230

Ein Berg, hoch, weit und wohlbekannt, liegt in Bayern, genannt der Fichtelberg. Der gehört halb dem Pfalzgrafen und halb dem Markgrafen. Er ist unwegsam, und niemand kann noch weiß den Berg zu besteigen, außer Zinngräber, Schindelmacher und dergleichen Leute. . . Wer den Berg beschauen will, der muß kundige Leute dabei haben und Speise und Feuer mitnehmen, denn den Berg kann man nicht zu Pferd aufsuchen. . . Der Berg hat die größten Bäume, die ich je sah, wie Fichten, Föhren, Ahorne. Er hat gar viele Schächte und Erzgruben, die man vor vielen Jahren dort gebaut hat. Etliche Dörfer, die um den Berg liegen, verschneit es manchmal derart, daß die Leute, die darin wohnen, Hungers sterben und verderben müssen. Schließlich ist nicht alles zu beschreiben, was an Wunderbarem auf dem Berge zu finden ist.

Matthias von Kemnath, 1476

Es hat der Fichtelberg und schier das ganze herumgelegene Land ein fromm, getreu, freundlich, aber doch fast grob, bäurisch, hart und stark Volk, das Hitz und Frost in aller Müh und Arbeit wohl leiden und vertragen mag. In Summa es seynd Leut, ihrer von Natur angebornen Stärke willen, item wilde Säue und grausame Bären zu fälle, wie wohl sie nicht von Leib grob und ungeheuer, sondern von Art des Hölzleins seynd, das sie selbst gemeiniglich an den Spießen tragen. Daher auch ein deutsches Sprichwort erwachsen, da wenn man von einem guten Knüttel will sprechen, sagt man: Es ist ein grober Fichtelberger.

Caspar Bruschius, 1542

Der vortreffliche, vor unseren Augen mitten in Teutschland aufsteigende Fichtelberg erzählet die Ehre und Lob des Herren seines Meisters stillschweigend, doch klar und deutlich . . .Eine Urquelle vier schiffreicher Ströme, ein anmutiges Paradeiß des teutschen Vaterlandes.

Magister Johann Will, 1692

Auf dem Gebürge treffen wir in großer Menge die allergrößten Wald-Hirschen an, woraus anzunehmen, daß an kleinerem und jüngerem Wild desto weniger ein Mangel vorhanden. Auch seynd die wilden Schweine in großer Anzahl und oft von ungemeiner Leibesgröße, zuweiln von so gepüchter Haut anzutreffen, daß nicht wohl eine Kugel in sie eindringen kann. . . Der großen Wald-Bären gibt es in großer Zahl, daß man Bärenfänge und Falltore aufgerichtet.

Johann Christoph Pachelbel, 1716

In Bischofsgrün, einem Dorfe, am Fuße des Ochsenkopfs alpenhaft mit seinen grauen Schindeldächern gelagert, nahm ich einen Führer, den Berg zu besteigen. . . Man denkt bald oben zu sein, aber es hat sich. Nie habe ich eine mühseligere Tour gemacht; die Ersteigung des Brockens ist ein Scherz dagegen. Endlich kam man denn doch schweißtriefend, keuchend, mit vor Ermüdung zitternden Muskeln oben an. Die Kuppe ist ein gigantisch aufgetürmtes Granitgestein. Ich fühlte mich auf einem Urgebirge der Erde.

Karl Leberecht Immermann, 1837

Die geologisch, geographisch und ethnologisch wichtigste Landschaft Deutschlands ist das Fichtelgebirge; es ist seine Zirbeldrüse, sein Mittelpunkt und seine große Wasserscheide. Richard Wagner hat das intuitiv gefühlt, als er Bayreuth zu seinem Olympia erkor.

August Strindberg, 1905

Sich mit den Einheimischen Fichtelgebirglern zu verständigen, wird dort nicht ganz leicht sein, da derselbe, insbesondere im ehemaligen „Sechsämterland", einen eigenartigen Dialekt spricht, der sich bis ins Gebiet der alten Reichsstadt Eger erstreckt.

Woerl's Führer Fichtelgebirge, Leipzig 1933

Die Fahrzeit mit der Seil-Schwebebahn zur Bergstation auf dem Ochsenkopf beträgt von Bischofsgrün-Fröberhammer 17 Minuten, von Oberwarmensteinach-Fleckl 14 Minuten.

Aus einem Prospekt der Ochsenkopf-Seilschwebebahnen, 1982

Urlaub im Fichtelgebirge

Wer mit dem Wagen die Autobahn Nürnberg–Hof verläßt und über das Kneippheilbad Bad Berneck auf der Fichtelgebirgsstraße nach Marktredwitz fährt, begegnet einer Landschaft von herber Schönheit. Dazwischen Bischofsgrün, Höhenluftkurort und Wintersportplatz am Ochsenkopf; Wunsiedel, die „kleine lichte Stadt“ Jean Pauls im Röslatal – historischer Mittelpunkt des „Sechsämterländchens“; Bad Alexandersbad, Stahl- und Moorbad am Hang der Luisenburg. Aber auch Warmensteinach am Südfuß des Ochsenkopfes, Fichtelberg in der Nähe des idyllischen Fichtelsees und Weißenstadt zwischen Schneeberg und Waldstein sind beliebte Urlaubsziele. Ganz zu schweigen von den vielen anderen kleinen Ferienorten, in denen die Preise noch stehengeblieben sind.

Wohl bekommt der Autofahrer einen Eindruck von der Landschaft, doch erst dem Wanderer eröffnen sich jene großartigen Naturdenkmale, die vom Tale aus nicht sichtbar sind. Denn da gibt es nicht nur die weiten Fichtenwälder, in denen noch seltene Vogelarten wie Auerhahn und Fichtenkreuzschnabel zu Hause sind, wo Pilz- und Heidelbeersammler ein wahres Dorado finden, sondern auch abgeschiedene Moore, waldumsäumte Teiche und kleine Seen, Granitkuppen in wunderlichsten Formen, gewaltige Blockmeere an den Hängen und wild aufgetürmte Felsburgen in der Gipfelregion.

Schon Goethe gehörte zu den Bewunderern des Fichtelgebirges, dem er die euphorischen Verse widmete: „Weit, hoch, herrlich der Blick ring ins Leben hinein. Von Gebirg zu Gebirg schwebet der ewige Geist ewigen Lebens ahndevoll.“ Der streßgeplagte Mensch unserer Zeit schätzt besonders die Aktivität des Wanderns in waldreicher Umgebung.

Außerdem gibt es noch zahlreiche andere sportliche Möglichkeiten. Ein beheiztes Frei- oder Hallenbad ist immer in der Nähe, und vielerorts können Sie angeln, paddeln, segeln, reiten, minigolfen, Tennis spielen oder Segelfliegen. Als Attraktion gilt die Sommerrodelbahn am Ochsenkopf ebenso wie die Sommer-Skisprungschanze. Und im Winter ist das Fichtelgebirge ein Paradies für Skifahrer vor allem im Ochsenkopf- und Kornberg-Gebiet.

Lohnend sind Abstecher zu den Städten am Rande: Da ist Bayreuth, die Festspielstadt Richard Wagners, Kulmbach mit der hochthronenden Plassenburg, die bekannte Porzellanstadt Selb, die alte Handelsstadt Hof an der Saale. Doch als Einstimmung auf Land und Leute empfiehlt sich zuerst ein Besuch des Fichtelgebirgsmuseums in Wunsiedel, dem eine reichhaltige Mineraliensammlung angeschlossen ist.

Neben den komfortablen Kur- und Sporthotels in Bad Berneck, Bischofsgrün, Warmensteinach und Bad Alexandersbad gibt es noch zahlreiche bodenständige Gasthöfe mit heimisch-fränkischer Kost nach alter Hausmannsart. Pensionen, Privatquartiere, Ferienwohnungen, Jugendherbergen, Naturfreundehäuser und Campingplätze ergänzen das Angebot. Familien mit Kindern schätzen den Urlaub auf dem Bauernhof: Gerade die kleinen Fichtelgebirgs-Bauernhöfe – sie verfügen meist über modern ausgebaute Gastquartiere – sind besonders geeignet, dem Großstadtmenschen die Natur wieder etwas näherzubringen.

Die Erhaltung und Pflege von Natur und Landschaft sowie die Erschließung für den Erholungssuchenden hat sich der 1971 gegründete Naturpark Fichtelgebirge e.V. zum Ziel gesetzt. Dabei müssen nicht nur die Interessen von Landwirtschaft, Forstwirtschaft, Siedlungswesen und Industrie berücksichtigt, sondern auch Probleme wie Luftverschmutzung, Umweltzerstörung und Waldsterben behandelt werden. Zwar hat die heimische Industrie inzwischen ihre Produktionsanlagen umweltbewußt ausgerichtet, doch können schädliche Einflüsse je nach Wetterlage aus weiter entfernten Regionen und Nachbarländern herangetragen werden. Dann kämmen Niederschläge wie Regen, Schnee, Nebel und Rauhreif die Schadstoffe aus der Luft und gefährden das ökologische System des Waldes. Bleibt zu hoffen, daß durch vielfältige Bemühungen die Reinheit von Luft und Wasser auch in Zukunft erhalten oder wiederhergestellt wird.

Bischofsgrün am Fuße des Ochsenkopfes

Haberstein mit Schneebergturm

Hochmoor Seelohe

Weidenberg im Steinachtal

Oberwarmensteinach

Kneippheilbad Bad Berneck im Waldtal der Ölschnitz

Der Burgstein erhebt sich aus dem Luisenburg-Felsenlabyrinth

Aufstieg zum 1024 m hohen Ochsenkopf

Rast auf dem Ochsenkopf-Gipfel

Pferdeschlittenfahrt durch den verschneiten Winterwald

Das Ochsenkopfgebiet ist ein Dorado für den Wintersport

Eisstockschießen auf dem zugefrorenen Fichtelsee

Wassersport am Weißenstädter See

Besucherbergwerk Gleißinger Fels bei Fichtelberg

Volksmusikgruppen pflegen das heimische Liedgut

INHALTSVERZEICHNIS

Urlaub im Fichtelgebirge

A Zur Einführung

11 1. Kleine Geographie
17 2. Gesteine und Mineralien
20 3. Klima und Wetter
22 4. Pflanzen und Tiere
26 5. Geschichte in Stichworten
29 6. Bevölkerung und Mundart
31 7. Kunstgeschichtlicher Streifzug
34 8. Veranstaltungskalender
35 9. Essen und Trinken
38 10. Berühmte Leute
41 11. Wirtschaft gestern und heute

B Landschafts- und Streckenbeschreibungen

45 1. Das Regnitzland – in Bayern ganz oben
Hof – Regnitzlosau – Rehau – Oberkotzau – Hof

50 2. Rund um Waldstein und Kornberg
Münchberg – Schwarzenbach – Schönwald – Selb – Marktleuthen – Kirchenlamitz – Weißenstadt – Gefrees – Münchberg

57 3. Das Ochsenkopf- und Schneeberggebiet
Bayreuth – Kulmbach – Bad Berneck – Bischofsgrün – Fichtelberg – Warmensteinach – Weidenberg – Bayreuth

67 4. Im Bannkreis der Luisenburg
Wunsiedel – Röslau – Thierstein – Hohenberg/Eger – Schirnding – Arzberg – Marktredwitz – Wunsiedel

77 5. Durch den Naturpark Steinwald
Marktredwitz – Friedenfels – Wiesau – Ebendorf – Ebnath – Brand – Nagel – Waldershof – Marktredwitz

C Stadt- und Ortsbeschreibungen

82 von **A**lexandersbad bis **Z**ell

D Praktische Hinweise

214 1. Auskunft
214 2. Unterkunft
216 3. Anreise und Verkehrswege
217 4. Grenzverkehr
217 5. Heilbäder, Luftkur- und Erholungsorte
218 6. Museen und Sammlungen
218 7. Wandern im Fichtelgebirge
220 8. Hauptwanderlinien
222 9. Rundwanderwege für Autofahrer
227 10. Hobby und Sport
231 11. Souvenirs aus dem Fichtelgebirge
232 12. Bücher und Landkarten

E Register

Ortsregister
Sachregister

A
ZUR EINFÜHRUNG

1. Kleine Geographie

Das Fichtelgebirge im Nordosten Bayerns wird oft als geographischer Mittelpunkt Europas bezeichnet, und das nicht ohne Grund: Im Schnittpunkt von Franken- und Thüringer Wald, Oberpfälzer- und Böhmerwald, Elster- und Erzgebirge nehmen von hier aus nach allen vier Himmelsrichtungen Main, Saale, Eger und Naab ihren Lauf zur Nordsee und zum Schwarzen Meer. Überwiegend gehört das Gebiet zum Regierungsbezirk Oberfranken; im Süden grenzt es mit dem Steinwald an die Oberpfalz. Neben dem Landkreis Wunsiedel, der sich mit dem Naturpark Fichtelgebirge deckt, umfaßt es auch Teile der Kreise Bayreuth, Hof und Tirschenreuth.

Wie ein nach Nordosten offenes Hufeisen präsentieren sich die Haupterhebungen Kornberg-Waldstein-Zug, Schneebergkette, Ochsenkopf, Kösseine-Massiv und Steinwald. Dieses Hufeisen umschließt ein flachwelliges Hochland, dessen Mittelpunkt die Stadt Wunsiedel bildet.

Das Gebirge

Im Norden erhebt sich der **Kornberg-Waldstein-Zug.** Nordöstlicher Vorposten ist der von einem Radarturm überragte **Große Kornberg** (827 m). Aus der Lamitzsenke leitet der Kleine Kornberg (682 m) zum Waldsteingebirge über mit den Hauptbergen Epprechtstein (798 m), Bergkopf (857 m), Kleiner Waldstein (829 m) und **Großer Waldstein** (877 m).

Gegenüber im Südosten, durch das Wunsiedeler Becken getrennt, liegt das **Kösseine-Massiv** mit Luisenburg (785 m), Burgstein (869 m), Haberstein (848 m) und **Kösseine** (939 m), deren Gipfelpavillon großartige Rundsicht ermöglicht; nahe nordöstlich erhebt sich die Kleine Kösseine (922 m).Weiter südöstlich erstreckt sich der **Steinwald,** ein mächtiger Granitstock mit bizarren Felsbildungen; seine höchste Erhebung ist die **Platte** (946 m).

Gleichsam als Verbindungsstück des Hufeisens verläuft von Nordwesten nach Südosten die **Schneebergkette** mit dem **Schneeberg** (1053 m), der höchsten Erhebung des Fichtelgebirges. Wichtige Berge der Schneebergkette sind Wetzstein (798 m), Hohe Haide (829 m), Haberstein (927 m), Rudolfstein (866 m), Nußhardt (972 m), Seehügel (953 m), Platte (885 m), Totenkopf (751 m) und Hohe Matze (813 m).

Der **Ochsenkopf** (1024 m), zweithöchster Berg des Fichtelgebirges und schon von weitem durch seinen Fernseh-Sendeturm sichtbar, ist der Schneebergkette westlich vorgelagert. Im Mittelalter wurde die Gegend um den Ochsenkopf als „Fichtelberg" bezeichnet.

Die Gewässer

Das Fichtelgebirge ist berühmt als Ursprung von vier bedeutenden Flüssen, die drei verschiedenen Strömen zufließen: Der Main mündet in den Rhein, die Naab in die Donau, während Eger und Saale auf unterschiedlichen Wegen die Elbe erreichen

Der **Weiße Main** rinnt am Osthang des Ochsenkopfes in 887 m Höhe aus hellem Granitgestein (daher „Weißer" Main). Obwohl der aus dem Schneeberggebiet kommende, bei Karches in den Weißen Main mündende Paschenbach bedeutend wasserreicher ist, wurde diese Quelle 1717 von dem Bayreuther Markgrafen Friedrich zur Weißmainquelle bestimmt, gefaßt und mit dem Zollernwappen gekrönt. Durch Granitgeröll fließt der Weißmain an Bischofsgrün vorbei, nimmt bei Goldmühl den einst Gold führenden Zoppatenbach, bei Bad Berneck die durch die Perlenzucht bekannte Ölschnitz und später die aus die aus dem Frankenwald kommende Schorgast auf. In der Nähe von Kulmbach vereinigt er sich mit dem Roten Main. Der **Rote Main** entspringt südlich von Bayreuth bei Lindenhardt aus braunrotem Jurasandstein und

---

Der Weiße Main entspringt am Osthang des Ochsenkopfes und vereinigt sich bei Kulmbach mit dem Roten Main. Die Weißmainquelle wurde 1717 gefaßt und mit dem Zollernwappen gekrönt. (Foto: Gernot Messarius)

WEISSMAINSQUELLE

nimmt in Bayreuth die am Südhang des Ochsenkopfes hervortretende Steinach auf. Die weißroten Gewässer strömen nun als Main vereint durch das Franken- und Hessenland, um nach 542 km vor Mainz in den Rhein zu münden.

Die **Naab** entspringt als Fichtelnaab oberhalb von Neubau unweit südöstlich der Weißmainquelle am Ochsenkopf in einer Höhe von 867 m. Ihre Quelle wurde 1907 neu gefaßt. Bald erhält sie Verstärkung durch den Zufluß aus dem Fichtelsee. Südlich von Fichtelberg tritt der Kratzebach, in Ebnath der Gregnitzbach hinzu. Bei Neusorg überspannt eine hohe Brücke der Eisenbahnlinie Nürnberg-Marktredwitz den Fluß, der sich nun durch das lange Kerbtal zwischen den Basalten des Armesberges und den Graniten des Steinwaldes vorbei an den Serpentinhöhen von Grötschenreuth nach Erbendorf schlängelt. Bei Windisch-Eschenbach vereinigt sich die Fichtelnaab mit der Waldnaab, die ihre Quelle am Entenbühl im Oberpfälzer Wald hat und zwischen Falkenberg und Windisch-Eschenbach das felsenreiche Waldnaabtal (unter Naturschutz) bildet. Südlich von Weiden kommt die Heidenaab von der Platte bei Poppberg am Südwestrand des Fichtelgebirges hinzu. Nun erst trägt der Fluß seinen endgültigen Namen Naab und mündet nach 195 km bei Regensburg in die Donau.

Die **Eger** hat ihren Ursprung am Nordwesthang des Schneeberges am Kalten Buch in einer Höhe von 752 m. Die 1923 von der Stadt Eger schön gefaßte Quelle ist von dem 100 m entfernten Parkplatz der Straße Bischofsgrün-Weißenstadt bequem zu erreichen. Als ersten Zufluß nimmt die Eger bei Voitsumra die oberhalb der Weißenhaider Mühle entspringende „Alte Eger" auf und durchfließt dann den angestauten Weißenstädter See. Nach dem Dorf Franken stürzt sie bei der Thusmühle den 28 m hohen (künstlichen) Wasserfall hinunter und trennt bald Ober- von Unterröslau. Ab Marktleuthen wendet sie sich nach Osten und schlängelt über Schwarzenhammer durch ein landschaftlich reizvolles Waldtal, das von ehemaligen Hammerwerken und neu ent-

---

Die Eger entspringt am Nordwesthang des Schneeberges. Ihre granitene Wiege bilden zwölf Steinquader mit den Namen der durchflossenen Orte. (Foto: Gernot Messarius)

Egerquelle
gefaßt 1923.

standenen Kraftwerksstauweihern belebt wird, der Landesgrenze zu nach Hohenberg. Dort bildet sie auf einer kleinen Strecke selbst die Grenze zur CSSR, nimmt noch vor ihrem Grenzübertritt bei Fischern die Rösla auf, die am Südosthang des Schneeberges entspringt und das Wunsiedeler Becken durchfließt, und bildet bis zur Stadt Eger einen 8 km langen Stausee. Über Karlsbad eilt sie dann entlang dem Erzgebirge der Elbe zu, die sie nach einem Lauf von rund 350 km bei Leitmeritz erreicht.

Die **Saale** entspringt in der Nähe von Zell am Nordwesthang des Waldsteins in 707 m Höhe aus dem Stollen eines alten Bergwerks. Ihre Quelle wurde 1869 unter Mitwirkung der Städte Münchberg, Schwarzenbach, Hof, Halle und Weißenfels gefaßt (Inschrift auf der Syenittafel!). Zur Unterscheidung von dem gleichnamigen Fluß in Unterfranken wird sie auch thüringische, sächsische, vogtländische Saale genannt. Auf ihrem 58 km langen Lauf bis zur bayerisch-thüringischen Grenze nimmt sie vor Schwarzenbach den Abfluß aus dem Förmitz-Speichersee auf, bei Fattigau die am Wolfsfels im Waldsteingebirge entspringende Lamitz und bei Oberkotzau die Schwesnitz, die bis Rehau Perlenbach genannt wird. Südlich von Hof kommt die untere Regnitz, nördlich die obere Regnitz hinzu. Zwischen Hirschberg und Blankenstein bildet sie die Grenze zur DDR. Gleich jenseits der Grenze staut sie sich zur Saaletalsperre, und nach 427 km mündet die Saale vor Magdeburg in die Elbe.

Gefaßte Quellen von Nebenflüssen sind die Rösla-Quelle am Schneeberg-Osthang und die Lamitz-Quelle zwischen Waldstein und Eppechtstein.

Stehende Gewässer. Teiche und kleine Seen befinden sich vor allem auf der Münchberger Hochfläche, im Becken von Tröstau-Leupoldsdorf und bei Selb. Touristische Anziehungspunkte sind Fichtelsee, Weißenstädter See, Förmitz-Speicher und Untreu-See. Die bräunliche Färbung vieler Teiche und Bachläufe stammt von dem alkalischen Wasser, das sich mit der Humussäure des Bodens verbindet.

Moore. Neben kleineren versumpften Wiesenmooren gibt es einige Hochmoore, deren Ursprünglichkeit aber durch Abtorfung kaum noch ersichtlich ist. Inzwischen zählen die Seelohe beim Fichtelsee, das Zeitelmoos bei Wunsiedel, der Hahnenfilz bei Nagel, die Torfmoorhölle bei Weißenstadt und die Häuselloh bei Selb zu den größten Torflagern des Fichtelgebirges.

Mineralquellen. Hierbei handelt es sich meistens um Eisensäuerlinge. Bekannt ist die Heilquelle von Bad Alexandersbad, die Silvanerquelle bei Groschlattengrün, die Carolinenquelle bei Hohenberg und die Sophienquelle bei Schönwald.

2. Gesteine und Mineralien

„Das Fichtelgebirge ist eines der kunstreichsten Bauwerke der Erde, welches auf einer kleinsten Scholle die reichsten Spuren und Denkmale aus fast allen Perioden der Zeitgeschichte in sich schließt", rühmte Carl Wilhelm von Gümbel, der im 19. Jahrhundert den geologischen Aufbau des Fichtelgebirges erforschte.

Vor rund einer Milliarde Jahre war Mitteleuropa von einer Tiefsee eingenommen, in der sich Ablagerungen (Sedimente) benachbarter Gebirge wie Sand, Ton und Mergel sammelten. Glutflüssige Strömungen aus dem Erdinneren preßten die Sedimente heraus, die durch Hitze und Druck in Gneisgestein umgewandelt wurden. Diesen Vorgang nennt man Metamorphose.

Die Erdepochen Kambrium und Silur ließen vor 600 bis 400 Millionen Jahren das Fichtelgebirge aus seiner Umgebung als Gebirge herausheben. Temperatur- und Druckveränderungen verursachten eine abermalige Umwandlung in verschiedenartige Gneisarten und Steine mit granitischer Struktur. Während der Steinkohlezeit vor 240 Millionen Jahren zerbrach das Gneisgebirge in große Schollen, und Tiefengesteine wie Granit traten zutage. Im Mesozoikum (Erdmittelalter) veränderte sich das Fichtelgebirge nochmals: Die Jura-Epoche ließ es wieder vom Meer überfluten, Kalklagen sonderten sich ab, die später abgetragen wurden.

Erst im Tertiär vor 60 Millionen Jahren entstand die heutige Oberflächengestalt des Fichtelgebirges. Durch subtropisch-heißes Klima kam es zu Verwitterungen, die zur Bildung von Kaolin-Tonen aus feldspatreichen Gesteinen führte (Vorkommen bei Waldershof). Vulkane traten aus dem Erdinneren und erstarrten an der Oberfläche zu Basalt (Rauher Kulm). Die Eiszeit (Diluvium) vor 60 000 Jahren ließ durch Frostsprengungen zahlreiche Granitfelstürme zu Felsenmeeren zusammenstürzen.

Seit 1987 erbohren Wissenschaftler in einem geplanten Zeitraum von 10 Jahren zwischen Erbendorf und Windischeschenbach von einem 81 m hohen Bohrturm (14 Kilometer tief, 50 - 20 cm breit) bis zum Erdschmelzpunkt (300 Grad Hitze), „das tiefste Loch der Welt", um neue Erkenntnisse über die Struktur der Erdkruste zu erhalten.

Die Gesteine

Granit gehört zu den charakteristischen Gesteinen des Fichtelgebirges, ein körniges Gemenge aus Feldspat, Quarz und Glimmer in verschiedenen Strukturen und Farben, besonders am Kornberg, Waldstein, Schneeberg, Ochsenkopf, Kösseine-Massiv und im Steinwald zeigt er sich in eindrucksvollen Felsgebilden und Blockmeeren. Granit wird in vielen Steinbrüchen abgebaut, aber auch der verwandte **Syenit** in der Gegend von Wölsau und Seussen bei Marktredwitz.

Gneis zählt im Gegensatz zum Tiefengestein Granit zu den metamorphen Gesteinen. Er hat die gleiche mineralische Zusammensetzung, unterscheidet sich aber durch seine schiefrigschichtige Anordnung. Die größten Gneisvorkommen weist die Münchberger Gneismasse auf, die das Fichtelgebirge im Nordwesten 35 km lang und 15 km breits längs der Linie Bad Berneck-Schwarzenbach berührt. Außerdem gibt es Gneisvorkommen bei Erbendorf, Selb, Marktredwitz und Wunsiedel.

Proterobas, ein leicht schmelzbares Ergußgestein von schwarzgrüner Farbe, war früher für die Glasherstellung von Bedeutung. Ein schmaler Proterobaszug verläuft in einer Spalte des Ochsenkopfgranits 8 km lang zwischen Bischofsgrün und Neubau. Hier sieht man viele aufgelassene, oft mit Wasser gefüllte Proterobas-Steinbrüche. Wegen seiner guten Schleifbarkeit findet Proterobas auch heute noch z. B. für Grabsteine Verwendung.

Phyllit ist ein dünnschiefriges Gestein von meist grauer oder rötlicher Färbung aus Quarz und glänzendem Glimmer. Ein bekannter Phyllitfelsen ist der „Wenderner Stein“ bei Kleinwendern südlich von Bad Alexandersbad, und auch in den Felsgruppen des Steinachtales bei Warmensteinach ist Phyllit enthalten. Einen 5 km breiten Phyllitgürtel durchquert die Straße von Schönwald anch Rehau.

Serpentingesteine, die sich durch einen hohen Gehalt an Magnesium auszeichnen, finden Sie am Föhrenbühl bei Erbendorf zwischen Wetzldorf und Grötschenreuth, im Naturschutzgebiet Wojaleite bei Wurlitz westlich von Rehau sowie am Haidberg bei Zell, der als „Magnetberg des Fichtelgebirges“ bezeichnet wird.

Diabas, ein dunkles subvulkanisches zähes Gestein aus der Gegend um Bad Berneck (Steinbruch am Königsstuhl), findet vor allem als Schotterstein Verwendung.

Basalt wird im Reichsforst südlich von Arzberg sowie im Gebiet des Großen und Kleinen Teichelberges abgebaut. Außerdem gibt es Basaltvorkommen am Südostrand des Steinwaldes (Waldecker Schloßberg, Armesberg, Steinwitzhügel).

Die Mineralien

Unter Mineralien versteht man alle chemisch einheitlichen Stoffe der Erdrinde – Gesteine dagegen sind Gemenge verschiedener Mineralien. Die meisten Mineralien nehmen bei ihrer Bildung aus Lösungen oder geschmolzenem Zustand die Kristallform an.

Das Fichtelgebirgsmuseum in Wunsiedel unterhält eine umfangreiche Mineraliensammlung. Neben schönen Turmalinen, Topasen und Bergkristallen sieht man auch Uranerz und andere seltene Mineralien.

Wer jedoch als Mineraliensammler glaubt, heute noch im Fichtelgebirge eine Fundgrube zu finden, wird enttäuscht. Einst gab es rund 250 verschiedene Mineralien. Inzwischen aber sind viele Fundstellen abgesucht, die alten Bergwerke und Gruben verfallen, so daß man dort kaum noch fündig werden kann.

So ist die Acherwiese bei Schönbrunn durch Funde von **Epidot, Vesuvian** und **Grossularen** bekanntgeworden. Entdecken kann man noch mit etwas Glück **Kalkspat** (Calcit) und **Bitterspatkristalle** in der Marthahütte bei Marktredwitz; **Malachit, Flußspat** und **Kupferkies** bei Neusorg an der Fichtelnaab; **Aragonit** im Basaltbruch von Wiesau; **Turmalin** in den Steinbrüchen am Waldstein, Epprechtsein sowie bei Schwarzenhammer; **Rauchquarze** bei Reinersreuth; **Asbest** und **Topazolith** in den Serpentinbrüchen von Wurlitz; **Tobernit** im Steinbruch Fuchsbau bei Vordorf/Wunsiedel.

Lohnend ist auch ein Besuch der **Specksteingrube** Johanneszeche bei Göpfersgrün in der Nähe von Wunsiedel. Das 5 km lange und bis zu 2 km breite Specksteinlager erstreckt sich bis Thiersheim und ist das größte in Europa. Speckstein entstand aus Kalk unter Einwirkung von Kieselsäure und dient als Grundstoff für die Herstellung von Isolierteilen, Ofensteinen, Schmelztiegeln und säurefesten Gefäßen.

Früher war das Fichtelgebirge wegen seines Erzreichtums bekannt. Die Ortsnamen Goldmühl und Goldkronach erinnern noch an den Goldreichtum alter Zeiten.

3. Klima und Wetter

Nicht nur die Höhenlage, auch der nach Nordosten geöffnete hufeisenförmige Gebirgsaufbau prägt das rauhe Klima des Fichtelgebirges, das von den drei amtlichen Wetterstationen in Fichtelberg, Weißenstadt und Selb täglich beobachtet wird. Die jährlichen Niederschlagsmengen, die zum großen Teil auch als Schnee fallen, schwanken im Durchschnitt zwischen 120 cm in den Hochlagen, 80 cm in den mittleren Lagen und 60 cm im inneren Hochland.

Der Gebirgswall im Südwesten (Ochsenkopf, Schneeberg) zwingt die feuchten, regenbringenden Westwinde zum Aufsteigen. Die Luftmassen kühlen sich ab und bilden Regenwolken, die ihre Feuchtigkeit als Niederschläge abgeben. Davon profitieren die im Regenschatten liegenden Gebiete des inneren Hochlandes: Aus den überwiegend abgeregneten Wolken fällt nur noch geringer Niederschlag.

Auch die Temperaturen richten sich jeweils nach der Höhenlage. Sie erreichen im Jahresdurchschnitt in Fichtelberg 5,8 Grad und in Bayreuth 7,8 Grad. In der Regel nehmen die Temperaturen mit zunehmender Höhe ab; es gibt aber auch die Temperaturumkehr mit Strahlungswärme in den Höhen und Kaltluft in den Tälern.

Das innere Hochland ist ungeschützt den kalten Ostwinden ausgesetzt. Im Südwesten verhindern Ochsenkopf und Schneeberg den Zustrom warmer Luft aus dem Westen, so daß sich besonders bei geschlossener Schneedecke die Erwärmung verzögert. Am Ochsenkopf hält sich die Schneedecke 4 Monate, im inneren Hochland über 2 bis 3 Monate; 200 Frosttage im Jahr sind keine Seltenheit. Diese lange Winterperiode hat dem Fichtelgebirge den Beinamen „Kältepol Bayerns“ oder „Bayerisches Sibirien“ eingebracht.

Entsprechend spät hält der Frühling seinen Einzug. Schneeglöckchen blühen kaum vor dem 21. März, und Spätfröste gefährden oft die Obstbaumblüte. Anfang Juni ist fast immer noch mit „Schafskälte“ zu rechnen. Deutlich milder ist das Klima in den geschützten westlichen Randlagen um Bad Berneck und Goldkronach mit einem Vegetationsvorsprung von 3 bis 4 Wochen.

Der Sommer bringt es im Durchschnitt auf 24 Tage mit Temperaturen über 25 Grad und 3 Hundstage über 30 Grad. Dabei sorgen oft sommerliche Gewitter für längere Abkühlung. Besonders niederschlagsreich ist der Juli: Dann fallen im Steinwald 11,2 cm, in Fichtelberg 10,9 cm und auf dem Waldstein 10,5 cm Niederschläge im Jahresdurchschnitt.

Erst der Herbst bringt mit häufigen Hochdrucklagen eine Wetterberuhigung. Tagsüber sorgt der Altweibersommer für kräftige Erwärmung, doch kommt es nachts bei wolkenlosem Himmel zu empfindlicher Abkühlung. Bei spätherbstlichem Hochdruckeinfluß können sich hartnäckige Hochnebel bilden, die dann meistens erst mittags aufreißen.

Nach einer alten Bauernregel soll am Michaelistag (29. September) schon wieder das Wintergetreide ausgesät werden, damit die junge Saat die ersten Fröste gut überstehen kann. Denn die ersten Schneefälle kommen oft schon Ende Oktober/Anfang November.

Bei dem rauhen Klima des Fichtelgebirges kann man dem Feriengast also nur raten, nicht auf Regenschutz und warme Kleidung zu verzichten; dafür werden Sie aber durch eine urtümliche Landschaft mit vielfältigen Naturschönheiten entschädigt!

4. Pflanzen und Tiere

Die Pflanzenwelt

„Der Fichtelberg ist ein überaus hoch und gewaltig Gebürge Teutschen Landes, welches man von der viele der Fichten, so darauf und herum wachsen, also nennt“, notierte der Chronist Caspar Bruschius anno 1542, doch das war nicht immer so: Untersuchungen der in den Mooren konservierten Blütenpollen haben gezeigt, daß früher der Buchen-Tannen-Fichten-Mischwald heimisch war, wie er sich heute in dieser Form nur noch im Reichswald südlich von Arzberg darbietet. Auch viele Orts- und Flurnamen wie Buchbrunnen, Buchwald, Eichelberg, Laubbühl und Schönlind erinnern an den ehemaligen Bestand an Laubbäumen.

Erst Bergbau und Hüttenwesen mit ihrem großen Holzbedarf führten dazu, daß besonders die Buche ausgerottet und durch die raschwüchsige Fichte ersetzt wurde. Inzwischen bemüht man sich jedoch, Buche, Bergahorn und Tanne wieder aufzuforsten, um das ökologische Gleichgewicht des Waldes zu sichern.

Die widerstandsfähige **Fichte** wächst auf hochgelegenem Granitgrund ebenso wie auf den tieferen Phyllit-Schieferböden des Rehauer Forstes. In den rauhen Kampfzonen der Gipfelregion bringt sie sogar bei langanhaltendem Schneedruck ihre unteren Zweige zur Verwurzelung, so daß hier die Vermehrung nicht durch Samen erfolgt. Neben Frosthärte hat die Fichte noch andere Vorteile: Sie muß nicht jedes Frühjahr neue Blätter bilden wie ein Laubbaum, und das kommt ihr bei ihrem Wachstum zugute.

Die genügsame **Kiefer** bildet vor allem auf den trockenen Granitböden in der Gegend um Selb ausgedehnte Forste; von hier aus wird ihr vorzügliches Saatgut weithin verschickt.

Von den Laubbäumen behaupten sich **Eberesche** und **Bergahorn** vereinzelt in den Kammhöhen; die **Buche** findet sich noch an der Westseite des Schneeberges, am Waldstein und besonders in einem für das Fichtelgebirge seltenen 50 Hektar großen Buchenwald auf dem Großen Hengstberg bei Selb nahe der Landesgrenze.

Kennzeichnend für das Fichtelgebirge ist der Mangel an Blütenpflanzen und die Vielfalt der blütenlosen Gewächse.

In den Strauchschichten des Bergwaldes gedeihen **Himbeeren, Traubenholunder** und **Vogelbeeren** mit leuchtend roten Früchten, wichtiger Bestandteil des bekannten „Sechsämtertropfens", und im Halbschatten blühen **Maiglöckchen, Sauerklee** und der porzellanweiße **Siebenstern,** das Wahrzeichen des Fichtelgebirgsvereins, während in den lichteren Fichtenbeständen nur noch Zwergsträucher wie **Heidelbeere, Preiselbeere, Heidekraut** und **Schneeheide** ihre Fortkommen haben. Im Hochsommer findet man auf den Bergwiesen die **Arnika** mit ihren gelben Korbblüten.

Sonnentau und **Fettkraut** bevorzugen die kleinen Wiesenmoore. Es sind fleischfressende Pflanzen, die mit ihren klebrigen Fäden kleinere Insekten fangen und verdauen. Goethe hat sich während seiner Aufentahlte im Fichtelgebirge eingehend damit beschäftigt.

Eine eigene Pflanzenwelt weisen die aus Torfmoos bestehenden **Hochmoore** auf, die mir ihren dichten wasseraufsaugenden Polsterdecken an der Oberfläche weiterwachsen, während die tieferen Schichten absterben und in Torf übergehen. Dadurch wird die Oberfläche immer höher und erhebt sich allmählich über ihre Umgebung. So bezieht sich der Name Hochmoor nicht etwa auf die Höhenlage. Entwässerung bedeutet den Tod der Hochmoore, die von jeher als Torfbergwerke mißbraucht werden. Auf den nährstoffarmen Böden finden nur die genügsamsten Pflanzen eine Existenz wie **Ried-** und **Wollgras, Moosbeere, Rosmarienheide** und die rundblättrige **Zwergbirke.** Als Wasserspeicher haben die Hochmoore große Bedeutung: Sie wirken wie ein Schwamm und versorgen Bäche und Flüsse gleichmäßig mit Wasser.

Reich ist die Zahl sporenbildender, blütenloser Pflanzen: Unter den Farnen kommen der **Dornige Schildfarn** und der **Rippenfarn** am häufigsten vor, auf deren Blattunterseite die Sporen deutlich zu erkennen sind. Auf den Felsen breiten sich verschiedenartige **Flechten** aus, die von miteinander in Symbiose lebenden Algen und Pilzen gebildet werden. Schlangengleich breiten sich am Boden die **Bärlappgewächse** aus, und die hängenden Zweige des zarten **Waldschachtelhalmes** vibrieren bei geringsten Windstoß. Auffallend sind die **Moose** mit ihrem großen Artenreichtum, darunter das schillernde **Leutmoos** in den dunklen Felsspalten des Ochsenkopfes und der Luisenburg.

Unter den Pilzen gibt es nicht nur den roten **Fliegenpilz,** sondern auch schmackhafte Speisepilze wie **Steinpilz, Pfifferling, Maronenröhrling, Perlpilz** und **Birkenpilz.**

Geschützte Pflanzen im Fichtelgebirge

Vollkommen geschützt (kein Abpflücken und Ausgraben):
Straußfarn, Türkenbund, Schachblume, alle Knabenkräuter, Pfingstnelke (Felsennelke), Großes (Wald-)Windröschen, Akelei, Küchenschelle, Weiße und gelbe Seerose, Seidelbast, Gelber Fingerhut, alle Enzianarten.

Teilweise geschützt (kein Ausgraben von Wurzeln/Zwiebeln):
Maiglöckchen, Großes Schneeglöckchen (Frühlingsknotenblume), Primeln, alle Steinbrecharten mit rosettig gehäuften Grundblättern.

Nicht erlaubt zum Sammeln für Handel und Gewerbe:
Rippenfarn, alle Bärlapparten, Eibe, Wachholder, Gelbe Schwertlilie, Trollblume, Blauer und Gelber Eisenhut, Sonnentau, Leberblümchen, Geißbart, Arnika, Tausendgüldenkraut, Wintergrün, Siebenstern, Schneeheide.

Die Tierwelt

Seit der letze Bär 1769 am Großen Waldstein, der letzte Luchs schon 1710 bei Marktredwitz und der letzte einheimische Wolf 1811 ebenfalls am Großen Waldstein erlegt wurde, ist der **Rothirsch** imposantester Vertreter des heimischen Wildes. Vom September bis Anfang Oktober hallt sein Brunftgeschrei durch das Fichtelgebirge, besonders im Schneeberg- und Waldsteingebiet, aber auch in der Königsheide. Ende Februar werfen die alten Hirsche ihr Geweih ab, und schon nach fünf Monaten ist ein neues vielendiges Knochengebilde nachgewachsen.

Doch da die natürlichen Feinde fehlen, hat sich nicht nur das Rotwild, sondern auch das **Rehwild** so stark vermehrt, daß die Bestände immer wieder reduziert werden müssen, um Schäden in der Forst- und Landwirtschaft zu verringern.

Der **Fuchs** zählt zu den letzten größeren Raubtieren des Waldes. Seine weitverzweigte und röhrenreiche Burg ist oft zwischen Felsgeklüft und Wurzelwerk angelegt. Ebenso listig wie raublustig fängt er Vögel und kleine Säugetiere, lebt aber überwiegend von Mäusen, Insekten, Regenwürmern, Beeren und Obst. Eine besondere Rolle spielt er als Gesundheitspolizist, da er auch kranke Tiere und selbst jegliches Aas verschlingt. Auf der Liste der bedrohten Tiere steht der **Dachs:** Als Erdwühler umpflügt er den Boden nach überwinternden Insekten und hilft dadurch, Forstschädlinge zu vernichten.

Unter den Nagetieren sind **Gartenschläfer, Siebenschläfer, Baumschläfer** und **Haselmaus** vertreten; die scheuen Baumtiere turnen erst bei Dämmerung oder nachts durch die Wipfel und halten einen langen Winterschlaf in unterirdischen Höhlen.

Die scharfzähnigen schlanken Marder **Iltis** und **Wiesel** halten unerbittlich Auslese unter dem kleinen Getier, von der Heuschrecke bis zur Ringelnatter, vom Jungvogel bis zum Hasen.

Zu den Brutvögeln des Fichtelgebirges zählen **Tannenhäher, Zeisig** und **Fichtenkreuzschnabel.** An den Bächen fühlen sich **Bergstelze, Eisvolgel** und **Wasseramsel** wohl. Der **Wiesenpieper** bevorzugt moorige Wiesen. In den höheren Bergregionen, besonders auf der Platte im Steinwald, ist noch das seltene **Auerhuhn** heimisch. In manchen Orten gibt es noch **Störche,** wie in **Hohenberg/Eger,** wo eigens künstliche Futterteiche angelegt wurden. Im inneren Hochland brüten auch **Stare, Dohlen, Elstern** und **Mauersegler.**

Die **Kreuzotter** kommt im Fichtelgebirge ebenso wie in der benachbarten Oberpfalz häufiger vor als anderswo. Mit viel Geschick versteht sie es, sich dem Untergrund anzupassen. Ihre Gefährlichkeit wird jedoch oft übertrieben: Wenn sie sich nicht bedroht fühlt, erfolgt auch kein Angriff.

In den fließenden und stehenden Gewässern tummeln sich **Forellen, Barsche, Äschen, Barben, Schleien** und **Rotaugen.** Die **Karpfenzucht** wird bei Weißenstadt, besonders aber in der oberpfälzischen Gegend um Wiesau betrieben.

Flußperlmuscheln lieben saubere, schnellströmende Bäche. Man findet sie noch im Perlenbach bei Schönwald, in der Eger und vor allem in der Ölschnitz bei Bad Berneck. Forellen sind es, die die winzigen Eier der Muscheltiere aufnehmen, in ihren Kiemen bewahren und die ausgereiften Larven wieder ausstoßen, die dann auf den Bachgrund sinken. Die Auswertung obliegt den staatlichen Forstämtern. Auf etwa 200 Muscheln findet man eine Perle, aber nur jede zehnte Perle ist makellos.

Bemerkenswert auch die Vielfalt der bunten **Schmetterlinge,** vom Aurora- und Zitronenfalter über das Tagpfauenauge bis zu den zahlreichen Vertretern des Bläulings. Ein gutes Zeichen dafür, daß hier noch die Welt in Ordnung ist!

5. Geschichte in Stichworten

Einige historische Funde lassen darauf schließen, daß das Fichtelgebirge als Durchgangsgebiet zwischen den Mainlanden und Böhmen schon in vorgeschichtlicher Zeit von wandernden Sippen durchzogen wurde. Aufgrund mancher Ortsnamen und vieler Sagen kann angenommen werden, daß um die Wende der Zeitrechnung Zinn und andere Erze abgebaut wurden. Wegen des einstigen Urwaldcharakters und des rauhen Klimas erfolgte die eigentliche Besiedlung jedoch sehr spät: Erst im 10. Jahrhundert ließen sich hier die ersten Siedler aus der bairischen Oberpfalz nieder.

1061 In der ersten urkundlichen Überlieferung übereignet Kaiser Heinrich IV. seinem Ministerialen Otnand Siedlungsland im Raum Fichtelberg, Ebnath und Schurbach/Waldershof.

1100 Zwischen 1100 und 1190 entstehen zahlreiche Siedlungen mit den Endsilben -grün und -reuth (= roden.)

1133 Gründung des Zisterzienserklosters Waldsassen (Goldstadt-Reiseführer Oberpfalz) durch Markgraf Diepold III., das bedeutende kulturelle und wirtschaftliche Erschließung leistet.

1135 Das Egerland wird erstmals als „regio Egire" urkundlich genannt. Zum Reichslehen Egerland unter den Diepoldinger Markgrafen aus dem Nordgau gehört die ganze innere Hochfläche des Fichtelgebirges (das spätere Sechsämterland). Den Norden nimmt das Regnitzland mit der heutigen Stadt Hof ein. Im Südosten grenzt das Stiftland Waldsassen an.

1146 Das Egerland wird eine selbständige, reichsfreie Verwaltungseinheit.

1150 Die Grafen von Andechs-Meranien besitzen das Gebiet vom Kleinen Kornberg bis zum Ochsenkopf als Reichslehen.

1248 Bayreuth fällt im Erbgang an die hohenzollerischen Burggrafen von Nürnberg, die in der Folgezeit ihre Hoheitsgebiete im Egerland ausbauen.

1285 Die Burggrafen von Nürnberg erwerben Wunsiedel.

1322 König Ludwig der Bayer verpfändet die Reichsstadt Eger an König Johann von Böhmen.

1323 König Ludwig der Bayer verleiht den Nürnberger Burggrafen das Bergrecht; Abbau und Verhüttung von Edelmetallen im Fichtelgebirge.

1339 König Ludwig der Bayer übereignet Marktredwitz dem Kloster Waldsassen. Ein Jahr später verkauft Waldsassen Marktredwitz an die Reichsstadt Eger. Bis 1816 bleibt Marktredwitz eine Enklave auf zollerischem Gebiet.

1340 Die Burggrafen von Nürnberg gelangen in den Besitz der Herrschaft Plassenburg mit Kulmbach.

1372 Die Burggrafen von Nürnberg kaufen das Regnitzland; der größte Teil des Fichtelgebirges ist nun im Besitz der Hohenzollern und teilt von nun an die Geschicke der Markgrafenschaft Kulmbach-Bayreuth.

1385 Errichtung des „Burggrafentums ob dem Gebirg“. Es umfaßt das Obermainterritorium der fränkischen Zollern mit dem Fichtelgebirge und gliedert sich in ein Ober- und Unterland. Innerhalb des Oberlandes gibt es das eigentliche „Land auf dem Gebirg“ (Kulmbach-Bayreuth), das „Land vor dem böhmischen Wald“ (das spätere Sechsämterland) und das „Vogtland“ (Regnitzland um Hof).

1430 Hussiten verwüsten das Land; Wunsiedel widersteht dem Ansturm.

1437 Schaffung der fünf Ämter Wunsiedel/Hohenberg, Weißenstadt, Kirchenlamitz, Thierstein und Selb.

1461 Böhmenkönig Georg von Podiebrad zieht bis 1463 mit seinem Kriegsvolk plündernd durch das Land.

1503 Bis 1505 Unruhen durch den Landshuter Erbfolgekrieg.

1504 Durch Trennung von Wunsiedel und Hohenberg entsteht das Sechsämterland. Die Stadt Wunsiedel entwickelt sich in der Folgezeit zum verwaltungsmäßigen Mittelpunkt.

1523 Soldaten des Schwäbischen Bundes zerstören Burgen im Fichtelgebirge, darunter die Burg auf dem Waldstein.

1529 Markgraf Georg der Fromme führt die Reformation ein.

1553 Bis 1554 Verheerungen durch den von Markgraf Albrecht Alcibiades angezettelten Markgrafenkrieg.

1618 Bis 1648 Verwüstungen und Plünderungen durch den 30jährigen Krieg.

1769 Mit dem Erlöschen der Bayreuther Hohenzollernlinie fällt die Markgrafenschaft Bayreuth an Ansbach.

1791 Markgraf Alexander von Ansbach, letzter Vertreter der fränkischen Hohenzollern, tritt seine Fürstentümer an König Friedrich Wilhelm II. von Preußen ab.

1796 Einführung des preußischen Landrechts.

1806 Regimenter Napoleons besetzen das Fichtelgebirge. Das Fürstentum Bayreuth kommt unter französische Verwaltung.

1810 Durch den Staatsvertrag von Paris gelangt das ehemalige Markgrafentum an das Königreich Bayern und erhält die Bezeichnung „Mainkreis", später „Obermainkreis".

1837 Aus dem Obermainkreis wird der Name „Oberfranken".

1866 Deutscher Krieg. Die „Patriotische Volkspartei" tritt für die Erhaltung der Selbständigkeit Bayerns ein.

1871 Im Deutsch-Französischen Krieg tritt Bayern dem Deutschen Reich bei.

1918 Revolutionär Kurt Eisner setzt Bayernkönig Ludwig II. ab und ruft die Republik aus.

1924 Die Bayerische Volkspartei übernimmt die Regierung.

1934 Bayern verliert sämtliche Hoheitsrechte zugunsten des Deutschen Reiches.

1945 Nach Beendigung des Zweiten Weltkrieges finden viele Sudetendeutsche im Fichtelgebirge eine neue Heimat.

1972 Durch eine Gebietsreform werden viele Landkreise aufgelöst. Kleinere Städte verlieren ihre Kreisfreiheit.

6. Bevölkerung und Mundart

„Ja, unna Schprouch is niat sua leicht", meint der Mundartdichter Paul Fischer, „sechsämterisch leana, des koast nie, des gitt die Mutta mit". Wenig tröstlich für den zugereisten Feriengast, der sich bemüht, die heimische Mundart zu verstehen! Noch komplizierter wird die Sache, wenn man weiß, daß sich im Fichtelgebirge aufgrund seiner historischen Entwicklung gleich zwei Volksstämme begegnen, nämlich Baiern und Franken. Da gibt es nicht nur die beiden Konfessionen: Seit Einführung der Reformation 1528 durch die Bayreuther Markgrafen, mit der man im Fichtelgebirge stark sympathisierte, sind etwa zwei Drittel der Bewohner evangelisch und ein Drittel katholisch. Auch Hausbau, Dorfanlage, Brauchtum, Volksmusik und Mundart sind wesentliche Unterscheidungsmerkmale.

Die frühe Zugehörigkeit zum Egerland hat vor allem das ehemalige Sechsämterland mit der alten Hauptstadt Wunsiedel geprägt. Im 11. und 12. Jahrhundert holten die Diepoldinger Markgrafen aus dem Nordgau bairische Siedler ins Land und unterstellten das erschlossene Gebiet der Reichsburg Eger. Kein Wunder also, daß in dieser Gegend heute noch der egerländische Dialekt und damit die nordgauisch-nordbairische Mundart heimisch ist, die man auch im benachbarten oberpfälzischen Stiftland spricht. Nach dem Zweiten Weltkrieg wurde der egerländische Einfluß durch die vielen Vertriebenen verstärkt. Heute ist Marktredwitz Mittelpunkt egerländischer Kulturpflege, und das nicht ohne Grund: Zwischen 1340 und 1816 war Marktredwitz Enklave der Reichsstadt Eger.

Westen und Nordwesten dagegen standen von jeher unter fränkischem Einfluß. Hier war im 11. und 12. Jahrhundert die Erschließung durch das Bistum Bamberg bestimmend, so daß sich vom Obermain bis zum Waldstein das ostfränkische Element durchsetzen konnte. So spricht man in der Gegend um Bayreuth, Münchberg, Schwarzenbach, Hof und Rehau fränkisch, genauer ostfränkisch (z. B. Mädchen: Nordbairisch Moidl, fränkisch Madla bzw. Madle, ostfränkisch Mädl). Deutlich zeichnet sich die seit dem 12. Jahrhundert bestehende Lautgrenze ab: Sie verläuft von Warmensteinach über den Waldstein-Kornberg-Zug.

Sprach- und Konfessionsgrenzen sind oft in Orten zu beobachten, die nur wenige Kilometer auseinanderliegen. Während z. B. in Vordorf bei Wunsiedel die bairische Sechsämtermundart zu Hause ist, spricht man zwei Kilometer weiter nördlich in Meierhof den fränkischen Dialekt. Und in Warmensteinach ist die Mehrheit der Bevölkerung evangelisch, in Oberwarmensteinach dagegen katholisch. Wen wundert es da noch, daß es auch fränkische und egerländische Siedlungsformen gibt: Im Westen sind die Häuser von mainfränkischem Sandstein geprägt, beim Sechsämterhaus steigt der Fachwerkanteil mit der Nähe zur böhmischen Grenze.

Doch: Längst sind die Zeiten vorbei, da man sich wegen unterschiedlicher Auffassungen befehdete. Es herrscht ein friedliches Nebeneinander der Sitten und Gebräuche. Mag es auch mitunter bei politischen Diskussionen hoch hergehen, so verbindet doch die gemeinsame Zugehörigkeit zum Fichtelgebirge, die in vielen Vereinen ihren Ausdruck findet.

Zahlreiche Volksmusikgruppen pflegen das heimische Liedgut. Seit 1977 findet in Arzberg der „Nordbayerische Volksmusikwettbewerb" statt. Die beste Gruppe erhält den begehrten „Arzberger Bergkristall". Ziel dieses Wettbewerbs ist die Pflege und Verbreitung guter Volksmusik im fränkisch-oberpfälzischen Raum.

7. Kunstgeschichtlicher Streifzug

Karg und nüchtern erscheinen die kleinen Dörfer und Städte im Inneren des Fichtelgebirges. Die Dächer sind oft mit schwarzem Schiefer gedeckt, hin und wieder werden die hell gekalkten Bauernhäuser von schmuckem Fachwerk durchbrochen. Doch ein historisch gewachsener Ortskern findet sich selten: Zu vieles haben Kriegszeiten wie Hussitensturm und 30jähriger Krieg dahingerafft, und was noch übrigblieb, fiel besonders im vorigen Jahrhundert den verheerenden Ortsbränden zum Opfer.

Einst bezeichnete man die alte Sechsämterstadt **Wunsiedel** als „Stadt der marmornen Mauern und Türme", aber nach dem großen Brand von 1834 ist nur noch das malerische Koppetentor aus dem 15. Jahrhundert erhalten. Das gleiche Schicksal in **Selb,** doch hier wandelte sich nach der Brandkatastrophe von 1856 auch die wirtschaftliche Struktur: Aus dem oberfränkischen Weberstädtchen wurde ein Zentrum der deutschen Porzellanindustrie. **Rehau** fiel 1817 in Schutt und Asche: Goethe rühmte die neu erstandene rechtwinklig-regelmäßige Anlage der Stadt in Anlehnung an die klassizistische Architektur. Und die Altstadt von **Hof** beeindruckt durch die nach dem Brand von 1823 im Biedermeierstil errichteten Bürgerhäuser.

Marktredwitz allerdings, das von 1340–1816 als Enklave zum Egerland gehörte, hat noch geschichtsträchtige Baudenkmäler wie das Alte Rathaus von 1384 mit seinem hübschen Renaissance-Erker, einst Teil des Schlosses der Herren von Redwitz, und die aus der alten Schloßkapelle hervorgegangene evangelische Pfarrkirche St. Bartholomäus; österreichisch-barock zeigt sich die Theresienkirche von 1777, gestiftet von der Kaiserin Maria Theresia für ihre hier stationierten Soldaten.

Von Zerstörungen weitgehend verschont blieben die Städte am Rande des Fichtelgebirges. **Kulmbach** konnte sich eine historische Altstadt mit der spätgotischen Petrikirche und vielen malerischen Giebelhäusern bewahren, auch sein Rathaus mit der herrlichen Rokokofassade, und über allem thront die gewaltige Plassenburg aus dem 12. Jahrhundert. **Bayreuth** ist ganz vom Barock des 18. Jahrhunderts geprägt, als unter Markgraf Friedrich und seiner kunstsinnigen Gemahlin Wilhelmine, Schwester Friedrichs des Großen, die prunktvollen Barock- und Rokokobauten entstanden, wie sie besonders im Neuen Schloß, im markgräflichen Opernhaus und in der verspielten Eremitage ihren Ausdruck finden.

Die hohenzollerischen Markgrafen von Kulmbach-Bayreuth haben schon früh den Eingang der Reformation gefördert und im Kirchenbau reizvolle Kontraste zum katholischen Kunstschaffen gesetzt. Nicht nur im Bayreuther Land, auch im Fichtelgebirge entstanden durch Um- und Neubauten in bewußter Formenbeschränkung Kirchen im „Markgrafenstil" mit hölzernen Emporen und Kanzelaltären. Typische Markgrafenkirchen stehen in **Oberkotzau, Regnitzlosau, Arzberg, Warmensteinach, Weidenberg** und **Trebgast;** am beeindruckendsten ist die Markgrafenkirche in **Bindlach,** die 1766/69 von Bayreuther Künstlern neu errichtet wurde.

Selbst in den kleinsten Dörfern finden sich sehenswerte Kirchenbauten. Originell ist die Kirche von **Nemmersdorf** bei Goldkronach mit ihrem Ostturm des 14. Jh. und dem später angefügten Westturm des 15./16. Jh.; dazwischen das saalartige Langhaus mit Kanzelaltar im Markgrafenstil und schöner Stuckdecke. Zu den schönsten Dorfkirchen zählt auch die Pfarrkiche St. Maria in **Weißdorf,** eine dreischiffige spätgotische Hallenkirche auf quadratischer Grundfläche mit Sterngewölbe und tief eingezogenem Chor. Die kleine Dorfkirche in **Pilgramsreuth** bei Rehau überrascht durch ihre unvermutet reiche Ausstattung mit romanischen Fresken, gotischem Chor und kunstvoller Moseskanzel.

Ein Musterbeispiel klassizistischer Architektur ist die evangelische Pfarrkirche in **Bad Berneck** aus dem Jahre 1800. Im nahen

Himmelkron gab es bis zur Reformation ein Zisterzienserinnenkloster für adelige Frauen; erhalten sind noch Reste des spätgotischen Kreuzgangs mit reichem Netzrippengewölbe.

Das südliche Fichtelgebirge lag außerhalb des Machtbereiches der Bayreuther Markgrafen. Hier und in den angrenzenden oberpfälzischen Gebieten überwiegen die katholischen Sakralbauten. Bemerkenswert sind die Kirchen in **Oberwarmensteinach, Ebnath, Waldershof** und **Kemnath.** Weithin grüßt die doppeltürmige Barock-Wallfahrtskirche von **Fuchsmühl.**

Eine Besonderheit, die man in der nördlichen Oberpfalz häufiger findet, ist der Akanthusaltar, genannt nach einem Schmuckmotiv, das der distelartigen Mittelmeerpflanze ähnelt. Reiches Akanthusschnitzwerk schmückt den Hochaltar der Schloßkapelle St. Katharina in **Reuth** bei Erbendorf. Dort sind auch noch an der Kanzel die Büstenreliefs der vier Evangelisten in Akanthusrahmen dargestellt.

Die meisten **Burgen und Schlösser** herrschaftlicher Geschlechter des Mittelalters sind in Trümmern versunken. Von der alten Losburg auf der Luisenburg bei **Wunsiedel** künden nur noch spärliche Mauerreste. An einstige Burgenherrlichkeit erinnern die beiden Burgruinen über **Bad Berneck.** Von der malerisch im engen Ölschnitztal auf steilem Fels thronenden ehemaligen Burg **Schloß Stein,** begründet 1028 durch das Geschlecht der Walpoten, ist noch das 1686 zu einer Kapelle umgebaute Hauptgebäude erhalten. Schon 1523 wurde das „Rote Schloß“ auf dem **Großen Waldstein** von Truppen des Schwäbischen Bundes zerstört. Das gleiche Schicksal erlitt die Burg auf dem **Epprechtstein** 1553 durch Soldaten Heinrichs von Plauen; ihre Ruine dient heute als Aussichtsturm. Von der einst trutzigen Veste **Thierstein,** deren Ruine sich inmitten des gleichnamigen Ortes auf einem Basaltkegel erhebt, blieb nur neben einigen Mauern als weithin sichtbares Wahrzeichen der 24 m hohe Bergfried. Seit dem 16. Jahrhundert verfallen ist auch die abseits im Steinwald gelegene **Burgruine Weißenstein,** einst Sitz der Ritter Nothafft von Weißenstein. Ihr Bergfried ragt als Turmstumpf auf hohem Granitfelsen empor, von dem man eine herrliche Aussicht genießt.

Dagegen hat die stattliche Anlage der **Burg Hohenberg** an der Eger nahe der Landesgrenze alle Stürme der Jahrhunderte überdauert. Schon 1222 urkundlich erwähnt, thront sie immer noch wie ein Bollwerk hoch über dem Egertal. Ihre Mauern bilden ein Sechseck mit 3 runden und 2 eckigen Türmen, und durch den Vorhof kommt man in den Burghof, in dem das Fürstenhaus von 1666 steht.

Gut restaurierte ehemalige Wasserschlösser aus dem 12. bzw. 13. Jahrhundert befinden sich in **Waldershof** und **Weißdorf.** Aus einer Wasserburg des 13. Jahrhunderts entstand in **Thumsenreuth** das dreigeschossige Schloß der Herren von Lindenfels. Schöne Renaissance-Schlösser stehen in **Friedenfels** und **Arzberg-Röthenbach.** Ein frühklassizistisches Schloß von 1783 besitzt **Bad Alexandersbad,** eine Gründung des letzten Bayreuther Markgrafen Alexander. Und an die Bedeutung früherer Eisenhämmer erinnert das repräsentative klassizistische **Hammerschloß Trevesenhammer** im Fichtelnaabtal.

8. Veranstaltungskalender

Alexandersbad, Bad	Lichterfest Ende Juli
Bayreuth	Oberfrankenausstellung alle 2 Jahre im April
	Volksfest in der Pfingstwoche
	Musica Bayreuth Mitte - Ende Mai
	Fränkische Festwoche Ende Mai/Anfang Juni
	Bürgerfest Anfang Juli
	Richard Wagner Festspiele Mitte Juli-Ende August
	Sommernachtsfest in der Eremitage Anfang August
	Internationales Jugendfestspieltreffen im August
Berneck, Bad	Blütenfest Ende Mai
	Sommerfest im August
Bischofsgrün	Sommerfest Ende Juli/Anfang August
Goldkronach	Frühjahrskirchweih im Juni
	Herbstkirchweih im Oktober
Himmelkron	Pfingstkirchweih mit Straßenfest
Hof	Schlappentag am 1. Montag nach Pfingsten
	Schützenfest im Juni
	Volksfest Ende Juli
	Internationale Filmtage Ende Oktober
Hohenberg/Eger	Wiesenfest Mitte Juli

Kirchenlamitz	Volks- und Wiesenfest im Juli
Kulmbach	Gregoriusfest mit Altstadtfest Juni/Juli
	Bierfest Ende Juli/Anfang August
Marktleuthen	Volks- und Wiesenfest im Juli
Marktredwitz	Matthias-Jahrmarkt, Walburga-Jahrmarkt
	Bartholomäus-Jahrmarkt, Andreas-Jahrmarkt
	Rawetzer Volks- und Schützenfest im Juni
	Siedlerfest im August
Marktschorgast	Kirchweihfest Ende Juli/Anfang August
Münchberg	Wiesenfest am 2. Wochenende im Juli
Rehau	Pfingstkärwa und Herbstkärwa
	Heimat- und Wiesenfest im Juli
	Ascher Vogelschießen, alljährl. Sudetentreffen
Schirnding	Wiesenfest im Juli
	Egerer Birnsunnta am letzten Augustsonntag
Selb	Heimat- und Wiesenfest am 2. Juli-Wochenende
Stammbach	Schützenfest im Juni
Trebgast	Seefest im Juni
	Sommerspiele auf der Naturbühne Juni-August
Weidenberg	Volks- und Wiesenfest Mitte Juli
Weißenstadt	Volks- und Wiesenfest Mitte Juli
Wirsberg	Heimat- und Schützenfest im Juli
Wunsiedel	Brunnenfest am Samstag vor dem 24. Juni
	Luisenburg-Festspiele Juli und August

9. Essen und Trinken

Jede Landschaft hat ihre angestammten Gerichte, die auf wohlschmeckende Weise Zeugnis geben von der Eigenart ihrer Bewohner. Und doch ist die heimische Küche in Gefahr: Dem allgemeinen Trend zur Internationalisierung auf Kosten der oft über Generationen überlieferten regionalen Gerichte können nicht einmal mehr Dorfwirtshäuser in den entlegensten Gebieten widerstehen.

So ist es erfreulich, daß das Fichtelgebirge eine rühmliche Ausnahme macht. In vielen Gaststätten ist immer noch die fränkische Küche zu Hause, angereichert mit Spezialitäten aus dem nahem Böhmerland und der benachbarten Oberpfalz. Und der Gast bekommt, was die Landschaft mit ihren Feldern, Äckern, Wäldern und Gewässern hergibt.

Ob in Bad Alexandersbad oder Bad Berneck, in Bischofsgrün, Schwarzenbach oder Weißenstadt: Überall gibt es Gasthäuser, die bodenständige Gerichte auf den Tisch bringen. Viele Gäste honorieren dies durch steigende Nachfrage.

Der Franke ist kein Schlemmer, sondern ein Esser, der die Genüsse fein aufeinander abzustimmen weiß. Deftig und kräftig soll's sein, und ehrlich dazu. Ganz oben steht die Suppe. Früher war sie in den bäuerlichen Familien ein wichtiger Bestandteil des Speisezettels: Als Morgensuppe mußte sie den ganzen Vormittag sättigen, und abends war sie oft die einzige Mahlzeit. Dabei kam der Kartoffelsuppe mit ihren verschiedenen Zutaten eine besondere Rolle zu. Die Gegend um Selb gehörte nämlich unter der Regie der Bayreuther Markgrafen zu den frühesten Kartoffelanbaugebieten Deutschlands, und auf den kargen Böden gedeihen die Erdäpfel noch heute vorzüglich. So ist die Suppe guter Auftakt zu jedem Menü, von der fränkischen Knödelsuppe über die Wildsuppe Egerländer Art bis zur bayerischen Brennsuppe.

Eine besondere Spezialität sind Klöße – bayerisch Knödel – in ihren vielfältigen Variationen. Es ist schon fast eine Weltanschauung, ob sie aus gekochten oder wie in Bayreuth aus rohen Kartoffeln geformt werden, in denen geröstete Weißbrotwürfel nicht fehlen dürfen. Neben handfesten Kartoffelklößen, pikanten Leberknödeln, lockeren Hefeknödeln und duftigen Semmelknödeln gibt es eine Vielzahl süßer Knödel, die dann schon den Mehlspeisen zuzuordnen sind. Aus dem rohen Kartoffel-Klöße-Teig macht man gern „gebackene Kleeß“, eine Art Reibekuchen – knusprig herausgebacken ein herzhafter Genuß.

Zu Knödeln ißt man Schweinebraten mit Sauerkraut ebenso gern wie fränkischen Sauerbraten mit Rotkohl. Abwechslung bieten Gans und Ente, aber auch Hirschbraten, Rehrücken oder Hasenkeule passen zu Knödeln jeglicher Art. Frische Pilze aus heimischen Wäldern sind eine vorzügliche Ergänzung.

Unter den verschiedenen Eintopfgerichten empfiehlt sich besonders die „Schnitz”, ein wohlschmeckendes Kartoffelgericht mit Suppengrün, Fleischeinlage und Fleischbrühe, das sogar zu den Spezialitäten der Stadt Hof zählt.

Auch Fisch wird auf eigene Art zubereitet, Karpfen und Forelle gern in „blau", wobei es auf den Sud ankommt: Wichtig sind neben etwas Essig auch Karotten, kleingeschnittene Zwiebeln, Nelken, Lorbeerblätter, Petersilie und drei Löffel Bier.

Franken gilt als ein Paradies der Wurstesser. Favorit unter den Würsten ist die Bratwurst, gebraten auf einem Rost über Buchenholzkohle, eingezwickt in knusprigen Brötchenstollen. In Hof schätzt man die heißen „Wärschtla" (Würstchen) aus den dampfenden Messingkesseln der „Wärschtlamänner" die ihre Stammplätze an belebten Straßenecken haben. Die Rehauer bevorzugen „Broodwärschd", Preßsack und Schwarzgeräuchertes. Überall ißt man zur Brotzeit gern einen Leberkäs, der weder mit Leber noch mit Käse etwas gemein hat, sondern aus einem gebackenen Gemisch verschiedener Fleischsorten besteht.

Ihren festen Platz haben auch die süßen Spezialitäten. In Bad Berneck gibt es die berühmten Pfeffernüßle, und in Bayreuth sollte man den bekannten Spritzkuchen probieren. Beliebt sind auch die schmalzgebackenen „Bauernkiegla", und zum Nachmittagskaffee empfiehlt sich Hefekuchen vom Blech mit Streußeln, Äpfeln oder Pflaumen.

Ein guter Tropfen Frankenwein ist sicher nicht zu verachten, doch im Fichtelgebirge trinkt man lieber Bier. Kulmbach, Hof und Bayreuth sind die Bierhochburgen, doch nicht weniger süffig sind die Biere aus den kleineren Fichtelgebirgs-Brauereien. Man bestellt gleich eine „Halbe" (1/2 Liter) oder eine „Maß" (1 Liter) und kann gewiß sein, ein reines Naturprodukt vor sich zu haben: Nach dem bayerischen Reinheitsgebot des Herzogs Wilhelm IV. von 1516 dürfen zur Bierherstellung nur Malz, Hopfen und Wasser verwendet werden. Jeglicher Zusatz von Chemikalien ist verboten, auch wenn die Versuchung noch so groß ist, das Bier dadurch haltbarer zu machen. Während das helle und dunkle Faßbier (Lagerbier) eine Stammwürze von 11-12% hat, steigert sich das Märzenbier auf 13-14%. Zu besonderen Jahreszeiten gibt es das Bockbier mit einer Stammwürze von 18-19%; das „Bayrisch-G'frorne" aus Kulmbach gehört zu den alkoholreichsten Bieren. Harmloser ist die „Radlermaß", eine Mischung aus Bier und Limonade, gerade richtig an heißen Tagen. Eine Besonderheit ist das Weißbier, zu dessen Herstellung anstatt Gerste Weizen verwendet wird.

Die Sechsämterstadt Wunsiedel hält noch eine ureigene Spezialität bereit: Den berühmten bittersüßen Sechsämtertropfen, eine Wohltat für den Magen! Seit über hundert Jahren wird dieser Fruchtlikör nach altüberliefertem Rezept hergestellt. Hauptgrundstoff ist die rote Frucht des Vogelbeerbaumes, der selbst noch in den Kammlagen des Fichtelgebirges zu finden ist.

Nicht zu vergessen die gesunden Wässerchen aus den Mineralquellen, wie die Sophienquelle bei Schönwald, die Caroninenquelle bei Hohenberg/Eger, den Silvanersprudel bei Pechbrunn und die Sprudel aus dem König-Otto-Bad bei Wiesau.

10. Berühmte Leute

Karl Maximilian von Bauernfeind (*1818 Arzberg, † 1894 München), Professor der Ingenieurwissenschaften und 1. Direktor der Münchener Polytechnischen Hochschule. Geburtshaus in Arzberg.

Johann Wolfgang von Goethe (*1749 Frankfurt/M., † 1832 Weimar), besuchte zwischen 1785, 1820 und 1822 das Fichtelgebirge, interessierte sich besonders für den geologischen Aufbau der Luisenburg, übernachtete 19 mal in Hof, 5 mal in Marktredwitz und 1820 auch im Schloß Alexandersbad.

Heinrich Holzschuher (* 1798 Wunsiedel, † 1847 Bug bei Hof), Verfasser der 2. und 3. Strophe des bekannten Weihnachtsliedes „O du fröhliche“ (1829). Die 1. Strophe schrieb Johannes Falk, dessen Mitarbeiter Holzschuher einige Zeit in Weimar war.

Alexander von Humboldt (*1769 Berlin, † 1859 Berlin), berühmter Geologe und Weltreisender, gründete 1794 als preußischer Oberbergmeister in Arzberg eine Bergbauschule und bemühte sich um eine Wiederbelebung des Bergbaues.

Matthias von Kemnath (*1430 Kemnath, † 1476 Heidelberg), Humanist, Professor der Beredsamkeit und erster Beschreiber des Fichtelgebirges.

Peter Kolb (*1675 Dörflas, † 1729 Neustadt/Aisch), bekannter Südafrika-Forscher, ausführliche Schilderung der Kap-Hugenotten. Geburtshaus in Dörflas bei Marktredwitz.

Dr. Oscar Loew (*1844 Marktredwitz, † 1941 Berlin), Professor, Chemiker, Physiologe und verdienter Kalzan- und Penicellinforscher. Geburtshaus in Marktredwitz, Marktstr. 35.

Jean Paul, eigentlich Johann Paul Friedrich Richter (*1763 Wunsiedel, † 1825 Bayreuth). Geburtshaus in Wunsiedel, Jean-Paul-Platz 5. Meistgelesener Erzähler seiner Zeit („Leben des vergnügten Schulmeisterleins Maria Wuz in Auenthal" , „Blumen-, Frucht- und Dornenstükke oder Ehestand, Tod und Hochzeit des Armenadvokaten F. St. Siebenkäs im Reichsmarktflecken Kuhschnappel", „Titan", Flegeljahre"). Seine Werke zeichnen sich durch Weisheit und Humor aus. Der Vater war Pfarrer, Organist und Rektor. Jean Paul lebte ab 1765 in Joditz nördlich von Hof, ab 1776 in Schwarzenbach/Saale, zog 1779 nach dem Tode des Vaters zu den Großeltern nach Hof und besuchte dort das Gymnasium. Ab 1781 studierte er Theologie und Philosophie in Leipzig, mußte aber wegen finanzieller Schwierigkeiten das Studium abbrechen und kehrte nach Hof zurück, wo er von 1784 bis 1786 bei seiner Mutter wohnte. Anschließend war er Haus-, dann Elementarlehrer in Schwarzenbach/Saale, bis ihm 1794 der steigende literarische Erfolg seiner Romane ein freies Schriftstellerleben ermöglichte und er wieder nach Hof übersiedelte. Nach dem Tode seiner Mutter (1797) hielt er sich in Weimar, Berlin, Meiningen und Coburg auf. 1801 heiratete er die Berlinerin Karoline Mayer. Von 1804 an war er bis zu seinem Tode 1825 in Bayreuth ansässig. Sein Grab befindet sich auf dem Bayreuther Stadtfriedhof an der Erlanger Straße. Gedenkzimmer im Fichtelgebirgsmuseum Wunsiedel.

Max Reger (*1873 Brand/Opf., † 1916 Leipzig), Komponist und Schöpfer weltbekannter Orgelwerke. Sein Vater war Lehrer und stammte aus Cham, seine Mutter aus Drahthammer bei Grötschenreuth im Fichtelnaabtal. Durch Versetzung des Vaters kam

Max Reger 1874 nach Weiden, wo er seine entscheidenden Lebensjahre verbrachte. Das Geburtshaus in Brand ist erhalten.

Karl Ludwig Sand (*1795 Wunsiedel, † 1820 Mannheim), Burschenschaftler und Freiheitskämpfer, ermordete aus patriotischen Motiven 1819 den als Polizeispitzel der russischen Regierung geltenden Lustspieldichter August von Kotzebue in Mannheim und wurde auf dem Schafott hingerichtet. Gedenkzimmer im Fichtelgebirgsmuseum Wunsiedel.

Reinhard von Scheer (*1863 Obernkirchen, † 1928 Marktredwitz), Admiral im 1. Weltkrieg, Chef der Hochseeflotte und Sieger in der Skagerrak-Schlacht.

Max Stirner, Pseudonym für Johann Caspar Schmidt (*1806 Bayreuth, † 1856 Berlin), Philosoph und Schriftsteller. In seinem Hauptwerk „Der Einzige und sein Eigentum“ vertritt er einen individuellen Anarchismus und lehnt alle Traditionen ab. Sein Gebrutshaus in Bayreuth, Maximilianstraße 31, wurde durch einen Neubau ersetzt (Gedenktafel).

Dr. h.c. Hans Vogt (*1890 Wurlitz/Rehau, † 1979 Erlau/Passau), Miterfinder des Tonfilms. Als Sohn eines Dorfschmieds absolvierte er eine Schlosserlehre in Rehau, wurde Eisendreher in Schwarzenbach/Saale und eignete sich durch Selbststudium ein fundamentales technisches Wissen an. In Berlin verwirklichte er 1919 gemeinsam mit Joseph Massolle und Dr. Jo Engl den Plan, Schallvorgänge fotografisch auf dem Bildfilm anzubringen. Es folgten zahlreiche weitere technische Erfindungen, die von seiner gegründeten Firma in Berlin, später in Erlau bei Passau ausgewertet wurden. Dort befindet sich heute eine bedeutende Metallpulverfabrik für die Herstellung von Tonträgern. In Anerkennung seiner technischen Leistungen verlieh ihm die Universität Bonn die Ehrendoktorwürde.

Richard Wagner (*1813 Leipzig, † 1883 Venedig), Komponist, Dichter und Kulturpolitiker; 1872 legte er den Grundstein zum Bayreuther Festspielhaus, das 1876 mit der Aufführung des „Rheingold“ eröffnet wurde. Sein Grab befindet sich im Garten seines Bayreuther Wohnhauses Wahnfried.

11. Wirtschaft gestern und heute

Die **Landwirtschaft** muß sich seit jeher mit kargen Böden begnügen: Nur in den tieferen Lagen ist Getreideanbau möglich, und auf den höher gelegenen, oft hängenden Feldern gedeihen nur noch Hafer und Kartoffeln. Viehzucht und Milchwirtschaft haben an Bedeutung gewonnen; das rotbraune „Sechsämtervieh" ist wegen seiner Robustheit bekannt. Doch schon immer waren die meisten Bewohner gezwungen, auf gewerbliche Betätigungen auszuweichen.

Die **Forstwirtschaft** bietet mit ihrem großen Holzreichtum vielen Menschen Arbeit und Brot, sei es als Holzfäller oder Holzfacharbeiter. Sägewerke findet man überall, denen oft noch Hobel- und Furnierwerke angeschlossen sind.

Der **Bergbau** auf Gold, Silber, Blei, Zinn und Eisen stand zu Beginn des 14. Jahrhunderts in hoher Blüte, und die erfahrenen Bergleute aus dem Fichtelgebirge sollen sogar schon im 10. Jahrhundert zum Abbau der Erzlagerstätten in den Harz gerufen worden sein. Goldmühl und Goldkronach erinnern noch an einstigen Goldabbau, Wunsiedel und Weißenstadt waren Hauptorte der Zinnverarbeitung. Vielerorts nutzten Eisenhämmer die Wasserkräfte von Bächen und Flüssen zur Verhüttung des Eisengesteins. Doch als man anderswo ergiebigere Vorkommen entdeckte, kam der Erzbergbau zum Erliegen. Zwar bemühte sich ab 1792 noch einmal Alexander von Humboldt als preußischer Oberbergrat, den Erzbergbau wieder anzukurbeln, aber um 1850 waren viele erwerblose Bergleute gezwungen, nach Nordamerika auszuwandern. Die jetzt noch vorhandenen wertvollen Erzlagerstätten erscheinen bei weltweiter Konkurrenz nicht wirtschaftlich. Trotzdem versucht man seit 1981 wieder, die goldhaltigen Quarzgänge bei Goldkronach abzubauen.

Die **Natursteinindustrie** dagegen, ebenfalls traditionsreich, ist immer noch von Bedeutung. Steinhauer aus Wunsiedel sollen bereits 1481 beim Bau der berühmten Albrechtsburg in Meißen mitgewirkt haben. Granit wurde schon in frühester Zeit zum Bau von Burgen, Kirchen und Häusern verwendet, und das Steinmetzgewerbe brachte es zu hoher Kunstfertigkeit. Als 1721 die bestehende Bergordnung auch die Steingewinnung regelte, kamen in zahlreichen Steinbrüchen auch die nur in tieferen Lagen zu gewinnenden Gesteine zum Abbau. Großbauten und Denkmäler im In- und Ausland sowie der Bau von Eisenbahnen und Autostraßen trugen zum allgemeinen Aufschwung bei. Heute werden in den heimischen Betrieben vorwiegend ausländische Gesteine verarbeitet. Einzigartig in Europa sind die reichen Specksteinvorkommen bei Göpfersgrün, die in der Johanneszeche abgebaut und im nahen Holenbrunn zu Hochspannungsartikeln verarbeitet werden. In Wunsiedel hat eine staatliche Fachsschule für Steinbearbeitung ihren Sitz.

Die **Glaserzeugung** war schon im 14. und 15. Jahrhundert im Fichtelgebirge heimisch: Die Wälder lieferten Brennmaterial und Holzpottasche in reichlichem Maße. Ein Rückgang setzte ein, als das Holz für die Glasherstellung nicht mehr benötigt wurde und chemische Produkte an die Stelle der organischen Rohstoffe traten. Erst die Zuwanderung von Vertriebenen aus dem Sudetenland, besonders aus Gablonz, hat nach dem 2. Weltkrieg diesen Wirtschaftszweig wieder belebt. Zentrum der Glas- und Schmuckwarenindustrie ist das Steinachtal zwischen Bayreuth und Fichtelberg und Bischofsgrün. Neu entstandene Glashütten erzeugen das Rohglas für die Glasveredelungsbetriebe, in denen Glasperlen, Glasknöpfe, Lüsterbehang sowie Kristall- und Schmuckwaren hergestellt werden.

Die **Porzellanindustrie** ist heute ein ganz bedeutender Industriezweig im Fichtelgebirge. Seit Johann Friedrich Böttger 1709 in Meißen erstmals in Europa die Herstellung von Porzellan gelang, das den Chinesen schon im Altertum bekannt war, und Carl Magnus Hutschenreuther 1814 in Hohenberg/Eger die erste

---

Ein bedeutender Wirtschaftszweig des Fichtelgebirges ist die Porzellanindustrie. Von hier stammen 80% aller deutschen Porzellangeschirr-Erzeugnisse, die in zahlreichen Betrieben gefertigt werden. Endstufe ist der Garbrand bei 1400 Grad.
(Foto: Rosenthal-Bilderdienst)

nordostbayerische Porzellanfabrik gründete, hat das „weiße Gold“ überall seinen Siegeszug angetreten. Nicht nur in Selb – als „Stadt des Porzellans“ weltbekannt – entstanden Porzellanfabriken, sondern auch in Arzberg, Rehau, Schönwald, Schirnding, Marktredwitz, Wunsiedel, Röslau, Marktleuthen, Kirchenlamitz, Erbendorf und Speichersdorf: Rund 80% aller deutschen Porzellangeschirr-Erzeugnisse stammen aus dem Fichtelgebirge. Im Jahre 1908 wurde in Selb die „Staatliche Höhere Fachschule für Porzellan“ gegründet.

Hauptbestandteil des Porzellans ist Kaolin (nach dem Berge Kaoling in China, dem dort bedeutendsten Fundort dieses Minerals) neben Quarz und Feldspat.

Geschlämmter Kaolin wird mit feingemahlenem Feldspat und Quarz unter Zusatz von Wasser vermischt und über längere Zeit feucht gelagert. Die modellierbare Masse wird nun durch Gießen in Gipsformen oder von Hand auf Töpferscheiben geformt und getrocknet. Dann wird das Porzellan bei etwa 900 Grad im Ofen vorgebrannt und nach Abkühlen in eine flüssige Glasurmasse getaucht, die nach einem 30stündigen Garbrand bei 1400 Grad auf dem Gegenstand einen Glasüberzug hervorruft. Malereien werden meistens unter die Glasur aufgetragen; Malereien auf der Glaur brennt man in weniger heißen Öfen.

Die **Textilindustrie** geht bis in das 15. Jahrhundert zurück. Schon damals war besonders in der Gegend um Hof die Leinenweberei ein wichtiger Gewerbezweig: Hof besaß die älteste Innung der Tuchmacher im damaligen Fürstentum Bayreuth. Neben der zunftgebundenen Leinenweberei entstand bald als freies Gewerbe die Baumwollspinnerei. Später wurde die Leinenweberei durch die Baumwollweberei verdrängt. Wollmanufakturen gab es auch in Bayreuth und im Sechsämterland um Wunsiedel. Nach 1850 entwickelte sich die fabrikmäßige Fertigung; sie führte zur Gründung von industriellen Großbetrieben. Weitere Textilbetriebe siedelten sich in Kulmbach und Münchberg an. Heute ist Hof Mittelpunkt der oberfränkischen Baumwoll- und Wollindustrie.

Andere Industriezweige runden das vielseitige Wirtschaftsbild des Fichtelgebirges ab. Weit bekannt sind die Brauereien in Kulmbach, Hof und Bayreuth. Eine rege Leder- und Schuhindustrie gibt es in Rehau. Und in anderen Gegenden sind Eisenverarbeitung und Maschinenbau, Elektrotechnik und Feinmechanik, Holzindustrie und Kunststoffverarbeitung zu Hause.

B

LANDSCHAFTS- UND STRECKENBESCHREIBUNGEN

Die folgenden 5 Rundtouren führen durch die Landschaften des Fichtelgebirges und seine angrenzenden Gebiete. Jeder Route ist eine Beschreibung der Landschaft vorangestellt. Um diesen Reiseführer so übersichtlich wie möglich zu gestalten, sind ausführliche Orts- und Stadtbeschreibungen mit einem Sternchen * versehen und im Abschnitt C in alphabetischer Reihenfolge getrennt aufgeführt.

1. Das Regnitzland - in Bayern ganz oben

„In Bayern ganz oben" liegt das Regnitzland, und die findigen Stadtväter der alten Handelsstadt Hof an der Saale waren gut beraten, diesen zugkräftigen Slogan zu wählen. Denn schwer genug hat man es hier ohnehin, in der Nordostecke Bayerns, seit nach dem Zweiten Weltkrieg die Grenzen nach Norden und Osten abgeriegelt und jahrhundertealte Verkehrs-, Kultur- und Wirtschaftsbeziehungen abgeschnitten wurden: Von Hof sind es zur DDR-Grenze im Norden 10 km und im Nordosten 6 km, zur CSSR-Grenze im Osten ganze 15 km. Heute sind es vor allem die Berliner, die den Autobahn-Grenzübergang bei Rudolphstein passieren. Für sie ist das Fichtelgebirge von jeher ein beliebtes Urlaubsgebiet.

Seinen Namen hat das Tonschiefer-Hochplateau mit seinen flachen Tälern, Mulden und Hügeln von der Regnitz, die als untere Regnitz südlich und als obere Regnitz nördlich von Hof in die Saale mündet. Einst hatten die Diepoldinger Markgrafen aus dem baierischen Nordgau dieses Gebiet kolonisiert. Es folgte ab 1209 die Herrschaft der Grafen von Andechs und Herzöge von Meranien, ab 1248 gehörte das Regnitzland unter den Vögten von Weida, Gera und Plauen zum Vogtland, und 1373 kam es zur Markgrafschaft Kulmbach-Bayreuth. Doch nie war das Regnitzland durch seine Nachkriegsgrenzen so isoliert wie heute.

Die 1. Route:

Hof*, das nördliche Tor zum Fichtelgebirge, ist besonders für Feriengäste aus Berlin ein guter Auftakt. Die alte Stadt an beiden Ufern der Saale ist nicht nur durch ihre Brauereien, sondern auch als Mittelpunkt der oberfränkischen Baumwoll- und Wollindustrie bekannt. Seit dem großen Brand von 1823 wird das Bild der Altstadt durch seine geschlossenen Gebäudefronten im Biedermeierstil bestimmt. Und bevor es weitergeht, empfiehlt sich noch schnell als kleine Stärkung ein knackiges „Hofer Wärtschtla" von dem „Wärschtlamo" an der nächsten Straßenecke.

Fahren Sie am besten über die Friedrich-Ebert-Brücke, die hier die Saale überquert, und über den Pestalozziplatz in die nach Regnitzlosau führende Oelsnitzer Straße. Bald sehen Sie den **Wartturm** (573 m), der 1498 als Signalturm errichtet wurde. Vorbei an Neugattendorf kommen Sie nach **Schloßgattendorf,** dessen Barockschloß von 1703 zu einem gastlichen Hotel umgestaltet wurde; im Schloßbereich befindet sich eine Burgruine mit Bauteilen aus dem 12. und 18. Jh.

Nördlich lohnt ein Abstecher nach **Kirchgattendorf** mit sehenswerter gotischer Dorfkiche; sie besitzt schönes Chorgestühl mit Zunftzeichen und Heilssymbolen (1509) sowie ein spätgotisches Kruzifix mit Naturhaaren; Kanzelaltar und Orgelprospekt stammen aus der Hofer Knoll-Werkstatt (1754).

Es folgt **Regnitzlosau,** das sich beiderseits der Regnitz an der Einmündung des Kleppermühlbaches erstreckt. Der schon 1234 urkundlich erwähnte Ort besaß einst drei Rittergüter. Die spätgotische evangelische Pfarrkirche geht geschichtlich bis in das 13. Jh. zurück. Im 17./18. Jh. wurde sie weitgehend im Markgrafenstil erneuert. Bemerkenswert die hölzernen Doppelemporen, die schöne Kassettendecke (gemalte Bibel) und der kunstvolle Kanzelaltar (1743) von dem Hofer Bildhauer Wolfgang Adam Knoll. Wappen und Monogramme erinnern an die ehemaligen Regnitzlosauer Schloßherren.

Die wenig belebte Straße führt nach **Nentschau,** dem nordöstlichsten Dorf Bayerns. Überall spürt man die nahe Grenze: Nördlich geht der Blick zum sächsischen Dorf Posseck, bei

Route 1
Das Regnitzland-in Bayern ganz oben

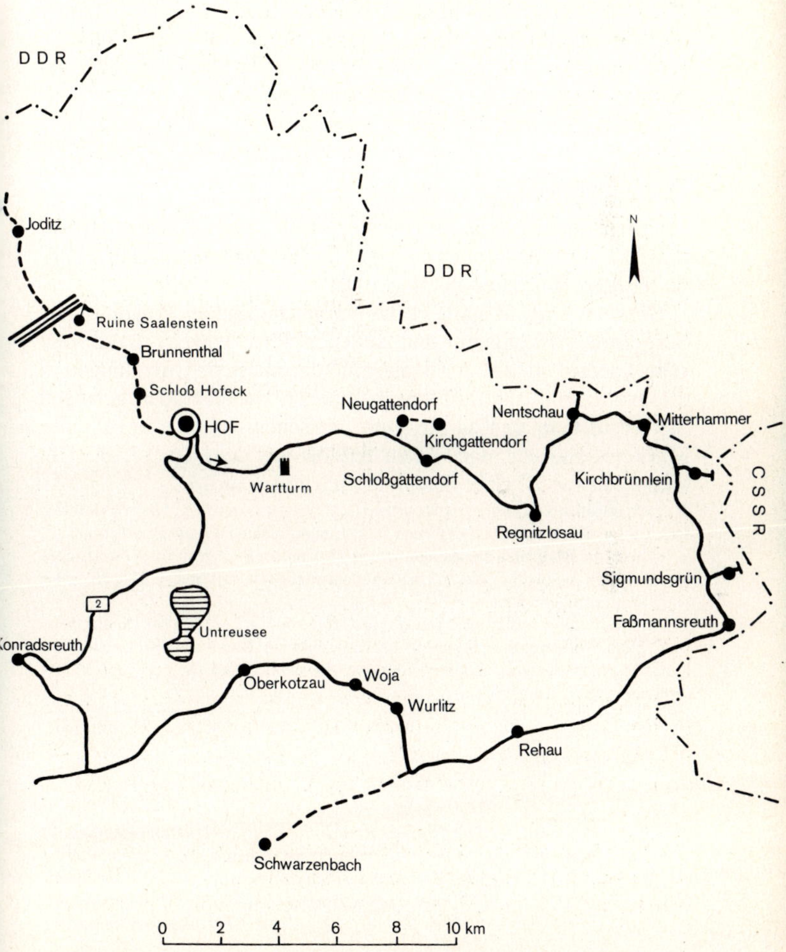

Mitterhammer liegt das Dreiländereck BRD, DDR und CSSR, bei **Kirchbrünnlein** kann man den sächsischen Ort Pabstleithen erkennen, und von **Sigmundsgrün** sieht man jenseits des die Grenze bildenden Zinnbaches die böhmischen Dörfer Gottmannsgrün und Friedersreuth.

Nachdenklich geht es über Faßmannsreuth nach **Rehau***, der kleinen Stadt im Schwesnitztal, die von einer lebhaften Leder-, Porzellan- und Kunststoffindustrie geprägt ist – „Rehau-Plastiks" sind weltbekannt. Die Route führt zunächst in Richtung **Schwarzenbach***, zweigt aber bald ab nach **Wurlitz,** Geburtsort von Dr. Hans Vogt, dem Miterfinder des Tonfilms (1890-1979), und berühmt sind auch die „Wurlitzer Orgeln" aus – Cincinatti/Nordamerika: Dorthin wanderte einst die Instrumentenmacher-Familie namens Wurlitzer aus Wurlitz aus.

Bei dem Dorf **Woja** liegt das **Naturschutzgebiet Wojaleite** mit Serpentin-Vorkommen und seltener Pflanzenwelt. Bald folgt **Oberkotzau*** im Tal der Saale, eine der ältesten Ansiedlungen in dieser Gegend, und auf verschlungenen Nebenstraßen gelangen Sie westlich nach **Konradsreuth** mit sehenswerter evangelischer Markgrafenkirche und einem Schloß aus dem 16./17. Jh. Die Bundesstraße 2 bringt Sie wieder nach Hof zurück.

Auch nördlich von Hof erstreckt sich ein schönes Ausflugsgebiet. Über **Schloß Hofeck** (heute Gästehaus eines örtlichen Industrieunternehmens) und Brunnenthal gelangt man zur **Burgruine Saalenstein** unmittelbar an der Mündung des Göstrabaches in die Saale (Autobahnbrücke). Das tief eingeschnittene, waldreiche Saaletal bietet viele Wandermöglichkeiten.

Die Straße führt weiter nach **Joditz.** Hier lebte von 1765 – 1776 der Dichter Jean Paul. Vom Wanderparkplatz jenseits der Saale führt ein Rundwanderweg über Jean-Paul-Felsen, Petersgrat, Lamitzmühle zur Tannenbachmündung an der DDR-Grenze.

Die Markgrafenkirche in Regnitzlosau beeindruckt durch ihre hölzernen Doppelemporen, die schöne Kassettendecke und den kunstvollen Kanzelaltar aus der Werkstatt des Hofer Bildhauers Wolfgang Adam Knoll.
(Foto: Gernot Messarius)

2. Rund um Waldstein und Kornberg

Der langgezogene Waldstein-Kornberg-Zug bildet die Nordachse des hufeisenförmigen Fichtelgebirges. Mit seinen weiten Wäldern und grandiosen Granitfelsbildungen ist der Waldsteinrücken ein besonders lohnendes Wandergebiet: Aus der Einsenkung zwischen Gefrees und Kornbach erhebt er sich in nordöstlicher Richtung und steigt über die **Bärenhöhe** (785 m) und den **Zellerfels** (772 m) zum **Großen Waldstein** (877 m) empor.

Der Waldsteingipfel steht unter Naturschutz und ist mit seinem gewaltigen Granitfelsgetürm neben der Kösseine der aussichtsreichste Berg des Fichtelgebirges. Auf dem Waldstein befindet sich die **Ruine einer Burg** der Herren von Sparneck aus dem 14. Jh., die wegen ihres ehemals roten Ziegeldaches „Rotes Schloß“ genannt und 1523 von Soldaten des Schwäbischen Bundes zerstört wurde. Vor dem Hauptgebäude liegt rechts auf einem pilzähnlichen Sockel der sagenumwobene **Teufelstisch.**

Östlich von der Burg erhebt sich die **Schüssel,** höchster Punkt des Waldsteingipfels. Der Weg dorthin führt vom Südrand der Burgruine an den steilen Felstürmen entlang zu einem Felsendurchschlupf bzw. um diesen herum und über Steinstufen und Holztreppen steil aufwärts. Die Schüssel wird von wild aufeinandergetürmten Granitblökken gebildet, deren oberster Stein von Wind und Wetter schüsselartig ausgewaschen ist. Auf diesem Stein thront – und dadurch wird er verdeckt – in luftiger Höhe ein kleiner Aussichtspavillon, der eine großartige Rundsicht ermöglicht (Orientierungstafel im Pavillon).

Am Fuße des Schüsselfelsens liegt bei dem Felsendurchschlupf die Ruine einer spätromanischen **Burgkapelle;** an der Rückseite des Schüsselfelsens der sogenannte **Wendische Wall,** wahrscheinlich ein Rest der noch vor 1100 angelegten älteren Burg auf dem Waldstein.

Das **Waldsteinhaus** (821 m), Unterkunftshaus des Fichtelgebirgsvereins, steht unterhalb des Gipfels und ist ganzjährig bewirtschaftet. Parkmöglichkeit bietet sich entweder direkt am Haus oder 400 m unterhalb auf dem Parkplatz (Zufahrt von der Straße Weißenstadt-Sparneck).

Gewaltige Granitblöcke türmen sich zum Gipfel des 877 m hohen Großen Waldsteins. Auf dem höchsten Punkt, der sogenannten Schüssel, thront in luftiger Höhe ein Aussichtspavillon mit großartiger Panorama-Schau.
(Foto: Gernot Messarius)

Etwa 150 m hinter dem Waldsteinhaus auf dem Wege nach Zell ist noch der aus dem 17. Jh. stammende **Bärenfang** erhalten, ein kleines Steingebäude, in dem Bären für den markgräflichen Zwinger in Bayreuth gefangen wurden. An den beiden Schmalseiten sind die Rillen zum Bewegen der Falltüren zu erkennen; an der Breitseite eine Öffnung, durch die man den Bären in einen Käfig sperrte. Im Inneren ein Steintrog, der zur Aufnahme des Köders diente.

In der Nähe erhebt sich ein Fernsehturm.

Aufstiege: Von **Zell*** 3/4 Std. südöstlich; von **Sparneck*** 1 1/4 Std. südlich; von **Weißenstadt*** 1 1/2 Std. nordwestl.

Vom Großen Waldstein zieht sich der Waldsteinrücken weiter nordöstlich über den **Bergkopf** (857 m), den **Kleinen Waldstein** (829 m) zum **Schindelberg** (737 m) und dann durch den Hallersteiner Wald zum **Kleinen Kornberg** (678 m), um in die Lamitzsenke abzufallen, durch die die Bahnlinie Regensburg–Hof verläuft. Dem Kleinen Waldstein vorgelagert ist der **Epprechtstein** (798 m) mit seiner markanten Ruine der 1553 zerstörten Burg Epprechtsstein (12. Jh.); von der Aussichtsplattform hat man einen herrlichen Rundblick. Die von zahlreichen Granit-Steinbrüchen zerfurchten Hänge galten einst als Geheimtip für Mineraliensammler, doch inzwischen ist kaum noch etwas zu finden.

Aus der Lamitzsenke baut sich als weithin sichtbarer Vorposten des nordöstlichen Fichtelgebirges der **Große Kornberg** (827 m) auf. Vom Bahnhof Kirchenlamitz-Ost führt ein Wanderweg über die Granitfelsengruppe **Zigeunersteine** (mit dem originellen „Wackelstein“, den man mit einem Holzriegel zum Wackeln bringen kann) und den **Hirschstein** (744 m) mit spärlichen Resten einer Burg des 13. Jh. in 1 1/4 Stunden hinauf.

Der **Große Kornberg** (827 m) wird von einem 60 m hohen Radarturm überragt. Sein aus Granit bestehender Bergrücken ist dicht bewaldet. Auf dem Gipfel steht die 25 m hohe Schönburgwarte (Historie auf einer Tafel beim Turmeingang); sie ist ganzjährig geöffnet, aber ohne Bewirtschaftung. Von der Plattform hat man einen umfassenden Rundblick. Unterhalb des Gipfels befindet sich 1/4 Std. östlich die Gaststätte Vorsuchhütte mit einem Wanderparkplatz (Zufahrt von Spielberg, 2 km südöstlich)

Aufstiege: Von **Kirchenlamitz-Ost*** 1 1/4 Std. nordöstlich; von **Rehau-Pilgramsreuth*** 1 1/2 Std. südlich; von **Schönwald*** 1 3/4 Std. südwestlich; von **Marktleuthen*** 2 Std. nördlich; von **Schwarzenbach/Saale*** 2 1/2 Std. südöstlich.

Route 2
Rund um Waldstein und Kornberg

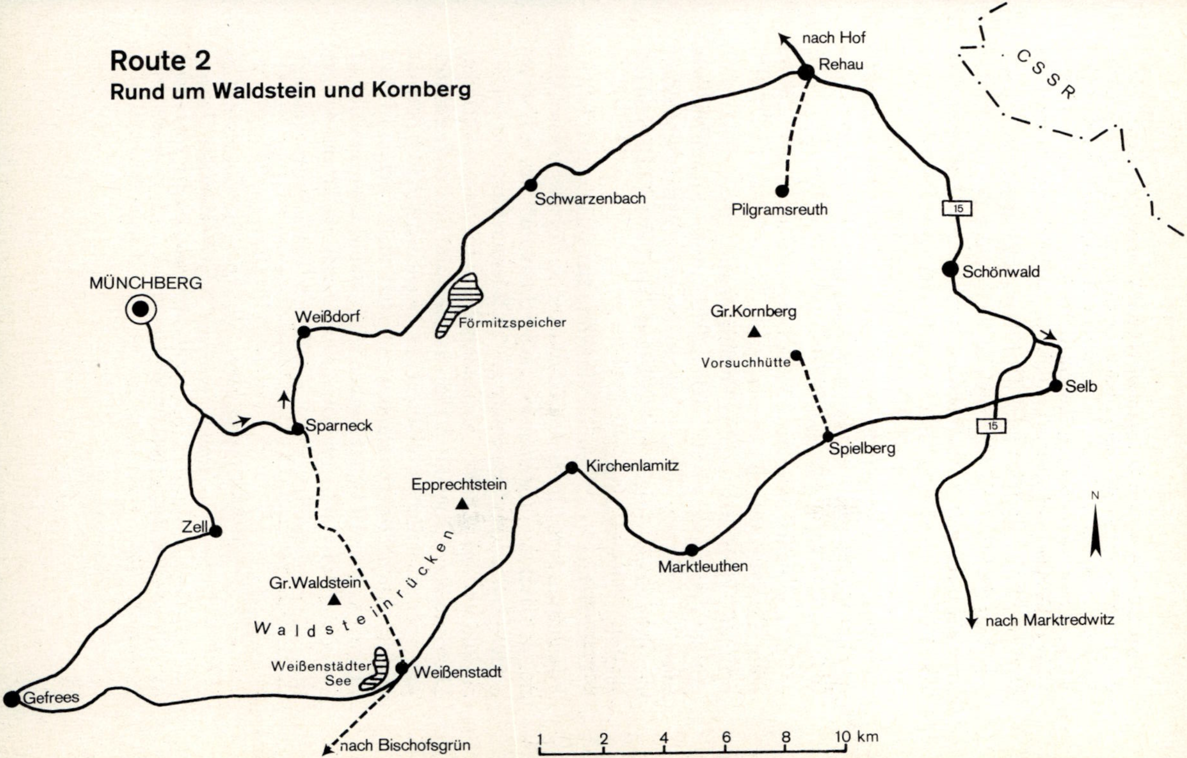

Die 2. Route:

Münchberg*, Stadt mit traditionsreicher Textilindustrie an der Pulschnitz, einem Zufluß der Saale, ist Start für die Waldstein-Kornberg-Route; nicht weit entfernt befindet sich die Abfahrt von der Autobahn Bayreuth–Hof. Bald folgt **Sparneck***, dessen gotische St. Veitskirche zahlreiche Grabdenkmäler aus dem 15. und 16. Jh. bewahrt. In **Weißdorf** interessiert das Wasserschloß aus dem 13. Jh., das einst den Herren von Sparneck gehörte und nach Zerstörungen um 1600 wieder hergerichtet wurde; sehenswert auch die evangelische, spätgotische dreischiffige Hallenkirche mit Wandmalereien aus der Erbauungszeit – eine der schönsten Dorfkirchen Oberfrankens.

Für die Fahrt nach Schwarzenbach/Saale lohnt der Umweg über Albertsreuth und Götzmannsgrün vorbei an dem 1977 vollendeten 120 Hektar großen **Förmitzspeicher** (Badegelegenheit), der das Niedrigwasser der Saale aufbessern soll. **Schwarzenbach/Saale*** entwickelte sich seit dem 19. Jh. von einem bescheidenen Agrarort zu einer regen Industriestadt; der Dichter Jean Paul lebte einige Jahre in dieser Stadt.

Über **Rehau*** – lohnend ist ein Abstecher südlich nach Rehau-Pilgramsreuth mit gotischer Dorfkirche in überaus reicher Barockausstattung – kommen Sie nach **Schönwald***, das sich wegen seiner waldreichen Umgebung gut als Wanderstützpunkt eignet.

Bald sind Sie in **Selb***, der Stadt mit dem berühmten Porzellan. Die Brandkatastrophe von 1856 hat viele alte Bauwerke zerstört, war aber auch Beginn einer neuen Wirtschaftsstruktur, die das oberfränkische Weberstädtchen völlig veränderte: Schon 1857 errichtete Lorenz Hutschenreuther in der alten Ludwigsmühle eine Porzellanfabrik und legte damit den Grundstein für die Ansiedlung weiterer namhafter Porzellanfirmen. Ein schönes Ausflugs-

---

Das Schloß Weißdorf bei Münchberg hat durch seine Lage inmitten eines breiten Wassergrabens den Charakter einer ehemaligen Wasserburg bewahrt. Die Anlage geht im Kern bis in das 13. Jahrhundert zurück
(Foto: Gernot Messarius)

gebiet erstreckt sich im Osten, nahe der nur 5 km entfernten Grenze zur CSSR: Der Basaltkegel des Wartberges, das Naturschutzgebiet Häuselloh mit seiner Teich- und Moorlandschaft und der Große Hengstberg mit seinem für das Fichtelgebirge einzigartigen Buchenwald.

Über Spielberg – von hier führt eine schmale Straße zur Gaststätte Vorsuchhütte mit Aufstiegsmöglichkeit zum Großen Kornberg – gelangen Sie nach **Marktleuthen***, wo sich die einzige Zinngießerei des Fichtelgebirges befindet. Schön ist der weite Marktplatz, um den sich ringförmig die alten Bürgerhäuser mit der evangelischen Pfarrkiche St. Nikolaus gruppieren. Die benachbarte Stadt **Kirchenlamitz*** ist guter Ausgangspunkt für Wanderungen zum Epprechtstein.

Die Route verläuft nach **Weißenstadt***, dem zentral gelegenen Luftkurort zwischen Waldsteinzug und Schneebergkette: Nordwestlich führt die Straße nach Sparneck dicht an den Großen Waldstein heran, und südwestlich verläuft eine Straße durch die Schneebergkette vorbei an der Egerquelle nach Bischofsgrün. Attraktion von Weißenstadt ist der 50 ha große Weißenstädter See mit Bade- und Segelfreuden, den man in einer Stunde auf dem schönen Uferweg umrunden kann.

Das Städtchen **Gefrees*** war einst wichtige Poststation an der Kreuzung der alten Handelsstraßen Frankfurt–Eger und Nürnberg–Leipzig. Schon 1366 wurde der Ort „zu dem Gefrezz" urkundlich bezeugt, und da das mittelhochdeutsche Wort „vrezzen" soviel wie verzehren und fressen bedeutet, liegt die Vermutung nahe, daß schon damals nicht nur die Kaufleute, sondern auch die Pferde gut versorgt wurden. Napoleon übernachtete hier 1812 auf seinem Zuge nach Rußland.

Der Luftkurort **Zell*** unweit der Saalequelle kann auch mit einer Besonderheit aufwarten: Alexander von Humboldt entdeckte 1797 den Petromagnetismus auf dem nahen Haidberg (695 m). Das dort vorkommende Serpentingestein ist so magneteisenhaltig, daß selbst einzelne Steine einen wahrnehmbaren Nord- bzw. Südpol besitzen und dadurch die Kompaßnadeln tanzen lassen.

Die Straße nach Münchberg (7 km) bringt Sie wieder an den Ausgangspunkt zurück.

3. Das Ochsenkopf- und Schneeberggebiet

Der **Ochsenkopf** (1024 m) ist nicht nur der zweithöchste, sondern auch der bekannteste aller Fichtelgebirgs-Berge. Früher glaubte man sogar, er sei der höchste: Erst 1785 stellte sich nach ganz genauen barometrischen Messungen heraus, daß der Schneeberg ihn um 29 m übertrifft. Schon von weitem kündigt sich der Ochsenkopf durch die spitz in den Himmel stoßende Nadel seines Fernseh-Sendeturmes an. Seinen Namen soll er von jenem sagenumwobenen Felsen haben, dessen eingemeißeltes Bildnis unverkennbar die Züge eines Ochsenkopfes zeigt. Die einen deuten es als ursprünglich bergmännisches Erkennungszeichen, das später in einen Ochsenkopf umfunktioniert wurde, die anderen leiten den Namen von den Ochsen ab, die früher noch auf den Bergweiden grasen durften, und die Sage weiß zu berichten, daß einst in der Nähe des Ochsenkopf-Felsens der abgenagte Schädel eines verirrten Ochsen gefunden wurde.

Tatsächlich aber wurde die Gegend um den Ochsenkopf einst „Fichtelberg“ genannt, und der Name „Ochsenkopf“ tauchte erst 1491 in Zusammenhang mit der Vergabe des „Bergwerks auf dem Fichtelberg“ als Lehen auf. Und dieses Bergwerk ist vermutlich das „Schneeloch“, ein stillgelegter Schacht, in dessen Nähe sich der Felsen mit dem Ochsenkopf befindet.

Auf dem **Ochsenkopfgipfel** ragt der 186 m hohe **Fernseh-Sendeturm** empor. Er wurde 1958 erbaut mit vier Plattformen in 19, 22, 131 und 160 m Höhe (öffentlich nicht zugänglich).

Der **Asenturm** ist 17 m hoch und wurde schon 1923 vom Fichtelgebirgsverein als Aussichtsturm errichtet (tagsüber bewirtschaftet). Im Eingangsraum befindet sich eine Ehrentafel mit Namen von Männern, die sich um das Fichtelgebirge verdient gemacht haben. Tafeln an den Außenseiten des Turmes erinnern an den Aufenthalt Goethes (östliche Ecke) und Alexander von Humboldts (westliche Ecke).

Die **Gipfelstation der beiden Doppelsessel-Lifte** befindet sich in 1011 m Höhe beim Fernsehturm. Dort kommen die Bahnen sowohl von Bischofsgrün (Talstation Nord, 657 m) als auch von Fleckl (Talstation Süd, 763 m) an.

Der **Ochsenkopffelsen** mit dem eingemeißelten Ochsenkopf als Wahrzeichen liegt auf der nördlichen Felskuppe an dem Weg nach Bischofsgrün.

Das **Schneeloch,** ein früherer Schacht, in dem sich oft noch Schneereste bis in den Juni hinein finden, ist vom Ochsenkopffelsen über einige Stufen abwärts Richtung Bischofsgrün zu erreichen.

Die **Schöne Aussicht** mit Blick auf Warmensteinach und Bayreuth ist 5 Minuten entfernt (Wegweiser).

Die **Weißmainquelle** (887 m) befindet sich am Osthang. Hier beginnt der 542 km lange Main-Wanderweg bis zur Mündung des Mains in den Rhein.

Die **Weißmainfelsen** (929 m) eine Ansammlung von Granitfelsblöcken, liegen am Osthang unweit der Weißmainquelle; eine Treppe führt auf den höchsten Gipfel, der von einem Geländer umgeben ist.

Der **Venataschacht,** alter Bergwerksschacht mit teilweise noch erhaltenen Stollen, in denen der Sage nach goldsuchende „Venediger" gehaust haben sollen, ist von der Nordseite der Weißmainfelsen Richtung Karches erreichbar.

Die **Fichtelnaabquelle** (867 m) liegt 1/4 Std. südöstlich der Weißmainquelle oberhalb von Fichtelberg-Neubau.

Aufstiege zum Ochsenkopf

Von **Bischofsgrün*** 1¼ Std. südlich; von **Fichtelberg*** 2 Std. nordwestl.; von **Warmensteinach*** 2¼ Std. nordöstl. (vom Ortsteil **Fleckl** 1¼ Std. nördlich). Von den an der Fichtelgebirgsstraße gelegenen Parkplätzen **Waldhaus Karches** 1¼ Std. südwestlich und **Seehaus** 1½ Std. westlich.

Die **Schneebergkette** bildet sich aus einer Reihe markanter Berggipfel. Vom Ochsenkopf ist sie durch das Hochmoor Seelohe und das Tal Des weißen Mains mit der Fichtelgebirgsstraße getrennt. Aus ihrer Mitte ragt der **Schneeberg** (1053 m) empor, die höchste Erhebung des Fichtelgebirges. Die Gipfelregion, von weitem sichtbar durch den massiven Betonturm, ist militärisches **Sperrgebiet** und daher leider **nicht zugänglich.**

Bis in die Höhen des Schneeberges zieht sich der Wald hinauf. Wind und Wetter haben die knorrigen Fichten in der rauhen Gipfelzone zerzaust. Oft sind die Wipfel geknickt. Monatelang drücken Schneemassen die unteren Äste in den Boden, so daß sie dort Wurzeln schlagen.

Auf dem Ochsenkopf erhebt sich der aussichtsreiche Asenturm.
In der Nähe befindet sich der Bergstation der Sessel-Schwebebahn.
(Foto: Gernot Messarius)

Der flache Gipfel des Schneeberges ist von Gesteinstrümmern übersät. Höchste Erhebung ist das **Backöfele,** eine freistehende Felsenmauer. Der Name wird von der Feuerstelle eines ehemaligen Wartturmes abgeleitet; der Sage nach sollen einst in Kriegszeiten geflüchtete Bewohner hier ihr Brot gebacken haben. – Am Westabhang befindet sich an einem Weg der **Tausendmeterstein** (in 1000 m Höhe).

Die Schneebergkette ist ein Wandergebiet, wie man es sich nicht besser wünschen kann: Weite Wälder bis in die Höhen, mächtige Granitfelsgipfel, gewaltige Blockmeere, einige davon unter Naturschutz, gut markierte Wanderwege kreuz und quer, und von den Parkplätzen oder Bushaltestellen der Straßen rundum ist alles relativ bequem zu erreichen.

So gelangt man vom Wanderparkplatz der Straße Bischofsgrün nach Weißenstadt in wenigen Minuten zur **Egerquelle** (752 m) und von dort westlich in 1 Std. über die **Hohe Haide** (848 m) zum **Wetzstein** (798 m) mit Aussichtspavillon und Blick auf Bischofsgrün und Ochsenkopf.

Die Höhepunkte aber liegen östlich vom Wanderparkplatz, und wenn auch der Schneeberggipfel wegen des Sperrgebietes nicht zu erreichen ist: Lohnende Wanderziele gibt es genug. Gut 1 Std. östlich lockt der **Rudolfstein** (866 m), ein mächtiger Granitfelsen, dessen eigenartiger schichtähnlicher Aufbau durch Verwitterung entstand; eine Holztreppe führt auf den Gipfel. Im Mittelalter thronte auf dem Rudolfstein eine Höhenburg, von der fast keine Spuren mehr vorhanden sind.

Abstieg 1/2 Std. nordwestl. nach Schönlind oder in knapp 1 1/2 Std. südwestl. vorbei an den Granittürmen der **Drei Brüder** zum Rudolfssattel und auf dem Röslauer Weg zu der gefaßten **Röslaquelle** am steilen Osthang des Schneeberges und weiter zum **Haberstein** (914 m), der mit dem größten Granitblockmeer des Fichtelgebirges unter Naturschutz steht; in versteckten Spalten wächst der seltene Tannenbärlapp.

Im Schneeberggebiet beeindruckt der 866 m hohe Rudolfstein mit seinen übereinandergeschichteten Granitplatten, die in dieser Form durch Verwitterung entstanden.
(Foto: Gernot Messarius)

Abstieg 1/2 Std. nordwestl. zur Höhenklinik Bischofsgrün oder weiter 1/2 Std. östlich vorbei an der idyllischen **Hartungsquelle** auf den **Nußhardt** (972 m), der mit seinen Gneis- und Granitfelsen ebenfalls unter Naturschutz steht; auf einer Holztreppe gelangt man zum Gipfel, an dessen Südseite sich der schmale Eingang zur Felsenhöhle „Nußhardtstube" befindet. Weiter 1/2 Std. östlich das bewirtschaftete **Seehaus** (922 m), entstanden 1762 aus einer Zinnwäsche und 1928 vom Fichtelgebirgsverein als Unterkunftshaus errichtet.

Abstieg 1/2 Std. südwestl. zum Parkplatz Seehaus an der Fichtelgebirgsstraße (Bushaltestelle) oder 3/4 Std. südöstl. zur **Platte** (885 m); das gewaltige Granittrümmerfeld steht unter Naturschutz, der Gipfel trägt ein Holzkreuz.

Abstieg 3/4 Std. südöstl. zum Parkplatz Silberhaus (Bushaltestelle). Die ringsum von Wald umgebene Gaststätte **Silberhaus** (711 m) an der Fichtelgebirgsstraße ist wegen ihrer zentralen Lage zwischen Platte und Hoher Matze ein beliebter Wanderstützpunkt.

Vom Silberhaus 1 Std. südöstl. über die beiden Felsengruppen **Prinzenfelsen** – hier steht man genau auf dem 50. Breitengrad – und einem Abstecher zu der 300 m südöstl. liegenden felsigen Girgelhöhle auf die **Hohe Matze** (813 m), ein bewaldeter Felsengipfel mit Holzkreuz und Aussicht auf die Kösseine.

Abstieg 1/2 Std. südöstl. nach Wurmloh. Der Wurmlohpaß, durch den die Straße Kemnath - Tröstau verläuft, bildet die südöstliche Begrenzung der Schneebergkette.

Die 3. Route:

Bayreuth*, einst Markgrafenstadt und heute Regierungssitz von Oberfranken, aber auch Universitätsstadt, ist Ausgangspunkt der 3. Route.

„Du liebliches Bayreuth, auf einem so schön gearbeiteten, so grün angestrichenen Präsentierteller von Gegend einem dargeboten, man sollte sich einbohren in Dich, um nimmer herauszukommen", schwärmte Jean Paul 1813, der seine letzten

Route 3
Das Ochsenkopf- und Schneeberggebiet

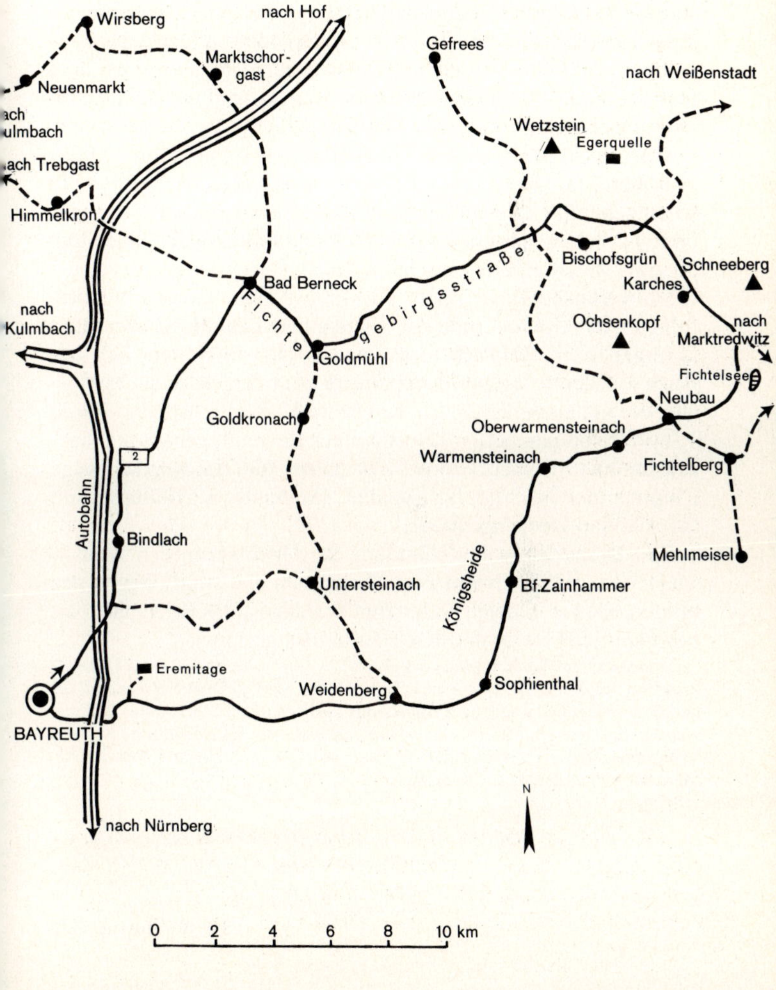

21 Lebensjahre hier verbrachte, und Richard Wagner, durch dessen Wirken Bayreuth als Festspielstadt weltberühmt wurde, schrieb 1871: „Warum ich Bayreuth gewählt? Der Ort sollte keine Hauptstadt mit stehendem Theater, auch keiner der besuchtesten Badeorte sein. Er sollte dem Mittelpunkt von Deutschland zu gelegen und ein bayerischer Ort sein! Außerdem hat mir schon in frühester Zeit dieser freundliche Ort mit seinen Umgebungen einen anziehenden Eindruck hinterlassen".

Doch nicht allein die Lage in dem weiten Tal des Roten Mains zwischen Fränkischer Schweiz und Fichtelgebirge macht Bayreuth so anziehend, es sind auch die unter Markgraf Friedrich entstandenen prächtigen Bauten des Barock und Rokoko, die diese Stadt ihr unverwechselbares Gesicht geben.

Sie verlassen Bayreuth in Richtung Autobahneinfahrt Nord, folgen nach Überquerung der Autobahn der Bundesstraße 2 und kommen nach **Bindlach** (362 m). Schon von weitem fällt der Blick auf den fotogenen Kuppelturm der evangelischen Pfarrkirche. Sie gilt als bedeutendste Kirche im Markgrafenstil und wurde 1766/69 von namhaften Künstlern aus Bayreuth gebaut und ausgeschmückt. Bemerkenswert vor allem die doppelgeschossige Empore, der mächtige Kanzelaltar, die feinen Stukkaturen und die schönen Deckengemälde.

Bad Berneck* an der Mündung der Ölschnitz in den Weißen Main wird malerisch von zwei Burgruinen überrragt. Wegen des milden Klimas in dem geschützten Waldtal ist das Kneippheilbad besonders für Herz- und Kreislaufkranke geeignet.

Lohnend ist ein Abstecher über das ehemalige Zisterzienserinnenkloster **Himmelkron*** im Tal des Weißen Main nach **Trebgast*** mit Markgrafenkirche, Naturbühne und Badeweiher und weiter nach **Kulmbach***, der Stadt mit dem berühmten Bier, die von der hochthronenden Plassenburg überragt wird. Bis 1603 residierten hier die Markgrafen, und der „Schöne Hof" der Burg ist mit seinen doppelten Arkaden ein Meisterwerk der deutschen Renaissance.

Bindlach: Die evangelische Pfarrkirche wurde 1766/69 von namhaften Bayreuther Künstlern errichtet. Sie gilt mit ihrem feingegliederten Kuppelturm als bedeutendste Kirche im Markgrafenstil.
(Foto: Gernot Messarius)

Der Rückweg nach Bad Berneck empfiehlt sich über **Neuenmarkt** mit sehenswertem Dampflokomotiv-Museum. Gleich in der Nähe der Luftkurort **Wirsberg*** am Zusammenfluß der Frankenwaldbäche Schorgast und Kosser, der auch wieder mit einer Kirche im Markgrafenstil aufwarten kann. Es folgt **Marktschorgast*** im schönen Schorgasttal. Badefreuden bietet der felsumsäumte Goldbergsee, und eine technische Sehenswürdigkeit ist die 1844/48 gebaute „Schiefe Ebene", der Steilaufstieg der Eisenbahn vom Bahnhof Neuenmakt (348 m) bis zum Bahnhof Marktschorgast (507 m). Diesen großen Höhenunterschied überwindet auch die Autobahn im gleichen Tal.

Nach Unterquerung der Autobahn sind Sie bald wieder in Bad Berneck.

In Bad Berneck beginnt die herrrliche Fichtelgebirgsstraße. Sie zieht sich durch das von Waldbergen umsäumte Tal des Weißen Main mäßig aufwärts vorbei an dem Dorf **Goldmühl,** das seinen Namen nach der hier im Jahre 1557 errichteten Goldmühle erhielt, deren Pochwerk das gewonnene Erz zerkleinerte und aufbereitete (seit 1978 nach Bad Berneck eingemeindet). Bei **Bischofsgrün*** zweigt rechts die Panoramastraße ab zur Talstation Süd der Ochsenkopf-Schwebebahn, links geht es nach **Gefrees***, und gleich danach führt rechts eine weitere Straße hinauf zu dem hochgelegenen Luftkurort Bischofsgrün. In einem großen Bogen bietet die Fichtelgebirgsstraße bald rechts einen besonders schönen Blick auf Bischofsgrün und den Ochsenkopf, der durch seinen Fernsehsendeturm nicht zu übersehen ist. Nun kommt eine wichtige Kreuzung: Links führt von der außerhalb des Ortes gelegenen Höhenklinik Bischofsgrün eine Straße vorbei an der Egerquelle nach **Weißenstadt***, und rechts ist eine weitere Zufahrt nach Bischofsgrün. Die Fichtelgebirgsstraße erreicht jetzt ihren höchsten Punkt, links die Waldhänge des Schneeberges, und leicht abwärts gelangen Sie vorbei an dem **Waldhaus Karches** zu der Abzweigung nach **Neubau.**

Die Fichtelgebirgsstraße verläuft weiter durch das Hochmoor der **Seelohe** (775 m), durchschneidet die Schneebergkette beim Gasthof **Silberhaus** (711 m) und führt über **Tröstau*** vorbei an **Wunsiedel*** nach **Marktredwitz***.

Unsere Route leitet von der Abzweigung vorbei an dem idyllischen **Fichtelsee** (751 m) mit Bademöglichkeit und Ruderbootverleih zum Ortsteil **Neubau** des Luftkurortes **Fichtelberg***, der seine Entstehung am Südosthang des Ochsenkopfes dem einstigen Eisenbergbau verdankt. Eine Attraktion ist das Besucherbergwerk „Gleißinger Fels“: Dort können Sie, wohl ausgerüstet mit Grubenkleidung, Grubenlampe und Bergmannshelm, unter sachkundiger Führung die unterirdischen Stollen des Ochsenkopfmassivs besichtigen. Und das Ozonhallenbad im Erholungszentrum Fichtelberg verfügt sogar über ein Außenbecken, das mit 32 Grad Heißwasser-Temperatur Badefreuden im Freien auch an kühleren Tagen ermöglicht. Lohnend ist ein Abstecher nach **Mehlmeisel*** mit dem Naherholungszentrum „Bayreuther Haus“.

Von Neubau – hier zweigt die Panoramastraße nach **Bischofsgrün*** ab – geht es über die Luftkurorte **Oberwarmensteinach** und **Warmensteinach*** auf der Glasstraße durch das enge bewaldete Steinachtal. Oberhalb des Bahnhofes Zainhammer thront die um 1600 verfallene **Burg Wurzstein** mit schöner Aussicht von der Ruine, und rechts von der Straße erstreckt sich das Naturschutzgebiet der **Königsheide,** eine bis zu 853 m ansteigende moorige Hochfläche mit reichen Wildbeständen (Hirsch, Auerhahn) und seltener Pflanzenwelt.

Nach **Sophienthal** folgt **Weidenberg***, heute Mittelpunkt der Gablonzer Glasindustrie. Von hier aus führt eine Straße direkt nach Bayreuth zurück; auf dem Wege dorthin kommen Sie an den Parkanlagen der Eremitage mit den beiden Prunkschlössern vorbei.

Sie können aber auch durch das Steinachtal nach Bayreuth zurückfahren. In Untersteinach zweigt eine Straße ab über das ehemalige Goldbergwerksstädtchen **Goldkronach*** nach **Goldmühl** mit Anschluß an die Fichtelgebirgsstraße.

4. Im Bannkreis der Luisenburg

Die **Luisenburg** (785 m) südlich von Wunsiedel, Teil des sich aus der Senke von Wurmloh steil aufbauenden Kösseine-Massivs, zählt zu den ganz großen Naturdenkmalen im Fichtelgebirge: Ein gewaltiges Felsenlabyrinth, 700 m lang und 300 m breit, das in Europa seinesgleichen sucht. Ein überwältigendes Naturschauspiel mit über- und nebeneinander verkeilten Granitblöcken, steilen Wänden, tiefen Schluchten und schmalen Grotten.

Grüne Moos- und Flechtdecken überziehen Felsen und Bäume, dazwischen Farne und Sträucher, in dunklen Felsspalten schimmert Leuchtmoos, darüber ein dichter Fichtenwald, dessen knorrige Baumwurzeln die Felsen umkrallen. Und alles steht unter Na**turschutz.**

Goethe hat sich bei seinen Besuchen 1785 und und 1820 eingehend mit dem Phänomen der Luisenburg beschäftigt. Seine Erkenntnisse über ihre Entstehung durch Verwitterung haben heute noch Gültigkeit: „Die ungeheure Größe der ohne Spur von Ordnung und Richtung übereinandergestürzten Granitmassen gibt einen Anblick, desgleichen mir auf meinen Wanderungen niemals wieder vorgekommen ist", schreibt er 1820 und fährt fort: „Dieses Granitgebirge hatte ursprünglich das Eigentümliche, aus sehr großen, teils festen, teils leicht verwitterten Massen zu bestehen. Die Verwitterung, die langsame, andauernde Einwirkung von Wind, von Regen und Eis, von Hitze und Kälte, hat die heutige Form der Luisenburg herausgearbeitet und schafft unablässig weiter". Tatsächlich ließ ja auch die Eiszeit die einst viel höheren Granitfelsentürme zusammenstürzen.

Ihren Namen hat die Luisenburg von der preußischen **Königin Luise,** die 1805 zu einem Badeaufenthalt im Nahen Alexandersbad weilte und auf Wunsch der Bürger von Wunsiedel im Rahmen einer von Jean Paul mitgestalteten Feierstunde den Berg taufte. Davor hieß er Luchsburg, Loisburg, Losburg oder auch Lusburg – nach einem Burgsitz, von dem noch geringe Reste inmitten der Felsen zu erkennen sind; Reste einer zweiten Burg befinden sich davon 150 m östlich entfernt. Sie sollen den Rittern von Bocksberg in Wunsiedel und den Herren von Nothafft zu Thierstein gehört haben und im 13. Jh. zerstört worden sein.

Luisenburg – das ist aber auch ein klangvoller Name für die **Luisenburg-Festspiele,** die von Ende Juni bis Mitte August auf der Naturbühne inmitten romantischer Fels- und Waldkulisse stattfinden. Sie lassen sich bis in das Jahr 1692 zurückverfolgen.

Das Felsenlabyrinth der Luisenburg zählt zu den größten Sehenswürdigkeiten des Fichtelgebirges. Bemerkenswert ist der Napoleonshut, ein rund 40 Tonnen schwerer Granitblock auf einer Unterlage von nur 0,2 qm Stützfläche.
(Foto: Gernot Messarius)

Gab es früher Laienspielaufführungen, so setzt sich heute das Ensemble aus profilierten Schauspielern namhafter Bühnen zusammen.

Luisenburg-Festspiele: Amphitheatralisch angeordneter und überdachter Zuschauerraum mit 1800 Plätzen und hervorragender Akustik. Programm und Kartenvorverkauf beim Verkehrsamt Wunsiedel; sonst an der Luisenburg-Theaterkasse ab 1 1/2 Std. vor Spielbeginn.

Zufahrt: Von **Wunsiedel*** 2 km; Parkplätze unterhalb der Freilichtbühne. Busverbindung von Wunsiedel während der Festspielzeit.

Wanderwege: Von Wunsiedel* 3/4 Std. südlich auf dem Höhenweg. Von **Bad Alexandersbad*** 1/2 Std. südwestlich auf der Birkenallee.

Rundgang durch die Luisenburg

Der Rundgang durch das Felsenlabyrinth erfordert einen Zeitaufwand von 1 bis 2 Stunden und ist ein eindrucksvolles Erlebnis – aber nicht ganz unbeschwerlich, da manche Felsüberhänge nur gebückt passiert werden können. Eintrittskarten gibt es an der Labyrinth-Kasse. Bergauf führen die blauen, bergab die roten Pfeile.

Hinter dem Gesellschaftsplatz befindet sich die **Klingergrotte,** deren Dach aus einer riesigen Felsplatte besteht, Teil des Zuschauerraumes der **Naturbühne,** zu der eine Treppe emporführt. Weiter aufwärts zum **Alten Theaterplatz,** eine frühere Bühne. Nach der Labyrinth-Kasse das **Kleeblatt,** eine Granitfelsengruppe mit erkennbaren Verwitterungserscheinungen. Gegenüber der **Luisensitz,** Lieblingsplatz der Königin Luise. Geradeaus zeigt die Inschrift **„Bis hierher und nicht weiter",** daß sich hier bis 1805 die äußerst begehbare Stelle befand. Erst Felssprengungen ermöglichten den weiteren Zugang. Die **Burgtreppe** führt hinauf zur einstigen **Losburg,** an die noch einige Mauerreste erinnern. (Blick auf Wunsiedel und das Fichtelgebirge.) Es folgt der **Goethefelsen** zur Erinnerung an seine Aufenthalte 1785 und 1820. Nun durch die Felswände der mit Moos bewachsenen **Grünen Wand** zur **Mineralienhöhle,** einer Granitverwitterung (ohne Mineralien!) und zum **Prinz-Ludwig-Platz,** benannt 1878 nach dem Besuch von Prinz Ludwig von Bayern (Aussicht auf Wunsiedel); darüber die künstliche Ruine **Mariannenhöhe.** Durch die schmale **Burgschlucht** zur **Diana-**

Zu den vielen Aussichtsfelsen des Fichtelgebirges gehört auch der 869 m hohe Burgstein unterhalb des Kösseinegipfels, dessen Granitblöcke wie Mauern einer Burg aus dem Wald ragen.
(Foto: Gernot Messarius)

quelle mit gewaltigem Felsendach, südlichster Punkt des Rundganges. Rückwärts gewendet leiten die blauen Pfeile durch das **Kleine Labyrinth.** Auf einem niedrigen Gang unter großen Felsen und über die enge **Teufelstreppe** vorbei an Grotten mit Leuchtmoos – beschwerlichster Teil des Weges – aufwärts zum **Versöhnungsfelsen** (785 m) mit 16 m hohem Kreuz, höchster Punkt der Luisenburg (gute Aussicht). Abzweigung eines Wanderweges 1/2 Std. zum Burgstein (869 m), außerhalb des Labyrinths gelegen.

Der Abstieg (rote Pfeile) führt zu der interessanten Felsengruppe **Drei Brüder,** etwas abseits links ein Granitfelsen mit der typischen „Wollsackverwitterung". Reste von Mauerschutt lassen den Standort der zweiten alten Burg erkennen. Vorbei an den Felsbildungen **Hardenberggrotte, Turnerfelsen** und **Ludwigsfelsen** kommen Sie zum **Napoleonshut,** einem gewaltigen Felskoloß auf kleiner Stützfläche. Über den **Max-Marien-Platz** (Besuch des bayerischen Königspaares Maximilian II. und Maria 1851) mit mächtigen Felsgruppen gelangt man zur **Teufelsbrücke** mit Blick in die Felsentiefe, zu der von Felsen gebildeten **Eremitenhöhle** und zur **Insel Helgoland,** einem von Wasser umgebenen Felsenblock. Vorbei an der Rückwand des Luisensitzes kommen Sie wieder zur Labyrinth-Kasse.

Außerdem noch sehenswert:

Die gewaltige Felsgruppe **Felssturz,** zugänglich vom Alten Theaterplatz (nicht im Markierungsweg eingeschlossen). Ferner die **Schüssel,** ein umgestürzter Felsblock mit großer Verwitterungsmulde, etwa 80 m unterhalb der Luisenburg-Gaststätte rechts neben dem Höheweg. Interessant der **Waldlehrpfad Luisenburg** mit Hinweistafeln, ab Luisenburg-Parkplatz 1/2 Std. östlich.

Der Burgstein (869 m)

ist von der Luisenburg-Gaststätte in 3/4 Std. südlich oder vom Versöhnungsfelsen im Labyrinth in 1/2 Std. über den Kaiserfelsen zu erreichen. Er bildet die höchste Stelle der Luisenburg, gehört aber nicht mehr zum eigentlichen Labyrinth. Seinen Namen hat er von den mächtigen Granitfelsen, die wie Mauern einer Burg aus dem Wald ragen. Über eine Holzstiege gelangt man auf den aussichtsreichen Gipfel.

Der 939 m hohe Kösseine-Gipfel steht mit seinem gewaltigen Granittrümmerfeld unter Naturschutz. Auf dem höchsten Felsen thront ein massives Aussichtstürmchen.
(Foto: Gernot Messarius)

Der Haberstein (848 m)

erhebt sich westlich vom Burgstein. Man kann ihn auch direkt von der Luisenburg-Gaststätte auf dem Höhenweg in 3/4 Std. südlich erreichen. Er besteht aus einer Ansammlung mächtiger Granitgebilde, deren Felstürme die Baumspitzen überragen. Eine Holztreppe führt zum höchsten Felsen empor, der schüsselartige Vertiefungen aufweist und prächtige Aussicht bietet.

Vom Haberstein verläuft der markierte Höhenweg in 3/4 Std. vorbei an dem nicht besteigbaren **Kleinen Haberstein** mit ebenfalls interessanten Felsbildungen erst mäßig bergan und dann steil aufwärts zum Gipfel der Kösseine.

Die Kösseine (939 m)

ist neben dem Großen Waldstein der lohnendste Aussichtsberg des Fichtelgebirges. Auf dem höchsten Felsen des unter Naturschutz stehenden Granittrümmerfeldes, das in der obersten Zone aus dem Wald herausragt, thront ein massives Aussichtstürmchen. In unmittelbarer Nähe befindet sich das ganzjährig bewirtschaftete Unterkunftshaus des Fichtelgebirgsvereins.

Getrennt durch einen Sattel, auf dem eine Berghütte steht, erhebt sich etwa 600 m nordöstlich die **Kleine Kösseine** (922 m), deren bewaldete Felspartien keine umfassende Aussicht bieten.

Aufstiege zur Kösseine:

Von der **Luisenburg-Gaststätte** über den Haberstein 1 1/2 Std. südlich. – Vom Weiler **Kössain** (Wanderparkplatz) bei Schurbach (zu erreichen von Bad Alexandersbad*, Waldershof*, Neusorg* und Ebnath*) vorbei an dem **Pfalzbrunnen** (Grenze Oberpfalz/Oberfranken) 3/4 Std. nordwestlich. – Von **Tröstau** in 1/2 Std. südöstlich nach **Fahrenbach** (Parkplatz) und von dort in 1 Std. südöstlich. – Von **Wurmloh** (zwischen Tröstau und Nagel) in 1/4 Std. östlich nach **Hohenbrand** (Parkplatz) und von dort 3/4 Std. östlich.

Die 4. Route:

Wunsiedel*, die alte Hauptstadt des historischen Sechsämterlandes, ist Beginn dieser Route. Als Einstimmung empfiehlt sich ein Besuch des Fichtelgebirgsmuseums neben der Spitalkirche, und probieren Sie auch den berühmten Wunsiedeler „Sechsämtertropfen“, bevor es weitergeht nach **Röslau***, schön gelegen an

Route 4
Im Bannkreis der Luisenburg

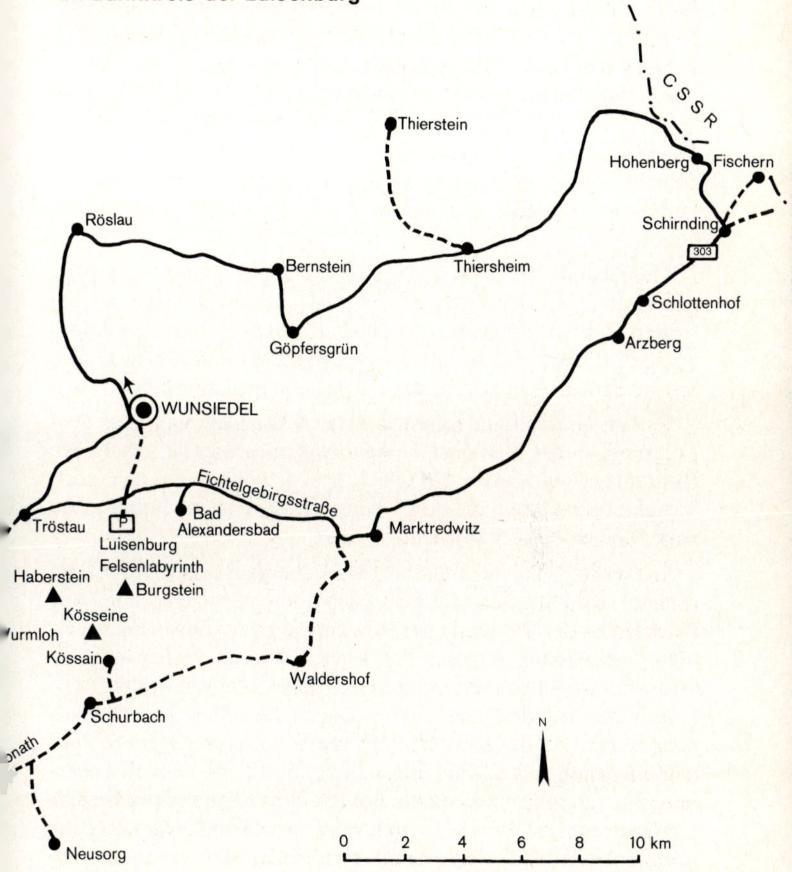

beiden Ufern der Eger, die nahe westlich bei der Thusmühle einen 28 m hohen Wasserfall hinunterstürzt. Eine gute Rundsicht bietet sich vom „Zwölfgipfelblick“ in Oberröslau auf das gesamte Fichtelgebirge. Die Jakobuskirche des alten Pfarrdorfes **Bernstein,** einst Station an der Handelsstraße zwischen dem Maintal und Böhmen, ist dem Schutzpatron der Pilger und Reisenden geweiht.

Über das Bauerndorf **Göpfersgrün,** schon 1135 urkundlich in der „regio Egire“ erwähnt, kommen Sie zu den bedeutenden Specksteinlagern, die von der Johanneszeche abgebaut werden: Es sind die größten Vorkommen dieser Art in Europa. Und mancher Mineraliensammler ist hier schon fündig geworden. Die Erlaubnis zur Besichtigung muß bei der Verwaltung der Zeche eingeholt werden.

Thiersheim* hat einen idyllischen lindenumsäumten Marktplatz mit alten Bürgerhäusern und der evangelischen Pfarrkirche, die früher als Wehrkirche diente. Erhalten sind noch Reste der Friedhofsbefestigung. Lohnend ist ein Abstecher nordwestlich zum aussichtsreichen Bergfried der Burgruine von **Thierstein***.

Östlich an der Landesgrenze erwartet Sie malerisch über dem Tal der Eger das Städtchen **Hohenberg*** mit seiner gut erhaltenen Burganlage, und wenn Sie Glück haben, können Sie hier noch Störche beobachten, die durch künstlich geschaffene Futterteiche zum Bleiben bewegt werden.

Schirnding* ist bekannt als Grenzübergangsstelle zur CSSR (Schiene und Straße); von dem 2 km nordöstlich gelegenen Dorf **Fischern** an der Mündung der Rösla in die Eger können Sie bei einem Spaziergang entlang der Eger Richtung Hohenberg die Grenzbefestigungen sehen (auf Grenzmarkierungen achten!).

Auf der Bundesstraße 303 gelangen Sie über **Schlottenhof,** einst Lehensgut des Klosters Waldsassen mit ehemaligem Schloß, nach **Arzberg***, das seine Entstehung im 12. Jh. dem Eisenerzbergbau verdankt und heute namhafte Porzellanfabriken besitzt.

Marktredwitz*, bis 1816 Enklave der Reichsstadt Eger, ist heute eine blühende Industriestadt im Grünen und wichtiger Verkehrsknotenpunkt. Auf der Fichtelgebirgsstraße kommen Sie nach **Bad Alexandersbad*** am Fuße der Luisenburg. Die Tradition des wegen seiner Heilquelle viel gerühmten Stahl- und Moorbades geht bis in das Jahr 1783 zurück, als der Bayreuther Markgraf Alexander das Schloß am Kurpark als Badehaus errichten ließ. Aber jetzt gibt es natürlich außerdem noch ein modernes Kurmittelhaus.

Über **Tröstau*** im oberen Röslatal, beliebt als Stützpunkt für Wanderungen in das Kösseine- und Schneeberggebiet, gelangen Sie nach Wunsiedel zurück.

5. Durch den Naturpark Steinwald

Der Steinwald schiebt sich mit seinen weiten Hochwäldern und mächtigen Granitfelsbasteien zwischen das Fichtelgebirge und den Oberpfälzer Wald. Vom Kösseine-Massiv ist er durch die Kemnath-Waldershofer Senke getrennt. Während das Fichtelgebirge zu Oberfranken gehört, zählt der Steinwald zur Oberpfalz. Seit Ernennung des Kerngebietes zum Naturpark wurden an verschiedenen Stellen Wanderparkplätze mit markierten Rundwanderwegen angelegt.

Eindrucksvoll steigen aus einem Phyllitsockel verwitterte Granitfelsbildungen in oft wunderlichsten Formen empor. Sie tragen volkstümliche Namen wie Hohes Saubad, Katzentrögel, Riesenschüssel, Zipfeltanne, Dachsfelsen, Knockfelsen, Räuberfelsen und Hacklstein. Höchster Punkt ist die bewaldete **Platte** (946 m) mit dem 24 m hohen, aus Fichtenstämmen errichteten **Oberpfalzturm.** Etwa 2 km östlich davon thront aussichtsreich auf hohem Granitfelsen die **Burgruine Weißenstein** (863 m). Im Nordosten fällt der Granitrücken zu den Basaltkuppen **Plößberg** (820 m) und **Großer Teichelberg** (625 m) ab.

Dichte Wälder aus Fichten, Kiefern, Lärchen, Tannen und Buchen ermöglichen einer artenreichen Tierwelt gute Lebensbedingungen: Nicht nur Hirsch und Reh, Bussard und Habicht sind gut vertreten, auch der Auerhahn ist hier noch heimisch.

Wanderziele

Marktredwitzer Haus (760 m), bewirtschaftetes Unterkunftshaus des Fichtelgebirgsvereins und günstig gelegener Wanderstützpunkt oberhalb von Hohenhard. Mit dem Wagen (Wanderparkplatz) von der Straße Marktredwitz– Friedenfels zu erreichen. Markierte Wanderwege von Waldershof* 1 1/2 Std. südöstlich, von Fuchsmühl* 1 1/4 Std. nordwestlich, von Friedenfels* 2 Std. nördlich.

Burgruine Weißenstein (863 m), vom Marktredwitzer Haus 3/4 Std. südlich, von Friedenfels* 1 1/2 Std. nördlich. Aus dem Wald ragen mächtige Granittürme mit den Resten einer Burg aus dem 12. Jh., im 14. Jh. im Besitz der Nothafft von Weißenstein, seit 1559 nicht mehr bewohnt und verfallen. Hölzerne Stiegen führen auf den höchsten Felsen mit dem ehemaligen Bergfried.

Kammwanderung von der Ruine Weißenstein zum Oberpfalzturm. Leicht ansteigend in 1/2 Std. westlich vorbei an der 1974 erbauten ökumenischen **Dreifaltigkeitskapelle** (Unterstellhütte) zur **Platte** (946 m), höchster Punkt des Steinwaldes, mit dem 24 m hohen **Oberpfalzturm.** Nördlich 10 Minuten liegt die Felspartie **Katzentrögel** (941 m) mit Aussicht nach Ost und Nord. Zurück zum Marktredwitzer Haus auf dem Forstweg Hofwieslohstraße oder 1/2 Std. südwestlich zum

Waldhaus (822 m), ehem. Forsthaus, nicht bewirtschaftet, mit Rotwildgehege. Nordwestlich (Wegweiser) die Felspartien **Reiseneggerfelsen, Huberfelsen, Dachsfelsen, Grandfelsen** und **Knockfelsen.** Weiter vom Waldhaus 1/2 Std. südlich über den aussichtsreichen **Hohen Saubadfelsen** (858 m), zu dem eine Holztreppe emporführt, und auf dem **Waldlehrpfad** vorbei an dem seltsam geformten **Zipfeltannenfelsen** (756 m), auch „Steinwald-Sphinx“ genannt, nach

Pfaben (716 m). Das kleine Dorf (Berggasthäuser, Wanderparkplatz, Wildschwein- und Rehgehege, Skigelände) ist ein beliebter Wanderstützpunkt und liegt 5 km nördlich von Erbendorf*. Mit dem Wagen ist Pfaben über Wetzldorf gut zu erreichen. Südwestlich befinden sich die imposanten Granitbildungen **Räuberfelsen, Rat-Felsen, Dachsfelsen** und **Vogelfelsen.**

Die 5. Route:

Marktredwitz* ist nicht nur ein Tor zum Fichtelgebirge, sondern auch guter Ausgangspunkt für Ausflüge in den Steinwald. Südlich geht es über **Pfaffenreuth** (sehenswerte alte Kirchenorgel) und **Poppenreuth** (Kirche mit Akanthusaltären, ehem. Schloß) nach *Hohenhard* (Antoniuskapelle von 1766) zum gastlichen **Marktredwitzer Haus** (760 m) des Fichtelgebirgsvereins. Vom Parkplatz führen mehrere Rundwanderwege in die Umgebung.

Vorbei an der etwa 200 m im Wald versteckten **Ruine Weißenstein** schlängelt sich die Straße hinunter nach **Friedenfels***, einem beliebten Erholungsort mit einem Renaissance-Schloß in gepflegten Parkanlagen.

Route 5
Durch den Naturpark Steinwald

Nordöstlich zweigt eine Straße ab nach **Wiesau***. Von dort können Sie über das **König-Otto-Bad,** das seine Quellen als Mineralwasser versendet, und **Fuchsmühl*** mit weithin sichtbarer zweitürmiger Wallfahrtskirche nach Marktredwitz zurückfahren.

In **Thumsenreuth** beeindruckt das seit 1661 im Besitz der Freiherren von Lindenfels befindliche dreigeschossige Schloß mit hohen Giebeln und malerischem Erker.

Das Schloßmuseum gibt Einblick in die Geschichte des Hauses, die bis in das Jahr 1255 der ehemaligen Wasserburg zurückreicht. Die evangelische Pfarrkirche aus dem 16./18. Jahrh. hat eine schöne Kassettendecke (Bilderbibel auf 12 Feldern), die katholische Pfarrkirche von 1936 einen holzgeschnitzten VierzehnNothelfer-Altar aus der Zeit um 1750. Touristischer Anziehungspunkt ist das Ferienzentrum mit dem schön gelegenen Badesee.

Die Schloßkapelle St. Katharina in **Reuth** besitzt einen Hochaltar mit reichem Akanthusschnitzwerk; bemerkenswert auch die Büstenreliefs der vier Evangelisten in den Akanthusrahmen an der Kanzel. Das dekorative Akanthus-Blattmotiv aus der Antike wird in der nördlichen Oberpfalz oft als schmückendes Element im Altaraufbau verwendet.

Erbendorf* liegt in waldreicher Umgebung auf einem Serpentinhügel im Tal der Fichtelnaab und besaß im Mittelalter bedeutenden Bergbau auf Blei, Zink, Silber, Kupfer und Steinkohle. Heute wird das Städtchen von einer regen Industrie für Keramik und Speckstein belebt, hat aber auch als Erholungsort mit modernen Freizeitanlagen einen guten Namen.

Ein Abstecher führt auf der Bundesstraße 22 Richtung Kemnath zunächst nach **Waldeck.** Schon von weitem sehen Sie den herausgewitterten Basaltkegel des **Waldecker Schloßberges** (641 m), auf dem bis zu ihrer Zerstörung im Jahre 1704 die schon 1124 genannte Burg der Landgrafen von Leuchtenberg thronte. Die 1731 erbaute Rokoko-Pfarrkirche von Waldeck besitzt Deckenmalereien der Brüder Asam und einen Akanthusrahmen mit dem Schnitzrelief der Vierzehn Nothelfer.

Bald sehen Sie unmittelbar rechts an der Straße den Basaltkegel des **Anzenberges** (593 m) aufragen und kommen nach **Kemnath***, das schon im Jahre 1008 urkundlich erwähnt wurde und damit zu den ältesten Siedlungen dieser Gegend gehört. Schön ist der langgestreckte Marktplatz mit seinen umsäumten alten Giebelhäuserreihen, und originellerweise dient das wuchtige Untergeschoß des nach oben spitz zulaufenden Kirchturmes zugleich als Stadttor.

Nördlich gelangen Sie über **Brand*** mit Geburtshaus des Komponisten Max Reger und über den Erholungsort **Nagel*** am idyllischen Nageler See nach **Tröstau***. Hier haben Sie Anschluß an die Fichtelgebirgsstraße.

Die Route verläuft von Erbendorf durch das Fichtelnaabtal aufwärts vorbei an Specksteinbrüchen zum Ortsteil **Grötschenreuth** mit Barockschloß und ehem. Hammerwerk. Vom Wanderparkplatz Rosenbühl empfiehlt sich die 1 1/2 stündige Wanderung über die imposante Granitfelsbildung Vogelfelsen zum hochgelegenen Bergdorf Pfaben.

Weiter geht es über **Hopfau** mit ehemaligem Hammerhaus durch das romantische Fichtelnaabtal aufwärts. In **Trevesenhammer** beeindurckt das stattliche Hammerschloß von 1827, und bald sehen Sie westlich den **Armesberg** (731 m) hervortreten, dessen Basaltgipfel von der klassizistischen Rotunde einer Wallfahrtskirche (1836) gekrönt wird. Von **Trevesen** führt ein schöner Wanderweg in 3/4 Std. auf den Armesberg.

Riglasreuth besitzt ein ehem. klassiz. Schloß; hier zweigt eine Straße ab und folgt der Fichtelnaab über die Ferienorte **Neusorg*** und **Ebnath*** nach **Brand***. Die Route aber verläuft weiter auf der Ostmarkstraße am Rande des Naturparks Steinwald entlang und erreicht den kleinen Ort **Pullenreuth,** der sich wieder wegen seiner Lage als guter Wanderstützpunkt anbietet. Die 1752 wieder errichtete St. Martinkirche besitzt eine gotische Madonna aus der Zeit um 1500. Nach 1 km folgt **Dechantsees,** ein ehemaliges Wirtschaftsgut des Klosters Waldsassen; oberhalb an der Straße nach Waldershof befindet sich die Klausenkapelle Hl. Kreuz.

Die östlich von Pullenreuth und Dechantsees im Naturpark Steinwald gelegenen Wanderparkplätze **Kellermühle** (Ausflugsgaststätte an einem idyllischen Waldweiher), **Arnoldsreuth** und **Harlachberg** (Waldrand) sind Ausgangspunkte für Rundwanderungen zur **Platte** mit Oberpfalzturm; zurück über **Waldhaus** und **Reiseneggerfelsen,** insgesamt gut 3 Std.

Über **Waldershof*** mit gut restauriertem ehem. Wasserschloß und einer großen Freibadanlage (Kösseinebad) kommen Sie wieder nach Marktredwitz zurück.

C
STADT- UND ORTSBESCHREIBUNGEN

ALEXANDERSBAD, BAD

(Kreis Wunsiedel, 590 m 1200 Einw.), staatlich anerkanntes Stahl- und Moorheilbad und Luftkurort in waldreicher Umgebung im Tal des Wenderner Baches am Osthang der Luisenburg. Zu der Gemeinde gehören auch die Orte Dünkelhammer, Kleinwendern, Sichersreuth und Tiefenbach.

Im Jahre 1734 entdeckte der Bauer Wolfgang Johann Brodmerkel aus Sichersreuth eine Eisensäuerling-Quelle, die 1741 gefaßt wurde. Der Ausbau zu einem Badeort begann 1783 mit der Errichtung des klassizistischen Alten Schlosses als Badehaus durch Markgraf Carl Alexander von Ansbach-Bayreuth. In den folgenden Jahrzehnten wurde das Bad zu einem prominenten Treffpunkt des Adels und der Fürsten. So weilten im Sommer 1805 König Friedrich Wilhelm III. und Königin Luise mit der ganzen Familie zur Kur. Bei dieser Gelegenheit taufte Königin Luise die nahe Luisenburg auf ihren Namen. Auch Goethe wohnte 1820 im Schloß. 1838 wurde das Kurhaus eröffnet. Als das Bad aus staatlichem in privaten Besitz überging und die Anlagen für längere Zeit zweckentfremdet wurden, erfolgte ein Stillstand. Erst nach dem Zweiten Weltkrieg begann wieder der Aufschwung. 1955 wurde die Luisenquelle von 3.60 m auf 65 m Tiefe gebohrt. Seit 1959 gehören Heilquelle, Kurhaus und Kuranlagen dem Deutschordensschwestern-Provinzialat Passau. Nach Modernisierung der gesamten Anlagen gewann Alexandersbad 1977 die staatliche Anerkennung als Bad zurück. Vom markgräflichen Schloß (Trinkbrunnen, Königin-Luise-Zimmer) führt eine Allee den Kurpark hinunter zur Luisenquelle im Tal des Wenderner Baches.

Bad Alexandersbad: Schmuckstück des Stahl- und Moorheilbades ist das 1783 durch Markgraf Carl Alexander von Ansbach-Bayreuth errichtete Schloß, in dessen Eingangsportal die kohlensäurehaltige Eisenquelle zu Trinkkuren einlädt.
(Foto: Gernot Messarius)

Auskunft: Kurverwaltung im Markgräflichen Schloß, 8591 Bad Alexandersbad.
Verkehr: Bundesstraße 303 (Fichtelgebirgsstraße) Bad Berneck-Marktredwitz. Nächste Bahnstation Marktredwitz 7 km. Busverbindung mit Marktredwitz, Wunsiedel, Bayreuth.
Kureinrichtungen: Kurmittelhaus, Trinkhalle, Kurpark mit Konzertplatz und Musikpavillon, Schloßterrasse, Haus des Gastes, Heilwasserausgabe.
Kurmittel- und Kuranwendungen: Eisenhaltige Kohlensäurequelle „Luisenquelle", Naturmoor. – Mineralbäder, Moorbäder, Moorpackungen, Trinkkuren, Massagen aller Art (u. a. Unterwassermassagen), Elektrotherapie.
Heilanzeigen: Trink- und Badekuren bei Herz- und Gefäßsystem-Erkrankungen, Kreislaufstörungen, Erschöpfungszuständen, Stoffwechselerkrankungen, Neuralgien. Moorbäder und Moorpackungen gegen rheumatische Erkrankungen des Formenkreises: Arthritis, Arthrosis, Bandscheibenschäden, Ischias, Lähmungen.
Sammlungen: Dorfmuseum in Kleinwendern (Leben und Arbeit des Fichtelgebirgsbauern im 18. und 19. Jahrhundert).
Unterhaltung: Kurkonzerte, Lichtbilder- und kulturelle Vorträge.
Veranstaltungen: Lichterfest im Juli.
Sport: Freibad, Angeln, Tennis, Cricket, Reiten. - Skilanglauf, Eislauf, Eisstockschießen, Rodeln.

Wanderungen:

1. Zur **Luisenburg,** 1/2 Std. südwestlich, Vorbei am Obelisk zur Erinnerung an Friedrich Wilhelm III. und Königin Luise.

2. Über die Luisenburg-Gaststätte und den **Haberstein** (848 m) auf die **Kösseine** (939 m), 2 Std. südlich.

3. Über die Luisenburg-Gaststätte zum **Schauerberg** (Granitsteinbruch) und weiter zum **Schloßgut Fahrenbach** (Gasthaus), 2 Std. südwestlich.

4. Zum **Wenderner Stein** (685 m) mit geologisch interessanter Felsenschichtung aus Phyllit-Schiefer, 1 Std. südlich. Zurück über **Kleinwendern** mit Dorfmuseum und durch das Tal des Wenderner Baches.

5. Über die Doktorwiese auf den **Burgstein** (689 m), 1 1/2 Std. südwestlich. Zurück über Püttnerfels, Schlageterfels und Kleinwendern.

6. Über Dünkelhammer durch das Demutstal am Wenderner Bach entlang zum **Juliushammer** an der Röslau, 3/4 Std. nordöstlich. Zurück über Sichersreuth.

7. Über den aussichtsreichen **Katharinenberg** (618 m) mit Ruine einer ehem. Wallfahrtskirche nach **Wunsiedel***, 3/4 Std. nordwestlich. Zurück auf dem Höhenweg.

8. Auf dem Quellenweg nach **Marktredwitz***, 1 1/2 Std. östlich.

ARZBERG

(Kreis Wunsiedel, 477 m, 7900 Einw.), kleine Industriestadt in waldreicher Umgebung an den östlichen Ausläufern des Fichtelgebirges im Tal der Röslau, mit drei weltbekannten Porzellanfabriken nach Selb die zweitgrößte Porzellanerzeugungsstätte Bayerns. Außerdem befindet sich hier die größte Nagelfabrik Bayerns. Von Bedeutung ist das Kohlekraftwerk der Bayerischen Elektrizitäts-Lieferungs-Gesellschaft, die den nordostbayerischen Raum mit Energie versorgt.

Arzberg verdankt seine Entstehung dem Eisenerz-Bergbau, der wahrscheinlich schon von den Kelten betrieben wurde. 1268 wurde die zur Deutschordenskommende Eger gehörende Kirche St. Maria und Magdalena „in Arzperge" erstmals genannt. Mit dem Erlöschen der Reichsministerialen von Liebenstein kam Arzberg 1292 an die Nürnberger Burggrafen. Graf Friedrich IV. erhielt 1323 das Bergregal für den Erzabbau. Es entstanden Hammerwerke, Rohrschmieden und Kupfergießereien; zu großem Ansehen brachten es die Büchsenmacherwerkstätten. 1408 erhob Graf Johann III. Arzberg zur Stadt, die ein Unteramt von Hohenberg mit eigenem Richter wurde. Mit selbstgeschmiedeten Waffen konnten die Arzberger 1430 die Angriffe der Hussiten und 1504 der böhmischen Truppen im Landshuter Erbfolgekrieg aus der Kirchenburg des befestigten Friedhofes erfolgreich abwehren. 1632 jedoch wurde Arzberg durch kaiserliche Truppen unter Wallenstein fast völlig zerstört. 1794 gründete Alexander von Humboldt als preußischer Oberbergamtsassessor in Arzberg eine Bergschule, um den Erzbergbau im Fichtelgebirge wieder zu beleben, der aber im 19. Jh. zum Erliegen kam. Ein neuer wirtschaftlicher Aufschwung begann, als sich 1838 die erste Porzellanfabrik in Arzberg niederließ.

Sehenswürdigkeiten

Unter Denkmalschutz steht die noch teilweise erhaltene **Kirchenburganlage** aus dem 15. Jh. mit Wehrmauer und Pulverturm. Mittelpunkt der Befestigung ist die evangelische **Pfarrkiche**

St. Maria Magdalena, die anstelle ihrer durch Brand zerstörten Vorgängerin 1792 im Markgrafenstil errichtet wurde, eine geräumige Saalkirche mit zweigeschossiger umlaufender Empore und schönem Kanzelaltar. Hinter dieser Kirche befindet sich die **von Benckendorffsche Gruft** mit bemerkenswerten marmornen Grabplatten.

In der nahen Humboldtstraße das Wohnhaus (Gedenktafel) des Naturforschers **Alexander von Humboldt;** in der Egerstraße 3 das Geburtshaus (Gedenktafel) des Münchener Professors der Ingenieurwissenschaften **Karl Maximilian von Bauernfeind** (1818-1894).

Die katholische **Pfarrkirche Unsere Liebe Frau,** 1875 im Stil der Neugotik erbaut, bewahrte eine spätgotische Marienfigur („Maria auf dem Türkenkopf"), die noch aus der zerstörten Kirche der Kirchenburganlage stammt.

Auskunft: Stadtverwaltung 8594 Arzberg.
Verkehr: B 303 Marktredwitz-Schirnding (Landesgrenze zur CSSR). Bahnstation. Busverbindung mit Wunsiedel, Konnersreuth und Waldsassen.
Unterhaltung und Sport: Beheiztes Freibad, Sommerrodelbahn, Segeln, Angeln, Tennis. - Siklauf (Sprungschanze).
Sammlungen: Volkskundemuseum, Friedhofstraße.
Veranstaltungen: Porzelliner-Volksfest Ende Juni/Anfang Juli.

Wanderungen:

1. Nach **Röthenbach,** jetzt Stadtteil von Arzberg, 1/2 Std. westl. Inmitten des Ortes steht das doppelflügelige Renaissance-Schloß der Herren von Schirnding, seit 1827 im Besitz der Freiherren von Waldenfels. Von dort weiter 1 Std. westl. auf den **Wartberg** (628 m) mit Aussichtsplattform. Im 15. Jh. gab es hier eine Wartstation: Feindliche Angriffe wurden durch Feuer- und Rauchzeichen weitergemeldet.

2. Zum **Naturschutzgebiet Gsteinigt,** einem Engtal der Röslau, die hier den Glimmerschliefer durchbricht, 1/2 Std. südwestl.

3. Nach **Schlottenhof** mit ehem. Schloß, einst Lehensgut des Klosters Waldsassen, 1/2 Std. nordöstlich.

4. Auf den **Kohlberg** (632 m), im Volksmund „Zuckerhut" genannt aufgrund früheren Zucker-Schmuggels an der hier verlaufenden ehem. Grenze Bayern-Preußen, mit Aussichtsturm „Waldenfelswarte, 3/4 Std. südlich.

5. Zum **Klausenteich** (Feisnitzspeicher) am Fuße des Kohlberges mit Gasthaus und Badegelegenheit, 1 Std. südl. Der Klausenteich wurde zu einem 17 ha großen und 1,3 km langen Stausee für das Kraftwerk Arzberg ausgebaut. Von dort weiter 1 Std.

südl. durch den Reichsforst auf den **Ruheberg** (693 m), einer Basaltkuppe, auf der 1822 Goethe weilte. Die Gipfelregion steht mit ihrer seltenen Pflanzenwelt unter Naturschutz. Zurück über Glashütte und durch das Röslautal.

6. Zum **Hagenhausweiher** mit Gasthaus und Badegelgenheit, 1 Std. südöstl. Von Hagenhaus lassen in westlicher Richtung entlang der Feisnitz alte Grenzsteine den Verlauf der ehem. bayer.-preußischen Grenze erkennen. Von dort weiter 3/4 Std. südl. nach **Konnersreuth** (Goldstadt-Reiseführer Oberpfalz), einst Wohnsitz der stigmatisierten Therese Neumann (1898-1962).

7. Zur **Dreifaltigkeitskirche Kappel** (Goldstadt-Reiseführer Oberpfalz) über Wanderparkplatz Siebenlinden und Preußengrenzstein (1791-1810 Grenze Bayern-Preußen), 2 Std. südöstl. Der originelle Kappel-Rundbau gilt als Meisterwerk deutschen Barocks und symbolisiert in architektonischer Vollendung die Dreieinigkeit Gottes. Von dort 1 Std. südöstl. nach **Waldsassen,** einst bedeutendes Zisterzienstift, mit barocker Basilika und berühmten Bibliothekssaal. Zurück über den Glasberg, Grün und Hagenhaus oder mit dem Bus.

8. Zur Ausflugsgaststätte **Steinhaus,** 1 Std. nördl. Auf dem Weg dorthin Gedenkstein für den Thüringer Porzellanhändler Carl Magnus Hutschenreuther, der an dieser Stelle Kaolin entdeckte und dadurch 1814 im nahen Hohenberg die erste nordbayerische Porzellanfabrik gründete.

9. Auf dem Röslauweg nach **Schirnding***, 1 Std. nordöstlich.

Rundwanderungen:

Vom Naturwegweiser an der Wiesenmühle (BELG): Naturschutzgebiet Gsteinigt-Elisenfels-Waldenfelswarte-Porzellanfabrik Arzberg, 2 1/2 Std.; Waldlehrpfad.
Vom Wanderparkplatz am Siebenlindenberg (Übersichtstafel):

1. Hagenhausweiher-Preußengrenzsteine, 2 Std. „Preußenweg“.
2. Waldenfelswarte-Theresienfeld, 1 Std. „Diebessteig“.
3. Schulbrunnen-Pflanzgarten-Siebenlindenberg, 2 Std. „Siebenlindenweg“.

BAYREUTH

(Kreisfreie Stadt, 342 m 71 000 Einw.), Regierungsbezirkshauptstadt von Oberfranken und Landratssitz des Kreises Bayreuth, erstreckt sich auf einer Fläche von rund 32 Quadratkilometern im weiten Tal des Roten Mains zwischen dem Fichtelgebirge und der Fränkischen Schweiz. Die ehemals markgräfliche Residenz (1603–1769) ist durch die seit 1876 stattfindenden Richard-Wagner-Festspiele weltberühmt geworden. Bayreuth ist wirtschaftliches und kulturelles Zentrum Nordost-Bayerns. Seit 1975 verfügt die Stadt über eine Universität mit dem Schwerpunkt Naturwissenschaften. Neben den Regierungsbehörden haben hier die Industrie- und Handelskammer für Oberfranken, die Handwerkskammer, die Landesversicherungsanstalt für Ober- und Mittelfranken und mehrere Gerichte ihren Sitz. Bedeutende Wirtschaftszweige sind Textilindustrie, Maschinenbau, Eisengießerei, Zigarettenindustrie, Braugewerbe, Porzellanherstellung, Musikinstrumente, Rundfunk- und Fernsehgeräte, optische Erzeugnisse sowie der Fremdenverkehr mit etwa 300 000 Übernachtungen im Jahr.

Blick in die Geschichte

„Baierrute" (= Rodung der Baiern) wurde erstmals urkundlich 1194 genannt und 1231 als Stadt (civitas) bezeichnet, doch erfolgte die Gründung durch die Grafen von Dießen und Andechs, den späteren Herzögen von Meranien, wahrscheinlich um die Mitte des 12. Jh. Nach dem Tod des letzten Meranier-Herzogs Otto VIII. kam Bayreuth im Erbgang an die Hohenzollerschen Burggrafen von Nürnberg, die späteren Markgrafen von Brandenburg. Sie verliehen der Stadt 1283 das Zoll- und 1361 das Münzrecht. Mit dem Aussterben der Orlamünder Grafen fiel ihnen 1340 auch noch die Herrschaft Plassenburg mit Kulmbach zu. Im Hussitenkrieg wurde Bayreuth 1430 nahezu vernichtet. 1529 führte Markgraf Georg der Fromme die Reformation ein. Als Markgraf Christian 1603 seine Residenz von Kulmbach nach Bayreuth verlegte, begann der Aufstieg für die Stadt. Rückschläge brachten die Zerstörungen im 30jährigen Krieg. Unter der Regierung des Markgrafen Friedrich (1735–1763) und seiner kunstsinnigen Gemahlin Wilhelmine, Schwester Friedrich des Großen, erlebte Bayreuth eine neue kulturelle Blütezeit. Es entstanden viele Barock- und Rokokobauten. Mit dem Erlöschen der Bayreuther Hohenzollernlinie fiel die Markgrafschaft 1769 an Ansbach. 1791 trat der letzte Markgraf Alexander seine beiden Fürstentümer Ansbach und Bayreuth an den preußischen König Friedrich Wilhelm II. ab, dessen Herrschaft mit der napoleonischen Besetzung endete: Durch den Staatsvertrag von Paris kam das ehemalige Markgrafentum 1810 zu Bayern. Seit 1949 ist Bayreuth wieder Regierungssitz: für den Bezirk Oberfranken.

Dichter und Denker haben sich in Bayreuth stets wohlgefühlt. Seit 1741 befindet sich hier ein geistiges Zentrum deutscher Freimaurer: Die St. Johannis-Loge „Eleusis zur Verschwiegenheit“ zählt zu den ältesten Logen Deutschlands. 1806 wurde in Bayreuth der Philosoph und Schriftsteller Johann Caspar Schmidt, genannt Max Stirner, geboren, der aber als Zwanzigjähriger die Stadt verließ. Mit seinem Hauptwerk „Der Einzige und sein Eigentum" wurde der 1856 in Berlin Verstorbene ein Vorläufer Friedrich Nietzsches. Von 1804 lebte der Dichter Jean Paul bis zu seinem Tode 1825 in dieser Stadt. 1872 erklärte der Dichterkomponist Richard Wagner Bayreuth zu seiner Wahlheimat: Auf dem „Grünen Hügel“ errichtete er das Festspielhaus, das am 13. August 1876 mit einer Aufführung des „Rheingold“ eröffnet wurde. Nach seinem Tode führten zunächst seine Witwe Cosima (Tochter des Komponisten Franz Liszt), dann sein Sohn Siegfried und dessen Frau Winifred die Tradition fort. Es folgten die Enkel Wieland und Wolfgang; seit Wielands Tod 1966 verwaltet Wolfgang allein das Erbe des großen Meisters.

Rundgang durch die Stadt

Vom Bahnhofsplatz führt nach Norden die Bürgerreuther Straße zum 900 m entfernten „Grünen Hügel“ mit dem **Festspielhaus.** Es wurde 1872–1876 nach Ideen Richard Wagners errichtet. Der nüchtern wirkende Backsteinbau faßt rund 1900 Personen und zeichnet sich durch eine hervorragende Akustik aus. Nach dem Vorbild der Antike steigen die Sitzreihen amphitheatralisch an. Das Orchester ist versenkt und dadurch den Blicken der Zuschauer entzogen. Richard Wagner hatte gefordert, nichts dürfe vom Bühnengeschehen ablenken, auch nicht der „technische Herd der Musik“. Die Verwirklichung dieses Gedankens war eine Sensation. Und noch heute ist jeder beeindruckt, der zum ersten Mal die Musik aus dem „mystischen Abgrund“ (Wagner) hört. Die Richard-Wagner-Festspiele finden alljährlich von Mitte Juli bis

Ende August statt. Täglich außer montags werden Führungen durch das Festspielhaus veranstaltet. Zu beiden Seiten der breiten Auffahrt liegen schöne Parkanlagen.

Oberhalb des Festspielhauses erhebt sich auf einer Anhöhe die **Hohe Warte** (463 m), ein 1871 errichteter Siegesturm mit Ausblick auf die Stadt.

Vom Bahnhofsplatz nach Süden kommen Sie über den Roten Main zum Luitpoldplatz. Hier steht als Wahrzeichen des modernen Bayreuth das imposante **Neue Rathaus** von 1972 mit 12 Stockwerken, Glockenspiel, Kugelbrunnen und prächtigem Panorama-Rundblick von der Dachterrasse.

Durch die Opernstraße gelangen Sie zum **Markgräflichen Opernhaus,** 1745–48 erbaut von dem Hofbaumeister Joseph St. Pierre auf Anregung der Markgräfin Wilhelmine. Die zwischen Bürgerhäusern eingefügte dreigeschossige Fassade läßt kaum vermuten, daß sich dahinter eines der schönsten Opernhäuser Europas verbirgt. Die Innenausstattung des Logentheaters mit überwältigendem Prunk im Stil des italienischen Spätbarock schuf der aus Bologna stammende Theaterarchitekt Giuseppe Galli-Bibiena mit seinem Sohn Carlo. Beeindruckend ist die Perspektivbühne mit ihrer gewaltigen Tiefe. Richard Wagner ließ sich durch dieses Theater anregen, in Bayreuth seinen Festspielgedanken zu verwirklichen. Allerdings wollte er die Form eines demokratischen Theaters, während diese Kulisse der Hofgesellschaft diente. Anläßlich der Grundsteinlegung zum Festspielhaus dirigierte Richard Wagner hier 1872 Beethovens Neunte Symphonie. Während der alljährlich stattfindenden „Fränkischen Festwoche“ gastiert die Bayerische Staatsoper München. Täglich außer montags Führungen! – Gegenüber der **Wittelsbacher Brunnen** von 1910.

Auf dem nahen Sternplatz steht der **Reiterbrunnen** von 1922 zum Gedächtnis der Gefallenen eines Chevauleger-Regiments.

Rechts führt die Maximilianstraße zum **Alten Schloß,** das sich mit seinen Flügeln um einen zur Straße offenen Ehrenhof gruppiert (heute Behördensitz). Schon im 14. Jh. befand sich hier eine Burganlage, die in der Folgezeit mehrfach umgebaut wurde, besonders nach dem Schloßbrand von 1753. Kennzeichnend ist der

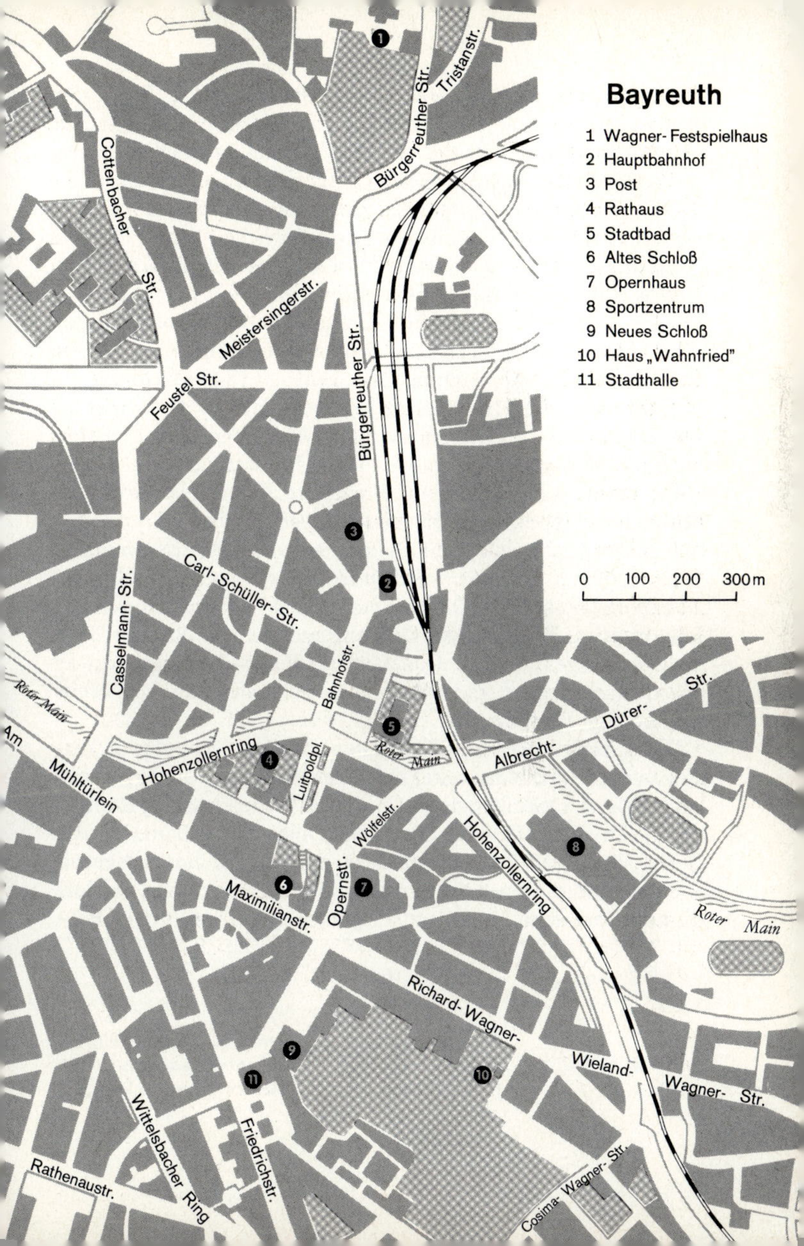
Bayreuth
1 Wagner-Festspielhaus
2 Hauptbahnhof
3 Post
4 Rathaus
5 Stadtbad
6 Altes Schloß
7 Opernhaus
8 Sportzentrum
9 Neues Schloß
10 Haus „Wahnfried"
11 Stadthalle
0 100 200 300m
Bürgerreuther Str.
Tristanstr.
Cottenbacher Str.
Meistersingerstr.
Feustel Str.
Bürgerreuther Str.
Casselmann-Str.
Carl-Schüller-Str.
Bahnhofstr.
Roter Main
Am Mühltürlein
Hohenzollernring
Luitpoldpl.
Roter Main
Albrecht-Dürer-Str.
Wölfelstr.
Hohenzollernring
Maximilianstr.
Opernstr.
Roter Main
Richard-Wagner-
Wieland-Wagner-Str.
Wittelsbacher Ring
Friedrichstr.
Rathenaustr.
Cosima-Wagner-Str.

mächtige Achteckturm, erbaut 1565/66 von Caspar Vischer, in dem eine stufenlose Reit- und Fahrtreppe nach oben führt. Die Fronten der Bauten um den Ehrenhof sind mit originellen Büstenmedaillons verschiedener Meister geschmückt. Gegen Kriegsende 1945 vernichtete ein Brand den Nord- und Westflügel; um 1950 erfolgte der Wiederaufbau in der ursprünglichen Form. Vor dem Mitteltrakt des Ehrenhofes steht das **Bronzestandbild König Maximilians II.,** geschaffen 1864 von Brugger.

Zum Komplex des Alten Schlosses gehört die **Schloßkirche** mit dem Harmoniehof. Nach dem Schloßbrand wurde sie 1753–56 von Joseph St. Pierre erneuert und dient seit 1813 als katholische Pfarrkirche. Unter der Orgelempore befindet sich die vermutlich von Philip Gontard um 1760 gestaltete Fürstengruft mit den Marmorsarkophagen des Markgrafenpaares Friedrich und Wilhelmine sowie deren Tochter Elisabeth Friederike. Die heiteren Rokoko-Stukkaturen schuf um 1755 Jean Baptiste Pedrozzi.

Unmittelbar an die Schloßkirche angebaut ist das **Gontard-Haus,** errichtet 1759–61 von dem Hofarchitekten Philip Gontard als eigenes Wohnhaus. Die Innenräume sind mit Stukkaturen von Jean Baptiste Pedrozzi und Deckengemälden von Wilhelm Ernst Wunder ausgeschmückt. Daneben das **Palais d'Adhemar,** 1759 von Gontard erbaut. Zwischen beiden Gebäuden führt eine breite Treppe zum Luitpoldplatz.

Die geräumige Maximilianstraße, von den Bayreuthern kurz „Maxstraße" genannt, weitet sich zu einem typisch altbayerischen langgezogenen Straßenmarkt, in dessen Mitte einst das Rathaus stand. An dem Haus Nr. 31 erinnert eine Gedenktafel an das Geburtshaus des Philosophen **Max Stirner,** das einem Neubau weichen mußte. Daneben, getrennt durch die Brautgasse, das **Alte Rathaus** aus dem 17. Jh. mit eleganten Erkern und dem Bay-

Das Festspielhaus auf Bayreuths „Grünem Hügel" ist im Juli und August Mittelpunkt der Richard-Wagner-Festspiele.
(Foto: Wilhelm Rauh, Fremdenverkehrsverein Bayreuth)

reuther Stadtwappen über dem Hauptportal. Schräg gegenüber der **Famabrunnen** mit geflügeltem Ruhmesengel (1708 von Elias Räntz) und der **Herkulesbrunnen** (1676 von Georg Wieshack nach einem Entwurf von Elias Gedeler; die Brunnenfigur ist eine Kopie von 1926). Auf der gleichen Seite Ecke Sophienstraße folgt die **Mohrenapotheke** von 1610: Sie hat den schönsten Erker der Stadt, einen zweistöckigen Polygonalerker mit barocker Haube. Bemerkenswert auch das Relief eines geflügelten Greifen mit Mörser, das reiche Blendmaßwerk und der nachgotische Sturzrippenlauf. Gegenüber der **Neptunbrunnen** (1755 von Johann Gabriel Räntz).

Den unteren Straßenmarkt schließt harmonisch die Steinfassade der evangelischen **Spitalkirche** ab, 1748–50 nach Plänen von Joseph St. Pierre erbaut. Sie besitzt Stukkaturen von Rudolf Albini, ein bedeutendes Deckengemälde von Johann Benjamin Müller (1750), 30 Gemälde (um 1630) an den Emporenbrüstungen nach Motiven von Dürers Kleiner Passion sowie einen schönen Kanzelaltar von Johann Gabriel Räntz.

Von der Spitalkirche führt die Untere Maximilianstraße über die Erlanger Straße zur **Friedhofskirche,** 1779–81 anstelle einer Kapelle des 16. Jh. von Johann Gottlieb Riedel erbaut. Der Orgelprospekt, 1748 von Johann Gabriel Räntz gefertigt, stammt ursprünglich aus der Spitalkirche. Sehenswert sind die Grabdenkmäler an den Innen- und Außenmauern der Kirche. Der stimmungsvolle **Friedhof** mit altem Baumbestand bewahrt die Gräber von Franz Liszt, Jean Paul Friedrich Richter und seinem Sohn Max Emanuel, Siegfried und Wieland Wagner, Houston Stewart Chamberlain (Schwiegersohn Richard Wagners) und das Mausoleum des Herzogs Alexander von Württemberg.

Von der Mohrenapotheke in der Maximilianstraße kommen Sie durch die Sophienstraße und Kanzleistraße zur evangelischen **Stadtkirche,** deren Doppeltürme mit ihren Barockhauben das Stadtbild weithin beherrschen. Die dreischiffige Pfeilerbasilika wurde um 1380 errichtet, nach Zerstörungen durch Hussiten 1430 erneuert und nach einem Brand 1611–14 wieder hergestellt.

Bayreuth: Neptunbrunnen und Spitalkirche bilden den malerischen Abschluß der breiten Maximilianstraße.
(Foto: Wilhelm Rauh, Fremdenverkehrsverein Bayreuth)

Der prächtige Hochaltar von 1615 ist eine Stiftung der Markgräfin Maria. Darunter befindet sich die Fürstengruft mit 26 Sarkophagen der markgräflichen Familie. Vor der Stadtkirche der **Obeliskenbrunnen** (1787 von Franz Peter Schuh).

In der nahen Kirchgasse 8 liegt das bekannte Künstlerlokal „Die Eule", zur Festspielzeit ein internationaler Treffpunkt. Die Wände des Restaurants sind mit zahlreichen interessanten Künstlerfotos bedeckt.

An die Sophienstraße schließt sich die **Friedrichstraße** an. Ihr Name erinnert an den Markgrafen Friedrich, der sie ab 1732 als Prachtstraße der Residenz anlegen und von seinen Hofarchitekten Räntz, Grael, St. Pierre, Gontard und Richter mit repräsentativen Barockhäusern für den damaligen Hochadel bebauen ließ. Das Haus Nummer 5 ist das Wohn- und Sterbehaus von **Jean Paul** (Inschrifttafel), erbaut 1740–50 von St. Pierre; im Garten Reste der Stadtmauer und die Laube des Dichters.

Die Friedrichstraße weitet sich zum Jean-Paul-Platz mit dem **Standbild Jean Pauls** (1841 von Ludwig Schwanthaler), dem ehemaligen **Waisenhaus** (1732 von David und Gabriel Räntz, heute Verwaltungsgebäude) und der **Stadthalle,** 1747/48 als markgräfliche Reithalle von St. Pierre errichtet, 1935/36 zu einer Festhalle umgebaut, nach Zerstörungen 1945 unter Einbeziehung der erhaltenen Außenmauern und des Portalvorbaues zu einem 1965 eingeweihten Theater- und Kongreßneubau umgewandelt mit Großem Haus, Kleinem Haus und Balkonsaal.

Vom Jean-Paul-Platz nun durch die Ludwigstraße zum ehemaligen **Ellrodt'schen Palais,** 1761/62 von Philip Gontard gegenüber dem Neuen Schloß als repräsentatives Adelshaus erbaut, heute Behördensitz. Bemerkenswert der Balkon auf den vier toskanischen Säulen.

Vor dem Neuen Schloß der **Markgrafenbrunnen** mit dem hochthronenden Reiterstandbild des Türkenbezwingers Markgraf Christian Ernst; darunter versinnbildlichen vier Reitergruppen die vier Erdteile (Australien war damals noch nicht entdeckt) und vier Wasserstrahlen die vier Fichtelgebirgsflüsse Main, Saale, Eger und Naab. Der Brunnen wurde 1700 von Elias Räntz vollendet und hatte bis 1748 seinen Platz im Ehrenhof des Alten Schlosses.

Das **Neue Schloß** entstand im Auftrag der Markgräfin Wilhelmine nach dem Brand des Alten Schlosses. Böse Zungen behaupten, Markgraf Friedrich habe selbst das Feuer gelegt, um seiner Gemahlin den Wunsch nach einem neuen Schloß zu erfüllen. Der sparsame Preußenkönig Friedrich II. hatte jedoch seiner Schwester Wilhelmine geraten, sich bei dem Bau von Prunkschlössern etwas mehr Zurückhaltung aufzuerlegen, zumal gerade das Neue Schloß in der Eremitage vollendet war. So wurde der langgestreckte Hauptkomplex 1753-55 von Joseph St. Pierre auf dem Gelände der ehemaligen Reitbahn aus Gründen der Sparsamkeit unter Einbeziehung der bereits von ihm errichteten Bauten Haag'sches Haus, Predigerhaus, Reformierte Kirche und Palais Meyern erbaut. 1757 wurde der Südflügel weitergeführt. Nach dem Tode der Markgräfin Wilhelmine 1758 ließ Markgraf Friedrich für seine zweite Gemahlin, Sophie Caroline von Braunschweig-Wolfenbüttel, 1759 hinter dem Südflügel ein Gartenschlößchen errichten, den „Italienischen Bau", der nach dem Tode des Markgrafen Friedrich durch seinen Nachfolger Markgraf Friedrich Christian 1764 mit dem Südflügel verbunden wurde. Die im Stil des Bayreuther Rokoko geschmückten Räume sind mit Naturmotiven (Palmen, Zedern, Vögel, Drachen, Insekten) ganz nach dem Geschmack der Markgräfin Wilhelmine ausgestattet. Auch die originellen Grottenzimmer und Gartenlauben dokumentieren den Geist jener Zeit.

Heute befindet sich im Neuen Schloß auch die **Staatliche Gemäldegalerie** mit Malereien des 16.-18. Jh. und laufenden Ausstellungen.

Hinter dem Neuen Schloß liegt der **Hofgarten** aus dem 18. Jh., dessen zwei Achsen von einem Kanal und einer Baumallee gebildet werden; die Steinfiguren stammen überwiegend von den Brüdern Johann Gabriel und Lorentz Wilhelm Räntz. Vom Hofgarten aus erreicht man das **Deutsche Freimaurermuseum** mit historisch-wissenschaftlicher Sammlung maurerischer Gegenstände und umfangreicher Fachbibliothek.

Am Rande des Hofgartens steht das **Haus Wahnfried** (Richard-Wagner-Straße 48). Es wurde 1872–74 nach Plänen Richard Wagners erbaut und mit der beziehungsvollen Inschrift versehen:

„Hier, wo mein Wähnen Frieden fand, Wahnfried sei dieses Haus von mir benannt". 1945 wurde die Villa durch Bomben teilweise zerstört. Bis 1976 wurde ein Wiederaufbau im alten Stil durchgeführt und das Haus als **Richard-Wagner-Museum** mit Nationalarchiv eröffnet. Attraktion ist das „Klingende Museum" im Erdgeschoß mit einem reichhaltigen Tonarchiv historischer und neuerer Aufnahmen. Vor dem Haus eine Büste König Ludwigs II., Wagners großem Freund und Gönner. Hinter dem Haus, auch vom Hofgarten aus zugänglich, liegen die Gräber von Richard Wagner († 1883) und seiner Frau Cosima († 1930). Die Gruft ist mit einer Marmorplatte ohne Inschrift bedeckt.

In der Wahnfriedstraße 1, unweit des Hauses Wahnfried ist das **Jean-Paul-Museum** untergebracht. In der nahen Lisztstraße befindet sich das Sterbehaus von **Franz Liszt** († 1886), Schwiegervater Richard Wagners.

Südlich vom Jean-Paul-Platz liegt der **Röhrensee** (Kahnfahrten) mit einem **Tierpark;** durch den anschließenden **Studentenwald** gelangt man auf den Sophienberg.

Außerdem noch sehenswert

St. Georgen, Vorstadt im Nordosten, eine mustergültige Siedlung des Barock mit jeweils 12 zweigeschossigen Häusern an einer langen Straße, begründet 1702 durch Markgraf Georg Wilhelm. Am Anfang steht das **Gravenreuther Stift,** 1735 laut Testament gestiftet durch Freiherrn Georg Christian Gravenreuth und 1741/42 von Hofbaumeister Johann Georg Weiß errichtet. Aus der Mitte des zweigeschossigen Gebäudes tritt die **Stiftskirche** hervor. Sie besitzt Stukkaturen von Jeronimo Francesco Andrioli (1744) und Deckengemälde von Friedrich Marian Herold (1743/44); die Schnitzarbeiten am Kanzelaltar stammen von Johann Jeremias Martini (1743). – Am Ende der Straße, die sich zum Kirchplatz weitet, befindet sich die **Ordenskirche** (Sophienkirche). Sie wurde

---

Bayreuth: Die Villa Wahnfried, früher Wohnhaus Richard Wagners, steht der Öffentlichkeit als Richard-Wagner-Museum mit Nationalarchiv zur Verfügung.
(Foto: Gernot Messarius)

1705–11 nach Plänen des Berliner Baumeisters Gottfried von Gedeler als Kirche des Ordens de la sincérité (später Roter-Adler-Orden) erbaut; Johann David Räntz fügte 1716–18 den Turm an. Das Gotteshaus gehört mit seiner prachtvollen Ausstattung im Stil des Hochbarock zu den schönsten Markgrafenkirchen. Die Stukkaturen stammen von Bernardo Quadri, die Deckengemälde von Gabriel Schleyer und Johann Martin Wild, Orgelgehäuse und Kanzelaltar von Elias Räntz. Etwas seitlich das **Ordensschloß,** erbaut 1725–27 von Johann David Räntz; es dient heute als Justizvollzugsanstalt.

Eremitage, 4 km östlich von der Stadtmitte (Busverbindung).

Auf dem Wege dorthin kommen Sie von der Richard-Wagner-Straße durch die Königsallee (B 22), benannt nach Friedrich dem Großen, und nach Unterquerung der Autobahn vorbei an dem **Schlößchen Colmdorf** (1754, heute Privatbesitz) zur **Rollwenzelei** (hier biegt die Königsallee scharf nach Norden), einem nach der früheren Besitzerin Dorothea Rollwenzelin benannten ehemaligen Gasthaus, einst Lieblingsaufenthalt des Dichters Jean Paul („Zaunkönignest im einsamen Buschwerk") mit Dichterstübchen und Erinnerungsstücken (Besichtigung möglich). Von dort führt die Königsallee weiter zur Eremitage.

Die Eremitage entstand zwischen 1715 und 1750 auf dem Gelände eines ehemaligen Tiergartens. Der vom Roten Main umflossene Landschaftspark diente mit seinen prunkvollen Rokoko-Bauten der damaligen Hofgesellschaft zu einem Eremitendasein abseits vom Trubel der Residenz. Er enthält nicht nur zwei Schlösser, sondern auch die künstliche Ruine eines römischen Theaters, zahlreiche Skulpturen, die Drachenhöhle, die Einsiedeleikapelle und in der Nähe davon die aus antiken Fragmenten erstellte Ruine des Grabmals Folichons – des Lieblingshundes der

Bayreuth: Das Neue Schloß in der Eremitage wurde nach den Vorstellungen der Markgräfin Wilhelmine 1749-1753 von den Hofarchitekten Joseph St. Pierre und Philip Gontard erbaut. In dem figurenreichen Wasserbassin befinden sich 58 Wasserspeier.
(Foto: Wilhelm Rauh, Fremdenverkehrsverein Bayreuth)

Markgräfin Wilhelmine. Phantastisch ist die untere Grotte mit ihren Wasserspielen um eine von Fabelwesen umgebene Nymphe. Das **Alte Schloß** ließ Markgraf Georg Wilhelm 1715-18 nach Plänen von Johann David Räntz errichten und mit individuell verschieden gestalteten Räumen ausstatten. Darunter befinden sich ein Marmorsaal, ein Japanisches Kabinett, eine Grotte mit Wasserspielen und ehemalige Eremitenzellen. Markgraf Friedrich vergrößerte die Anlage 1736–44. Schwere Schäden gegen Kriegsende 1945 machten umfangreiche Restaurierungsarbeiten erforderlich. Das **Neue Schloß** (Orangerie) wurde nach einer Idee der Markgräfin Wilhelmine 1749–53 durch die Hofarchitekten Joseph St. Pierre und Philip Gontard erbaut mit achteckigem Sonnentempel in der Mitte und zwei halbkreisförmig angeordneten arkadengeschmückten Seitenflügeln; Treppen führen hinunter zu dem figurenreichen Fontänenbecken mit seinen 58 Wasserspeiern. 1945 brannte das Schloß bis auf die Außenmauern nieder. Erst 1969 war der Wiederaufbau beendet.

St. Johannis, Stadtteil im Osten (in der Nähe der Eremitage). Sehenswert ist die ursprünglich als Wehrkirche angelegte Pfarrkirche, deren Langhaus 1741-45 nach Plänen von Johann David Räntz neu entstand, mit spätgotischen Wandfresken im Untergeschoß des Turmes (14./15. Jh.), dem Kanzelaltar (1743 von Johann Gabriel Räntz) und dem Kindergrabstein für Magdalena Barbara Braunschmied.

Jagdschloß Thiergarten, 6 km südlich beim Stadtteil Wolfsbach. Das 1715–20 von Johann David Räntz erbaute ehem. markgräfliche Schloß war ursprünglich als größere Anlage geplant. Sehenswert ist der Kuppelsaal mit Stukkaturen von Andrea Domenico Cadenazzi. Das Schloß dient als Hotel und Restaurant.

Schloß Fantaisie mit schönem Park, 6 km westlich in Donndorf an der B 22. Das 1758 nach Plänen von Rudolf Heinrich Richter begonnene Schloß konnte durch den Tod der Markgräfin Wilhelmine erst 1765 vollendet werden. Umbauten im 19. Jh. haben das Schloß sehr verändert.In unmittelbarer Nähe befindet sich das Naturschutzgebiet Salamandertal.

Auskunft: Fremdenverkehrsverein 8580 Bayreuth, Luitpoldplatz 9.
Verkehr: Schnittpunkt der Bundesstraßen 2, 22 und 85. Autobahnanschluß Bayreuth-Nord und Bayreuth-Süd. Bahnstation. Regionalflugplatz in Bindlach (Flugverbindung mit Frankfurt). Stadtbusverkehr. Busverbindungen nach allen Richtungen.
Veranstaltungen: Oberfrankenaustellungalle zwei Jahre im April. Bayreuther Volksfest in der Pfingstwoche. Musica Bayreuth Mitte bis Ende Mai. Fränkische Festwoche Ende Mai/Anfang Juni. Bürgerfest Anfang Juli. Richard-Wagner-Festspiele Mitte Juli bis Ende August. Sommernachtsfest in der Eremitage Anfang August. Internationales Jugendfestspieltreffen im August. Theater- und Konzertgastspiele in der Stadthalle.
Sport: Hallenbäder Kolpingstr. 7 und am Sportpark (50-m-Bahn), Kreuzstein-Freibad (beheizt) Universitätsstr. 20. Reiten (Gut Fürsetz und Gut Geigenreuth), Angeln (Fischereiverein), Tennis, Sportflugplatz für Motor- und Segelflug, Kunsteisstadion am Sportpark.
Spezialitäten: Bayreuther Biere, Klöße mit Schweinebraten, Rostbratwürste, Spritzkuchen, Schmalzgebäck „Kiegla".
Sammlungen: Gemäldegalerie im Neuen Schloß. Stadtmuseum mit Fayencesammlung im Moll'schen Haus Ecke Max-/Kanzleistraße. Deutsches Feimaurermuseum, Cosima-Wagner-Straße (Eingang vom Hofgarten). Richard-Wagner-Museum im Haus Wahnfried, Richard-Wagner-Straße 48. Jean-Paul-Museum, Wahnfriedstraße 1. Museum historischer Schreibmaschinen, Berneckerstr. 11. Brauereimuseum, Kulmbacher Str. 40. Stadtbibliothek, Luitpoldplatz 7. Museum für bäuerliche Arbeitsgeräte, Adolf-Wächter-Str. 17. Spielzeugmuseum, Brandenburger Str. 36.
Führungen: Festspielhaus, Markgräfliches Opernhaus, Neues Schloß, Eremitage (Altes Schloß mit Innerer Grotte).

Wanderungen und Ausflüge:

1. Durch das romantische Bodenmühltal (Roter Main) auf den **Schlehenberg** (524 m), 2 Std. südöstlich. Von dort 3/4 Std. südwestlich zum Ort Schlehenberg und zurück mit Bus.

2. Über Dörnhöf und dem Teufelsloch zum **Forsthaus Waldhütte** (Richard Wagners Lieblingsausflug), 2 1/2 Std. westlich. Zurück über Unterwaiz

3. Über Gut Geigenreuth und Mistelbach nach **Gesees** mit weithin sichtbarer Kirchenburg in einem befestigten Friedhof, 1 1/4 Std.südwestl.

4. Mit Bahn oder Bus nach **Creussen,** 12 km südlich an der B 2. Ältester Ort des Bayreuther Landes (1003 beurkundet) mit mittelalterlicher Stadtbefestigung, sehenswerter Jakobskirche (ursprünglich gotisch, 1700 barock verändert) und Krügemuseum (Sammlung Creussener Tonkrüge des 17. Jh.) im „Hinteren Tor". Von dort 1 3/4 Std. westlich zur **Rotmainquelle.** Zurück 3 Std. über Spänfleck, Sophienberg und Röhrensee.

5. Von der Eremitage über Römerleithen, Höflas, Döhlau nach **Untersteinach** im Steinachtal (Bus- und Bahnverbindung nach Bayreuth), 1 1/2 Std. östlich. Weiter auf dem Mittelweg in gut 1 Std. nordöstlich zuerst durch das Lützelsteinachtal aufwärts durch schönen Hochwald zum zentralen Punkt der **Königsheide** (Seite 196).

6. Auf dem Rotmain-Wanderweg nach **Kulmbach***, 6 Std. nordwestl. (30 km). Der Weg führt von Bayreuth/Wendelhöfen (nahe Nervenkrankenhaus) rechts des Roten Mains nach **Altenplos,** überquert den Fluß und verläuft durch den Neustädtleiner und Limmersdorfer Forst über Weinreichstein und Amoshügel nach **Langenstadt** und **Buch am Sand.** Von hier entweder auf dem Talweg oder über das aussichtsreiche Bergdorf Rottlersreuth nach Partenfeld, Windischenhaig und **Katschenreuth.** Weiter zum **Schloß Steinenhausen** am Zusammenfluß von Weißem und Roten Main und über **Melkendorf** (Urkirche!) nach Kulmbach.

7. Auf dem Burgenweg über den Höhenrücken nach **Kulmbach***, 6 Std. nordwestlich (26 km). Vom Festspielhaus auf die **Hohe Warte** (463 m) mit Siegesturm und über Pechgraben, Waldau, die Autobahn querend auf den aussichtsreichen **Rauhen Berg** (464 m), Abstieg nach Leuchau und über den **Rehberg** (509 m) nach Kulmbach.

8. Auf dem Dr.-Margerie-Weg nach **Himmelkron***, gut 3 Std. nördlich (16 km). Vom Versorgungskrankenhaus durch den Wald nach **Crottendorf** und oberhalb der Bahnstation Ramsenthal unmittelbar an der Autobahn entlang zum Autobahndreieck Bayreuth/Kulmbach (Aussicht auf Fichtelgebirge und Frankenwald). Weiter über Cremitz im Tal des Weißen Mains und **Lanzendorf** mit ehem. Schloß der Herren von Wirsberg und alter Kirche aus der Zeit um 1400 nach Himmelkron.

9. Mit dem Bus oder Wagen nach **Neudrossenfeld** im Tal des Roten Mains, 10 km nordwestlich. Eine besondere Sehenswürdigkeit ist die spätbarocke evangelische **Pfarrkirche St Jakobus d.Ä.,** eine prachtvolle Saalkirche, erbaut von dem Kulmbacher Maurermeister Johann Georg Hofmann, mit Deckenstukkaturen von J.B. Pedrozzi (1759) und Deckengemälden von W.E. Wunder (1756). Bemerkenswert der Kanzelaltar mit spätgotischen Flügelaltargemälden, wahrscheinlich Werke des Dürer-Schülers Hans von Kulmbach. Der zweigeschossige Quaderbau des **Pfarrhauses** stammt von 1764/65. – In beherrschender Lage über dem Maintal das Schloß aus dem 13./16. Jh.; dahinter ein zum Main abgestufter Terrassengarten.

BERNECK, BAD

(Kreis Bayreuth, 376 m, 5000 Einw.), staatlich anerkanntes Kneippheilbad und Lufkurort am Südwestrand des Fichtelgebirges an der Mündung der Ölschnitz in den Weißen Main. Zur Stadt Bad Berneck gehören auch die Orte Bärnreuth, Escherlich, Föllmar, Gesees, Goldmühl, Gothendorf, Heinersreuth, Hohenknoden, Köslar, Micheldorf, Nenntmannsreuth, Neudorf, Rimlas, Röhrenhof und Wasserknoden. Dank seiner geschützten Lage in einem von Waldhöhen umschlossenen Tal hat Bad Berneck, genannt „die Perle des Fichtelgebirges“, ein mildes Klima. In der Umgebung befinden sich Gneis- und Diabasvorkommen. Die Ölschnitz ist durch ihre Perlenfischerei bekannt; das enge Ölschnitztal verfügt über eine artenreiche Schattenflora.

Blick in die Geschichte:

Die Umgebung von Berneck wurde schon um die Jahrtausendwende von dem edelfreien Geschlecht der Walpoten kolonisiert, die zur Verteidigung ihrer neu gewonnenen Gebiete befestigte Stützpunkte anlegten. So gehen wahrscheinlich die freigelegten Fundamente der Burg Alt-Berneck, die sich auf einem ins Ölschnitztal vorspringenden Bergsporn nahe der Waldpension Waldlust befand, auf eine Gründung der Waldpoten zurück. Südlich davon deutet der Flurname Alt-Berneck an, daß sich hier die erste Siedlung in einem Flurbereichs-„Eck" des zur gleichen Zeit entstandenen Dorfes Bärnreuth befand. Der Name „Bern" wird von dem walpotischen Gründer Bero abgeleitet. Als der Walpote Ulrich um 1150 auf dem heutigen Schloßberg eine neue Burg errichtete, entstand am Fuße das jetzige Berneck, das um 1357 Stadtrecht erhielt. Im 15. und 16. Jh. war der Bergbau auf Eisen und Gold von Bedeutung; in der Zottasche befand sich eine Goldzeche. 1857 wurde Berneck Molken- und Kräuterkurort, 1930 begann der Kneipp-Kurbetrieb, 1950 erfolgte die staatliche Anerkennung als Bad.

Sehenswürdigkeiten:

Die evangelische **Pfarrkirche Hl. Dreifaltigkeit,** ein schönes Beispiel klassizistischer Architektur, wurde 1796–1800 anstelle einer älteren Kirche errichtet. Die Figur des Kanzelträgers Moses und das Relief des Evangelisten Lukas an der Westwand sind Fragmente einer von Elias Räntz 1695 geschaffenen Sandsteinkanzel aus der alten Kirche. Ein weiterer Rest dieser Kanzel, ein farbig gefaßtes Sandsteinrelief des Salvator Mundi, befindet sich an der Wand des Hauses Rotherstraße 39.

Auf dem Schloßberg erhebt sich der **Schloßturm.** Als Bergfried gehörte er zu der um 1150 von Ulrich Walpoto erbauten **Walpoten-Burg,** die 1203 an die Grafen von Andechs-Meranien, 1248 an die Grafen von Orlamünde und 1340 an Burggraf Johann II. von Nürnberg kam, der sie 1406–74 an die Ritter Arnold, Hans und Veit von Wallenrode verpfändete. Ab 1536 verfiel die Anlage, die zuletzt auch „Altes Schloß“ genannt wurde. Erhalten blieb der 30 m hohe viereckige Bergfried, der 1818 zur Aufnahme einer Turmuhr um ein Geschoß erhöht wurde.

Die **Burgruine Hohenberneck** befindet sich oberhalb des Schloßturmes. Als **Burg Neu-Wallenrode** wurde die Anlage 1478–91 von dem markgräflichen Amtmann Veit von Wallenrode anstelle einer verfallenen Vorburg der Walpoten-Burg errichtet. 1499 gelangte die Burg in den Besitz des Amtmannes Albrecht von Wirsberg, der sie in „Hohenberneck“ umbenannte und 1501 an den Markgrafen Friedrich IV. verkaufte. Ab Mitte des 18. Jh. verfiel die Burg.

Die **Burgkapelle** liegt unterhalb der Burgruine Hohenberneck. 1480 legte Veit von Wallenrode den Grundstein zu der wehrhaften Marienkapelle (Inschrifttafel in spätgotischen Minuskeln links vom Eingang), die seit 1737 verfallen ist. Fast vollständig erhalten sind noch die Mauern mit ihren Schießscharten.

Auskunft: Kurverwaltung 8582 Bad Berneck.

Verkehr: Schnittpunkt der Bundesstraßen 2 und 303 (Fichtelgebirgsstraße). Autobahnanschlüsse Bad Berneck und Marktschorgast jeweils 5 km entfernt. Nächste Bahnstation Neuenmarkt-Wirsberg 11 km. Busverbindung mit Neuenmarkt, Kulmbach, Bayreuth, Weißenstadt, Münchberg, Hof, Marktredwitz, Wunsiedel, Bischofsgrün, Warmensteinach. Haltestelle des Omnibus-Linienverkehrs Berlin–München (Bayern-Express).

Kureinrichtungen: Med. Kurhaus, Kurmittelhaus, Wandelhalle, Sauna, Solarium, Kneippheime, Sanatorien. - Kurpark mit Musikhalle.

Heilanzeigen: Physiotherapie nach Kneipp und Moorbäder bei Herz-, Kreislauf-, Stoffwechsel- und Nervenerkrankungen, gegen Rheuma und Frauenleiden.

Unterhaltung und Sport: Konzerte der Kurkapelle. - Hallenbad, Angeln, Minigolf, Tennis, Reiten, Trimm-Dich-Pfad, Maintal-Freizeitzentrum. - Skilanglauf.

Veranstaltungen: Blütenfest im Mai. Sommerfest im August.

Sammlungen: Stadtmuseum am Marktplatz.

Bad Berneck, Kneippheilbad und Luftkurort, hat dank seiner Lage in einem windgeschützten Tal ein mildes Klima. Wahrzeichen ist der viereckige Schloßturm, einst Bergfried der längst verfallenen Walpoten-Burg.
(Foto: Gernot Messarius)

Weine

Wanderungen:

1. Vom Marktplatz über **Schloßturm** und **Burgkapelle** zur **Ruine Hohenberneck,** 1/2 Std. Abstieg ins Ölschnitztal. Nahe des Kurmittelhauses die **Kuranlage Rothersberg** mit seltenen in- und ausländischen Bäumen (Dendrologischer Garten).

2. Auf die **Hohe Warte** (546 m) mit Aussichtsturm, 1/2 Std. westlich. Abstieg ins Rimlastal.

3. Über den Bärnreuther Weg zum **Sonnentempel** mit schönem Rundblick, 1/2 Std.

4. Rundwanderweg vom Wanderparkplatz Anger (Wegetafel) in etwa 4 Std. zu den reizvollsten Aussichtspunkten der Stadt (kann beliebig unterbrochen und abgekürzt werden).

5. Durch das **Ölschnitztal** nach **Gefrees***, 2 Std. nordöstlich. Der lohnende Wanderweg führt zuerst in knapp 1 Std. vorbei am Café Waldlust (rechts liegen lassend) zum ehem. **Schloß Stein** (Anfahrt auch mit dem Wagen möglich). Das 1686 zu einer Kapelle umgebaute Hauptgebäude des Schlosses aus dem 14. Jh. thront malerisch im Engtal der Ölschnitz auf einem senkrecht abstürzenden Diabasfelsen; darin ein Kelch mit dem Wappen der Herren von Sparneck aus dem Jahre 1386. Die übrigen Anlagen sind verfallen. Weiter zur idyllisch gelegenen **Entenmühle** (Gasthaus) und bald zum anderen Ufer wechselnd über **Grünstein** im Lübnitztal mit geringen Resten einer Burg des 14. Jh. auf einem Bergvorsprung nach Gefrees. Zurück mit dem Bus.

6. Über **Bärnreuth** und das hochgelegene **Wülfersreuth** (692 m), eines der ältesten Dörfer im Fichtelgebirge (gute Einkehr im „Goldenen Löwen"), nach **Bischofsgrün***, 3 Std. östlich. Zurück auf dem Main-Wanderweg an den bewaldeten Hängen des Weißmaintales entlang über **Hinterröhrenhof.**

7. Über Rimlas auf den **Prinz-Rupprecht-Turm** (596 m), 1 1/4 Std. nordwestlich. Zurück über Micheldorf.

8. Auf dem Südweg über Micheldorf, Gössenreuth und die Streitmühle entlang der **Schiefen Ebene,** einer Eisenbahn-Steilstrecke, zum Bahnhof **Neuenmarkt,** 2 Std. nordwestlich. Zurück mit dem Bus.

9. Dem Weißen Main entlang nach **Goldmühl,** 1/2 Std. südöstlich. Anstelle des Hauses Nr. 24 befand sich die 1557 errichtete Goldmühle, deren Pochwerk das gewonnene Erz zerkleinerte.

10. Zum ehem. markgräflichen **Schloß Falkenhaus,** 1 1/4 Std. südwestlich. Weiter 1/4 Std. südlich nach **Benk** mit Barockkirche von 1748. Zurück mit dem Bus.

BISCHOFSGRÜN

(Kreis Bayreuth, 700 m, 2200 Einw.), hochgelegener Luftkurort und bedeutender Wintersportplatz am Nordfuße des Ochsenkopfes. Mit seinen modernen Kur- und Sporteinrichtungen zählt Bischofsgrün zu den beliebtesten Ferienorten des Fichtelgebirges.

Zur Gemeinde gehören auch die Orte Birnstengel, Dürrnhieb, Fröbershammer, Glasermühle, Göhren, Güsshügel, Hedlerreuth, Hohehaid und Wülfersreuth.

Bischofsgrün gehört zu den ältesten Siedlungen des Fichtelgebirges. Vermutlich wurde schon in vorgeschichtlicher Zeit der Bergbau auf Zinn ausgeübt. Um 1000 n. Chr. erfolgte wahrscheinlich bereits die Glasknopfherstellung aus dem im Ochsenkopf vorkommenden Proteboras. Kaiser Heinrich der Heilige übereignete den Ort 1008 dem Bistum Bamberg. 1242 wurde der ursprüngliche Name „Brunngrüne" erstmals als „Bischofsgrune" bezeichnet. Zwischen 1317 und 1861 war die Eisenverhüttung in Fröbershammer von Bedeutung. Wichtige Erwerbsquellen waren auch Leinenweberei und Pechsiederei. Berühmt aber wurde Bischofsgrün durch seine seit dem 14. Jh. bezeugte Glasmacherei. Aus den Knopfhüttenbetrieben entwickelte sich die Herstellung der mit Emaillefarben bemalten „Willkomm-Gläser", die besonders an den Fürstenhöfen sehr begehrt waren und zu den Raritäten der Museen zählen. Bischofsgrün ist Geburtsort des Glasmalers Veit Hirschvogel (1461), dessen Glasmalereien die Nürnberger Sebalduskirche schmücken. Heute ist in Bischofsgrün und im benachbarten Steinachtal die ehemals Gablonzer Glas- und Schmuckwarenindustrie heimisch.

Durch den Wiederaufbau des Ortes nach dem Großbrand von 1887 wurde Bischofsgrün völlig verändert. Auch die evangelische **Matthäuskirche,** die geschichtlich bis in das 11. Jh. zurückgeht, mußte 1889–91 neu errichtet werden. Beim Eingang erinnert eine Glocke an die abgebrannte Kirche. Auf dem Altartisch befindet sich ein Holzkruzifix aus der Mitte des 17. Jh. Die Kreuzigungsgruppe (Öl auf Holz) über dem Eingang zur Sakristei stammt ebenso wie die Messingtaufschale mit Doppelwappen aus der Zeit um 1700. Die katholische **Marienkirche** entstand 1950/51.

Das stattliche **Hammerherrenhaus** von 1764/65 in Fröbershammer dient heute als Restaurant; hier weilten 1793 die Dicher Ludwig Tieck und Heinrich Wackenroder zu Gast. – Sehenswert ist der stimmungsvolle **Ehrenfriedhof** nahe der Höhenklinik mit Glockenturm und „steinernem Zelt des toten Soldaten".

Auskunft: Verkehrsamt 8583 Bischofsgrün, Rathaus.
Verkehr: Bundesstraße 303 (Fichtelgebirgsstraße) Bad Berneck– Marktredwitz. Nächste Bahnstation Neuenmarkt-Wirsberg 21 km (Bahnstrecke nach Bischofsgrün nur noch Güterverkehr). Busverbindung nach allen Richtungen. Haltestelle des Omnibus-Linienverkehrs Berlin–Fichtelgebirge (Bayern-Express). **Bergbahnen:** Ochsenkopf-Doppelsessel-Schwebebahn, Talstation Nord Bischofsgrün-Fröbershammer (657 m); Talstation Süd Oberwarmensteinach-Fleckl (763 m). Bergstation auf dem Ochsenkopf 1011 m.
Kureinrichtungen: Kurmittelhaus, Höhenklinik der LVA, DAK-Kurzentrum Mainquelle, Kneippanlage, Naturkurpark.
Unterhaltung und Sport: Beheiztes Freibad, Hotel-Hallenbäder, Leseraum, Tennis, Reiten, Sommersprungschanze (Kunststoffbelag), Sommerrodelbahn (1000 m lang), Naturlehrpfad im Weißmaintal.
Veranstaltungen: Sommerfest Ende Juli/Anfang August.
Wintersport: Skischule Nordbayern (Kurzskimethode), Skipisten (teils mit Flutlicht), Schlepplifte, Schwebebahn auf den Ochsenkopf, Skiabfahrt „Ochsenkopf Nord", Sprungschanze, Skiwanderloipen, Rodelbahn, Pferdeschlittenfahrten, geräumte Winterwanderwege.

Wanderungen:

1. Durch die Terrain-Kuranlage zum **Hügelfelsen,** 1/4 Std. östlich. Weiter auf dem Jägersteig zur unteren Ringstraße mit der Weberquelle und zurück auf dem Margarethensteig vorbei an der Herthaquelle, dem Kammererfelsen und der Ochsenkopf-Sprungschanze, insgesamt 1½ Std.

2. Auf der Ochsenkopfstraße zum Wanderparkplatz und über den Reißingerbrunnen vorbei am Schneeloch und dem Ochsenkopffelsen mit eingemeißeltem Ochsenkopf-Wahrzeichen auf den **Ochsenkopf** (1024 m), 1 1/4 Std. südlich. Zurück über die **Weißmainquelle.**

3. Auf der Karchesstraße zum **Waldhaus Karches** (Gasthaus) am Karchesweiher, 1 Std. südöstlich. Zurück auf dem Mainweg entlang des Weißen Main, der sich seinen Weg durch Granitgeröll bahnt (Naturlehrpfad; sehenswert die „Opferwanne", eine durch Verwitterung entstandene „Druidenschüssel").

4. Über Waldhaus Karches auf dem Forstweg parallel zur Fichtelgebirgsstraße zum **Naturschutzgebiet Seelohe** und über den **Jean-Paul-Brunnen** zum **Fichtelsee,** 2 1/2 Std. südöstlich. Zurück entweder über **Fichtelnaabquelle, Weißmainfelsen** (besteigbare Felsgruppe) und **Weißmainquelle** oder auf dem Felserweg.

5. Über Fröbershammer und Ehrenfriedhof zur **Egerquelle,** 2 Std. nordöstlich. Zurück über Birnstengel.

Bei Bischofsgrün bahnt sich der junge Weiße Main seinen Weg durch mächtiges Granitgeröll. Begleitet wird er von einem interessanten Naturlehrpfad.
(Foto: Gernot Messarius)

6. Über Fröbershammer und Höhenklinik (hinter den Gebäuden rechts) zum Granitblockmeer **Haberstein** (914m), 1½ Std. östl. Zurück über Karches.

7. Über Birnstengel und Weißenhaider Eck in das Schneeberggebiet auf den **Rudolfstein** (866 m), 2 1/2 Std. nordöstlich.

8. Über Birnstengel und Hedlerreuth zum **Wetzstein** (798 m) mit Aussichtspavillon, 1 1/2 Std. nordwestlich.

9. Rundweg nordwestlich über Birnstengel, Rangen, Glasermühle, Göhren und Feibad, insgesamt 2 Std.

10. Über Glasermühle und Hirschhaid zur **Waldschenke Schweinsbach,** idyllisch im Wald gelegen, 1 Std. nordwestlich. Weiter über Metzlersreuth zur **Entenmühle** (Gasthaus) und durch das Ölschnitztal über die **Schloßruine Stein** nach **Bad Berneck***, insgesamt 3 1/2 Std.

11. Auf dem Main-Wanderweg über Hinterröhrenhof nach **Bad Berneck***, 3 Std. westlich. Zurück über Bärnreuth und **Wülfersreuth.**

12. Über den Wanderparkplatz am Ende der Ochsenkopfstraße nach **Warmensteinach***, 2 Std. südlich.

13. Vom Bahnhof Bischofsgrün über den **Forstämterstein Hirschhorn** (775 m), früher Standort eines Forsthauses, nach **Warmensteinach***, 2 Std. südlich.

14. Über Forstämterstein Hirschhorn und Föllmar nach **Goldmühl,** 2 Std. westlich. Zurück über Rödlasberg und Hinterröhrenhof.

15. Über Forstämterstein Hirschhorn und **Fürstenstein** (Felsgruppe aus Gneisphyllit) nach **Goldkronach***, 2 1/2 Std. südwestlich.

BRAND

(Kreis Tirschenreuth, 660 m, 1200 Einw.), anerkannter Erholungsort zwischen Fichtelgebirge und Steinwald auf einer Hochfläche über dem Fichtelnaab- und Gregnitztal, Geburtsort des Orgelkomponisten Max Reger (1873–1916), der in dem ehemaligen Schulhaus (Gedenktafel) geboren wurde. Zur Gemeinde gehören auch die Orte Bernlohe, Fuhrmannsreuth, Grünberg und Neubrand.

Brand/Oberpfalz: Im ehemaligen Schulhaus wurde der Komponist Max Reger am 19. März 1873 als Sohn eines Lehrers geboren. Der Schöpfer weltbekannter Orgelwerke hat besonders die evangelische Kirchenmusik stark beeinflußt.
(Foto: Gernot Messarius)

Auskunft: Fremdenverkehrsverein 8591 Brand/Oberpfalz.
Verkehr: Schnittpunkt der Straßen Kemnath–Tröstau und Fichtelberg– Neusorg. Nächste Bahnstation Neusorg 7 km. Busverbindung mit Neusorg, Ebnath, Marktredwitz, Wunsiedel, Fichtelberg, Mehlmeisel, Bayreuth.
Unterhaltung und Sport: Beheiztes Freibad im Freizeit- und Erholungszentrum, Hallenbad in Fichtelberg 7 km, Angeln, Minigolf, Reiten. – Wintersportzentrum Bayreuther Haus 3 km (Langlaufloipen, 1000-m-Abfahrt, Schlepplifte, Flutlicht, Rodelbahn).
Sammlungen: Max-Reger-Gedächtnis-Zimmer im Rathaus gegenüber dem Geburtshaus (nur zeitweilig geöffnet).

Wanderungen:

1. In das romantische **Fichtelnaabtal,** 1/2 Std. südlich.

2. Über Fuhrmannsreuth zur Grünlasmühle im idyllischen **Gregnitztal,** 1/2 Std. östlich. Weiter entweder im Gregnitztal abwärts 1/4 Std. zum **Gasthaus Selingau** oder aufwärts 3/4 Std. über **Gasthof Gregnitztal** nach **Nagel***.

3. Über Fuhrmannsreuth, Grünlas und Fürstentanne auf die **Kösseine** (939 m), 1 3/4 Std. nordöstlich.

4. Über Neubrand nach **Nagel*** und über die **Girgelhöhle** (von hier aus Abstecher 1/2 Std. östlich auf die **Hohe Matze,** 813 m mit Holzkreuz und Aussicht auf die Kösseine) auf dem Höhenweg vorbei an den **Prinzenfelsen** zur **Gaststätte Silberhaus** (711 m, guter Stützpunkt für Wanderungen in das Schneeberggebiet), 1 1/2 Std. nördlich.

5. Über Grünberg auf den **Scheibenberg** (800 m), 3/4 Std. westlich. Am Nordosthang die **Wolfsäule** (hier wurde 1882 der letzte eingewanderte Wolf erlegt).

6. Zum Erholungs- und Freizeitzentrum **Bayreuther Haus** mit Ausflugsgaststätte, Wildgehege, Kneipp-Einrichtungen, Forellenweiher und dem 46 m hohen **Klausenturm** mit Rundblick über das Fichtelgebirge, 1 Std. westlich.

Rundwanderwege: 8 markierte Rundwanderwege (1-3 1/2 Std.) vom Rathaus Brand bzw. vom Wanderparkplatz Grünberg (Übersichtstafeln).

EBNATH

(Kreis Tirschenreuth, 537 m 1600 Einw.), Ferienort zwischen Fichtelgebirge und Steinwald am Zusammenfluß von Gregnitz und Fichtelnaab, gehört zu den ältesten Siedlungen der Umgebung: Schon 1179 gab es in „Ebenoede“, der Siedlung in der Ebene, eine Kirche. Das Gebiet besaß damals Markgraf Diepold der Jüngere von Vohburg, und die Fichtelnaab war Grenzscheide zwischen den Klöstern Reichenbach am Regen und Waldsassen.

Nach dem Aussterben der Vohburger Markgrafen kam Ebnath 1256 an den wittelsbachischen Herzog Ludwig den Strengen und 1355 an die Freiherren von Hirschberg.

Sehenswert ist die barocke **Pfarrkirche** von 1741 mit Bildern von Johann David Radius. Das klassizistische **Schloß** befindet sich in Privatbesitz. Die jahrhundertealten Lärchen oberhalb des Friedhofes stehen unter Naturschutz.

Auskunft: Gemeindeverwaltung 8591 Ebnath.
Verkehr: Abzweigung von den Straßen Tröstau-Kemnath und Marktredwitz-Kemnath. Nächste Bahnstation Neusorg 4 km. Busverbindung mit Neusorg, Marktredwitz, Fichtelberg.
Unterhaltung und Sport: Feibad in Selingau 1 km nordwestlich, beheiztes Freibad in Brand 3 km nordwestlich, Angeln.

Wanderungen

1. Durch das romantische **Gregnitztal** über Gaststätte Selingau und Grünslasmühle nach **Nagel***, 1 Std. nordwestlich.

2. Über Schenkelhammer durch das **Fichtelnaabtal** nach **Grünberg,** 3/4 Std. westlich. Vom Wanderparkplatz (Übersichtstafel) mehrere markierte Rundwanderwege.

3. Über Hölzlashof nach **Neusorg***, 3/4 Std. südöstlich.

4. Über die Fürstentanne auf die **Kösseine** (939 m), 1 3/4 Std. nordöstlich.

5. Über Hölzlashof und westlich an Neusorg vorbei über Wernersreuth, Wunschenberg (Abstecher westlich 1/4 Std. zum **Steinwitzhügel,** 664 m, mit großem Basaltsteinbruch), Erdenweis auf den Basaltgipfel **Armesberg** (731 m) mit Wallfahrtskirche (klassiz. Zentralbau von 1836), 2 Std. südlich.

ERBENDORF

(Kreis Tirschenreuth, 509 m, 4900 Einw.), ehemalige Bergbaustadt und anerkannter Erholungsort über dem Fichtelnaabtal am Südrand des Naturparks Steinwald. Zur Stadtgemeinde gehören auch die Orte Grötschenreuth, Pfaben, Wäldern, Boxdorf, Wetzldorf, Siegritz und Hauxdorf.

Erbendorf soll im 10. Jh. von dem bayerischen Grafengeschlecht der Aribonen gegründet worden sein. 1109 wurde „Ermdorf“ erstmals urkundlich erwähnt, erhielt um 1260 Marktrecht, wurde 1419 „Gefreite Bergstatt“ und 1842 zur Stadt erhoben.

Von besonderer Bedeutung war der mittelalterliche Bergbau auf Blei, Zink, Kupfer, Silber und Steinkohle. Die letzte Grube wurde 1929 stillgelegt. Noch immer ist die Gegend um Erbendorf für Mineralogen und Geologen sehr reizvoll. Heute gibt es in Erbendorf eine rege Industrie für Porzellan, Keramik, Speckstein, Holz, Leder und Feinmechanik. Zwischen Erbendorf und Windischeschenbach erbohren Geologen in der Nähe von Naabdemenreuth „das tiefste Loch der Welt" (Seite 17).

In Erbendorf waren jahrhundertelang die mütterlichen Vorfahren des Dichters **Friedrich Schiller** ansässig. **Max Reger** komponierte als junger Student während eines Ferienaufenthaltes bei seinem Onkel Oberlehrer Roll im katholischen Schulhaus seine Choralphantasie „Ein' feste Burg"; die Mutter Max Regers stammt aus Drahthammer bei Grötschenreuth.

Die katholische **Pfarrkirche Mariae Himmelfahrt** wurde 1796 nach einem Brand unter Einbeziehung der Umfassungsmauern des spätgotischen Chores neu errichtet (Turm 1866) und 1925 erweitert. Bemerkenswert der von vier Säulen getragene Rokoko-Hochaltar und die beiden Rokoko-Seitenaltäre mit schönen Antependien (Altarverkleidungen). – Die **evangelische Pfarrkirche** wurde 1922/23 erbaut. – Auf dem Marktplatz steht eine granitene **Mariensäule** von 1710. – An der Straße nach Reuth die kleine **Windischkapelle** aus dem 17. Jh.

Im Vorort **Altenstadt** die Kirche **St. Vitus** von 1839/40, deren Ursprung auf das Jahr 1607 zurückgeht. Auf dem Altar mit Akanthusschnitzereien die bemalte Holzfigur des Kirchenpatrons St. Vitus aus der Gründungszeit. Das nach einem Brand 1832 neu errichtete **Schloß** war im 15./16. Jh. ein Landsassengut.

Auskunft: Verkehrsamt 8481 Erbendorf.

Verkehr: Schnittpunkt der Bundesstraßen 22 (Bayreuth-Weiden) und 299 (Grafenwöhr -Tirschenreuth). Nächste Bahnstation Reuth bei Erbendorf 5 km. Busverbindung mit Reuth, Friedenfels, Kemnath, Weiden, Neustadt/Waldnaab.

Unterhaltung und Sport: Beheiztes Freibad, Freizeitzentrum u. a. mit Minigolf, Boccia, Shuffleboard und Rollschuhplatz; Angeln, Tennis, Sommer- und Winter-Stockschießen, Flugplatz für Motorsegler. – Skilauf (Lift) in Pfaben, Skischule, Rodeln.

Wanderungen:

1. Über Wetzldorf nach **Pfaben** (716 m), Ausgangspunkt zahlreicher Wanderwege in den Naturpark Steinwald 1½ Std. nördl. (mit dem Wagen 5 km). Berggasthäuser, Wildgehege, Waldlehrpfad, Zurück vorbei an den im Wald versteckten Granitfelsbastionen **Räuberfelsen, Vogelfelsen, Dachsfelsen** und über **Grötschenreuth.**

2. Nach **Pfaben** wie 1. und weiter 1 Std. nördlich über **Zipfeltannenfelsen** (756 m), **Hoher Saubadfelsen** (858 m) und **Waldhaus** (822 m; nicht bewirtschaftet, Rotwildgehege) zur **Platte** (946 m), höchster Punkt des Steinwaldes, mit dem **Oberpfalzturm.** Weiter auf dem Kammweg östlich 1/2 Std. über die ökumenische **Dreifaltigkeitskapelle** (Unterstellhütte) zur **Burgruine Weißenstein** (863 m). Zurück entweder südöstlich 1 1/2 Std. nach **Friedenfels*** (Busverbindung) oder auf dem in der Nähe der Dreifaltigkeitskapelle südlich abzweigenden Wanderweg in 3 Std. über Bärnhöhe, Grenzmühle, Steinmühle und **Siegritz.**

3. Über **Siegritz** (Burgstall), Steinmühle und Oed nach **Friedenfels***, 1 1/2 Std. nordöstlich. Zurück über Ziegelhütte und Waffenhammer.

4. Nordöstlich nach Siegritz, weiter östlich nach Waffenhammer und südöstlich über **Thumsenreuth** (Schloß, evang. Pfarrkirche mit Kassettendecke) nach **Reuth** (Schloßkapelle mit Akanthusaltar), insgesamt 2 1/2 Std., zurück mit Bus.

5. Über Rohrmühle im Fichtelnaabtal aufwärts nach **Grötschenreuth** mit Barockschloß, 3/4 Std. nordwestlich. Zurück über Schadenreuth.

6. Über Schadenreuth zur **Schadenreuther Platte** (615 m), 3/4 Std. westlich. Zurück über den **Kornberg** (619 m) und Altenstadt.

7. Über Grötschenreuth, Bingarten, Zwergau, Godas zum Basaltgipfel **Armesberg** (731 m) mit Wallfahrtskirche von 1836, 3 Std. nordwestlich. Zurück in 3/4 Std. über Godas nach **Waldeck** mit Pfarrkirche von 1731 in reicher Rokokoausstattung; auf dem basaltischen **Waldecker Schloßberg** (641 m) thronte bis 1724 die schon 1124 genannte Burg der Grafen von Leuchtenberg. Von Waldeck Busverbindung nach Erbendorf.

8. Über Neuenreuth nach **Wildenreuth** (Schloß), 1 1/2 Std. südöstl. Weiter 3/4 Std. westlich zum **Forsthaus Glashütte** und in 1 1/2 Std. nördlich über Birkenreuth nach Erbendorf zurück.

FICHTELBERG

(Kreis Bayreuth, 684 m, 2900 Einw.), anerkannter Luftkurort und Wintersportplatz am Südosthang des Ochsenkopfes im Tal der jungen Fichtelnaab. Zur Gemeinde gehören auch die Orte Neubau und Hüttstadl-St. Veit. In der Nähe von Fichtelberg liegt der vielbesuchte Fichtelsee mit einem Freizeit- und Erholungszentrum. Attraktion ist auch das Besucherbergwerk Gleißinger Fels.

„Gottesgab am Fichtelberg“ nannte man einst den Ort, der sein Entstehen dem Eisenbergbau verdankt. Schon 1478 wurden die Eisenglimmervorkommen im Gleißinger Fels abgebaut. 1648 ließ Kurfürst Maximilian I. die verfallenen Erzgruben wieder eröffnen. Die Verhüttung erfolgte gleich in unmittelbarer Nachbarschaft. Noch Ende des 18. Jh. waren die Hochöfen in Betrieb. Bis 1862 besaß Fichtelberg ein bayerisches Bergamt. Die erhaltenen Schächte und Stollen unter der Erde können im Besucherbergwerk Gleißinger Fels besichtigt werden. Von Neubau bis Bischofsgrün zieht sich durch den Ochsenkopfgranit ein 8 km langer Proterobaszug. Der dunkelgrüne Proterobas war früher als leicht schmelzendes Gestein für die Glasherstellung von Bedeutung. Auch heute findet er wegen seiner guten Schleifbarkeit noch Verwendung. An seinen Abbau erinnern zahlreiche aufgelassene, oft mit Wasser gefüllte Steinbrüche. Nach dem 2. Weltkrieg begründeten Heimatvertriebene aus dem Raum Gablonz im Fichtelberg eine blühende Glasindustrie.

Die katholische **Pfarrkirche Mariae Geburt** (1708-1711, Turm 1771) auf einer Anhöhe inmitten des Ortes besitzt eine schlichte bäuerliche Barockausstattung. Vorläufer war die „Hochofenkapelle" von 1649, die das damalige kurfürstliche Bergamt errichten ließ. An sie erinnert noch die **Mariensäule** von 1680 mit kurpfälzischem Wappen im Garten neben der Brauerei Lindner.

Der **Fichtelsee** (751 m) erstreckt sich 3 km nördlich von Fichtelberg, ein künstlicher Stauweiher, der einst durch das Bergamt Gottesgab zur Wassergewinnung für den Hüttenbetrieb angelegt wurde. 1985/87 wurde die Staufläche um das Dreifache erweitert, so daß die heutige Seefläche 9,55 Hektar beträgt (Dammhöhe 18 m, Dammkronenlänge 325 m). Direkt am See liegt ein Waldgasthof mit Strandbad und Ruderbootverleih.

Über die Entstehung des Fichtelees ist schon viel gerätselt worden. Matthias von Kemnath, einer der ältesten Beschreiber des Fichtelgebirges, berichtete 1450: „Am höchsten auf dem Fichtelgebirg da ist ein großer See. Aus dem See fließen vier fischreiche Wasser, es sind dies der Main, die Eger, die Nab und die Sala". Die falsche Feststellung, daß diese vier Flüsse aus dem Fichtelsee kommen, fand auch in den alten Landkarten jener Zeit Eingang, die den „Fiechtl See" mit den vier abfließenden Flüsse darstellen. 1542 beschrieb Caspar Bruschius den Fichtelsee als „fischreich und unglaublich tief", doch 1692 meinte Johann Will, daß der See eigentlich schon keiner mehr sei. Tatsächlich haben neuere Forschungen ergeben, daß ein See im eigent-

---

Der zwischen Wald und Hochmoor eingebettete idyllische Fichtelsee ist mit seinem Waldgasthof ein gern besuchtes Ausflugsziel. Ursprünglich diente er als Stauweiher zur Wassergewinnung für die Verhüttung von Eisenerzen.
(Foto: Gernot Messarius)

lichen Sinne nie bestanden hat. Es handelt sich hier um ein ausgedehntes Hochmoor auf wasserundurchlässigem granitischem Untergrund. Die Entstehung des Hochmoores wurde durch die hohe Lage und die reichen Niederschlagsmengen begünstigt. Wegen des geringen Gefälles konnte das Wasser nur langsam abfließen, so daß sich moorbildende Pflanzen ansiedelten.

Die etwa 6 m tiefen Torfschichten sind in der Umgebung des Sees inzwischen zum größten Teil abgebaut worden. Der abgetorfte Boden ist mit Riedgras und Sumpfmoosen bedeckt. Neu angesiedelt haben sich Föhre, Fichte und Birke, während die Sumpfkiefer schon seit der Eiszeit bodenständig ist. Bei seinem Besuch 1785 fand Goethe den Sonnentau so zahlreich in purpurfarbenen Flächen vor, daß er zum Studium der fleischfressenden Pflanze angeregt wurde.

Das anschließende **Hochmoor Seelohe,** Wasserscheide zwischen Naab und Main, steht mit seiner botanisch interessierten Pflanzenwelt unter Naturschutz. An dem Wanderweg vom Fichtelsee zum Wanderparkplatz Seehaus und der Fichtelgebirgsstraße befindet sich ein radioaktiver Eisensäuerling, der als **Jean-Paul-Brunnen** gefaßt wurde. Das gesamte **Naturwaldreservat Fichtelseemoor** umfaßt 139 Hektar.

Auskunft: Verkehrsamt 8591 Fichtelberg, Bayreuther Str. 4
Verkehr: Glasstraße Bayreuth–Fichtelberg mit Anschluß an die Fichtelgebirgsstraße Bad Berneck–Marktredwitz. Nächste Bahnstation Neusorg 15 km. Busverbindung mit Neusorg, Marktredwitz, Bad Berneck, Bayreuth.
Bergbahn: Ochsenkopf-Doppelsessel-Schwebebahn, Talstation Oberwarmensteinach-Fleckl (763 m) 4 km entfernt.
Unterhaltung und Sport: Ozonhallenbad „Am Fichtelsee" mit Heißwasserbecken (32 Grad) im Freien, Strandbad, Ruderbootverleih, Minigolf, Reithalle, Ferienhobbykurse (Bauernmalerei, Bildhauerei u. a.). – Eisstockschießen, Eislauf.
Sammlungen: Knopfmuseum der Gablonzer Knopfindustrie.
Besucherbergwerk Gleißinger Fels: Im Ortsteil Neubau. Sachkundige Führung durch die Stollen und Schächte des Ochsenkopfmassivs. Grubenkleidung wird gestellt.
Medizinische Anwendungen: Im Freizeit- und Erholungszentrum. Massagen, Unterwassermassagen, Fangopackungen, Heißluftbestrahlungen, Infrarothbestrahlungen, Elektroreizstromtherapie, medizinische Bäder aller Art, Sauna.

Wanderungen:

1. Zum **Fichtelsee** mit Freizeitzentrum, 1/2 Std. nördlich.

2. Vorbei am Fichtelsee durch die nördlich anschließende **Seelohe** zum **Jean-Paul-Brunnen** und bald nordwestlich auf dem parallel zur Fichtelgebirgsstraße verlaufenden Weg zum **Waldhaus Karches** (720 m) am Karchesweiher, 1 1/3 Std. Schnittpunkt zahlreicher Wanderwege, u. a. nach **Bischofsgrün***. Zurück auf dem Felserweg.

Fichtelberg: Eine Attraktion besonderer Art ist das Besucherbergwerk Gleißinger Fels, das mit seinen unterirdischen Schächten und Stollen an die frühere Tradition des Eisenbergbaues erinnert.
(Foto: Gernot Messarius)

1976 Gleißinger Fels 1476

3. Über Waldgasthof Fichtelsee und nach Überquerung der Fichtelgebirgsstraße auf dem Seehaussteig zum **Seehaus** (922 m), Unterkunftshaus des Fichtelgebirgsvereins zwischen Seehügel und Nußhardtgipfel, 1 3/4 Std. nordöstlich. Das Seehaus, beliebter Stützpunkt für Wanderungen in das Schneeberggebiet, ist auch vom Wanderparkplatz Seehaus an der Fichtelgebirsstraße in 1/2 Std. zu erreichen.

4. Über den Lug-ins-Land-Felsen und nach Überquerung der Fichtelgebirgsstraße zum Granittrümmerfeld der **Platte** (885 m), 1 3/4 Std. nordöstlich. Abstieg 3/4 Std. südöstlich zum **Silberhaus** (711 m) an der Einsattelung zwischen Platte und Hoher Matze. Von dort zurück in 1 Std. auf dem Silberhaussteig.

5. Zum **Besucherbergwerk Gleißinger Fels,** 1/2 Std. nordwestlich.

6. Über den Kalvarienberg und auf dem Bocksgrabenweg vorbei an den verfallenen Stollen alter Bergwerke auf den **Ochsenkopf** (1024 m), 2 Std. nordwestlich. Zurück über **Weißmainquelle, Weißmainfelsen** und **Fichtelnaabquelle.**

7. Über die idyllisch auf einer Bergkuppe gelegene **Thaddäuskapelle** zum **Moosgnockbrünnlein,** 1/2 Std. südlich.

8. Über Hüttstadl - St. Veit zum **Bayreuther Haus** mit Ausflugsgaststätte, Wildgehege, Kneipp-Einrichtungen und Forellenweiher, 1 1/4 Std. südlich. In der Nähe der 46 m hohe **Klausenturm** mit Rundblick auf das Fichtelgebirge. Zurück über **Mehlmeisel***.

9. Auf dem Dürrbergsteig nach **Warmensteinach***, 1 1/2 Std. südwestlich. Zurück über Geiersberg und Fleckl.

10. Nach **Nagel*** mit schönem See, 1 1/2 Std. südöstlich.

FRIEDENFELS

(Kreis Tirschenreuth, 537 m, 1600 Einw.), anerkannter Erholungsort in klimatisch günstiger Lage im Naturpark Steinwald.

In einem gepflegten Park das **Renaissance-Schloß** des Freiherrn von Gemmingen-Hornberg mit wappengeschmücktem Erker, erbaut 1586 unter Friedrich Sittig von Nothafft und nach einm Brand 1816 erneuert. Gegenüber der Schloßbrauerei die **Pfarrkirche Maria Empfängnis** von 1877; an ihrer Außenwand befindet sich ein eingelassener Grabstein für den ehem. Schloßherrn Georg Rudolf von Nothafft (1660-1714) und seine Gemahlin. Sehenswert auch der idyllische **Waldfriedhof** der freiherrlichen Familie Nothafft von Weißenstein, deren Stammsitz sich auf der nahen Burgruine Weißenstein befand.

Auskunft: Verkehrsamt, 8591 Friedenfels.
Verkehr: Verbindungsstraßen von Makrtredwitz, Wiesau und Erbendorf. Nächste Bahnstation Wiesau 7 km. Busverbindung mit Wiesau, Fuchsmühl, Marktredwitz, Reuth, Erbendorf, Tirschenreuth, Weiden.
Unterhaltung und Sport: Beheiztes Freibad, Freibad bei Frauenreuth 1,5 km, Minigolf, Angeln, – Skilauf am Schusterberg, Rodeln, Eisstockschießen, Eislauf.

Wanderungen:

1. Auf dem Burgenweg zur **Burgruine Weißenstein** (863 m), 1 1/2 Std. nördlich. Zurück über Köhlerlohe und Frauenreuth.

2. Zur Burgruine Weißenstein und von dort entweder 1/2 Std. nördlich zum **Marktredwitzer Haus** (760 m); bewirtschaftetes Unterkunftshaus des Fichtelgebirgsvereins) oder 1/2 Std. westlich auf dem Kammweg über die **Dreifaltigkeitskapelle** zur **Platte** (946 m), höchster Punkt des Steinwaldes, mit dem **Oberpfalzturm.**

3. Über Schönfuß, Oed, Grenzmühle, Steinwaldkirche St. Peter nach **Pfaben** (716 m); Berggasthäuser, Wildgehege, Waldlehrpfad), 1 1/2 Std. westlich. Weiter 1/2 Std. nördlich über **Zipfeltannenfelsen** (756 m), **Hoher Saubadfelsen** (858 m) zum **Waldhaus** (822 m; nicht bewirtschaftet, Rotwildgehege). Von dort entweder 1/2 Std. nordöstlich zur **Platte** (946 m) oder zurück nach Friedenfels in 1 1/2 Std. über Bärnhöhe (Gasthaus) und Frauenreuth.

4. Durch den Voitenthaner Wald nach **Fuchsmühl***, 1 1/2 Std. nordöstlich.

5. **Rundweg** nördlich zur **Riesenschüssel** (interessante Felsbildung) und auf dem westlich verlaufenden Parallelweg über den Griesrangen zurück, insgesamt 1 Std.

6. Über Haferdeckmühle, Voitenthan, Muckenthal, Kornthan (Badesee) nach **Wiesau***, 2 Std. nordöstlich.

7. Auf dem Burgenweg über Voitenthan und Muckentahl durch die **Wiesauer Teichpfanne** und über Seidlersreuth nach **Falkenberg** mit gleichnamiger Burg (Goldstadt-Reiseführer Oberpfalz), 2 1/2 Std. südöstlich. Lohnend ist von Falkenberg die Wanderung durch das unter Naturschutz stehende **Waldnaabtal.**

8. Durch das Heinbachtal nach **Reuth** mit Schloßkapelle, 1 1/2 Std. südöstlich. Zurück über **Thumsenreuth** (Schloß, Ferienzentrum).

9. Über Oed, Steinmühle und Siegritz nach **Erbendorf***, 1 1/2 Std. südwestl. Zurück über Waffenhammer und Ziegelhütte.

FUCHSMÜHL

(Kreis Tirschenreuth, 572 m, 2000 Einw.), schön gelegener Ferienort im Naturpark Steinwald, überragt von einer weithin sichtbaren doppeltürmigen Wallfahrtskirche.

Die barocke **Wallfahrtskirche Mariahilf** wurde 1712–25 anstelle einer 1688 von dem Fuchsmühler Hofmarksinhaber Freiherrn Franz Heinrich von Froschheim gestifteten Kapelle erbaut. Sie wird vom Augustinerorden betreut. Der sechssäulige Hochaltar aus der Zeit um 1700 stammt aus der Regensburger Deutschherrnkirche St. Ägidius; am Gebälk befindet sich das Wappen des damaligen Hoch- und Deutschmeisters. In der Gnadenkapelle sind noch Stukkaturen des Erbendorfers Philipp Jakob Schmuzer erhalten; bemerkenswert der Rokoko-Gnadenaltar mit dem Marienbild.

Das schon 1510 genannte Rittergut im damaligen „Vossenmühl" dient heute als gastliches **Schloßhotel** mit Gaststätte und Café, umgeben von gepflegten Parkanlagen mit einem Weiher.

Im Jahre 1894 war Fuchsmühl Schauplatz der erbitterten „Fuchsmühler Holzschlacht", bei der durch Militäreinsatz drei Bauern den Tod fanden. Anlaß war die Ablösung uralter Holzrechte aus den Fuchsmühler Waldgütern durch den Bayerischen Staat. Durch diese Rebellion sah sich die Regierung gezwungen, die noch heute bestehenden Holzrechte zugunsten der Bauern abzuändern. Mehrstrophige „Fuchsmühler Trutzgsangl" erinnern an jene blutigen Ereignisse: „Wo i geh' und wo i bin, kummt mir dös Bloutbad nöt aussn Sinn . . ."

Auskunft: Verkehrsamt 8591 Fuchsmühl.
Verkehr: Bundesstraße 299 Waldsassen-Erbendorf, Abzweigung Wiesau. Nächste Bahnstation Wiesau 4 km. Busverbindung mit Wiesau, Friedenfels, Makrtredwitz, Tirschenreuth.
Unterhaltung und Sport: Waldbadeweiher, Badeteiche in der Umgebung, beheiztes Feibad in Friedenfels, Angeln.

Wanderungen:

1. Auf den aussichtsreichen **Hackelstein** (723 m), eine 30 m hohe Granitblock-Auftürmung (Steinernes Pferd) mit Unterstellhütte, 1/2 Std. westlich. Weiter 3/4 Std. nordwestlich über den Basaltkegel **Plößberg** (820 m) zum **Makrtredwitzer Haus** (760 m, bewirtschaftetes Unterkunftshaus des Fichtelgebirgsvereins). Kurz vorher zweigt südlich ein Wanderweg zur **Burgruine Weißenstein** und weiter zur **Platte** ab (s. Friedenfels*).
2. Über den **Sauerbrunnen** (Trinkquelle) und Hurtingöd auf den **Großen Teichelberg** (685 m) mit artenreicher Pflanzenwelt (Buchenmischwald) und zahlreichen Basaltsteinbrocken auf der 5 qkm großen Bergkuppe (sehenswerter Basaltsteinbruch am Nordabhang), 1 1/4 Std. nordöstlich. Zurück über den sagenumwobenen **Hankelbrunnen** (einst hüteten „Hankerln", freundliche Zwerge, hier ihre Goldschätze, bis sie von den Menschen vertrieben wurden) vorbei am Torberg (561 m) über Ziegelhütte und Fürstenhof.

3. Durch den Voitenthaner Wald nach **Friedenfels***, 1 1/2 Std. südwestlich.

4. Auf der Fahrstraße zum **König-Otto-Bad mit Brunnenhaus für Trinkkuren,** 1/2 Std. südöstl. Von dort 1/4 Std. nach **Wiesau***.

5. Nach **Herzogöd** (751 m), eine der ältesten Siedlungen des Steinwaldgebietes (soll um das Jahr 800 von Friesen gegründet worden sein, einstiger Ortsname Rapotenreuth), 3/4 Std. nordwestl.

GEFREES

(Kreis Bayreuth, 503 m, 5000 Einw.), kleine Stadt und Ferienort am Nordwestrand des Fichtelgebirges am Zusammenfluß von Kornbach und Lübnitz. Zur Gemeinde gehören auch die Orte Entenmühle, Grünstein, Stein und Zettlitz.

Der Name des vermutlich um 1200 von dem Geschlecht der Waldpoten gegründeten, aber erst 1366 urkundlich genannten Ortes „zu dem Gefrezz“ (mittelhochdeutsch vrezzen = verzehren, fressen) wird von einem Rastplatz am Schnittpunkt der alten Handelsstraßen Frankfurt–Eger und Nürnberg–Leipzig abgeleitet. Gefrees entwickelte sich zu einer Poststation, war 1427 Sitz eines Halsgerichts, 1624 markgräfliches Kastenamt und 1739 Oberamt. Obwohl schon 1403 als Stadt bezeichnet, erfolgte die offizielle Verleihung der Stadtrechte erst 1880.

Durch den Großbrand von 1872 wurde das alte Stadtbild zerstört. Nur wenige Wohnhäuser des 18. Jh. blieben erhalten, darunter das **Künnethsche Haus** von 1787 (Hauptstraße 11-13) mit seiner beeindruckenden Barockfassade im Markgrafenstil. Die **Friedhofskapelle** stammt noch aus dem Jahr 1594. Sie wurde 1716 um ein Stockwerk mit zweiter Empore vergrößert. Im Chor befinden sich bemerkenswerte Grabdenkmäler für Gefreeser Pfarrer und Bürgerfamilien. Die evangelische **Pfarrkirche St. Johannes-Baptista** wurde 1876-79 nach dem Stadtbrand als neugotische Hallenkirche errichtet; sie ist bereits die 5. Kirche an dieser Stelle.

Geologisch interessant sind die Steinbrüche auf der nahegelegenen **Reuth,** in denen der graublaue Gefreeser Granit abgebaut wird. Bei **Schamlesberg** befinden sich die in Europa einzigartigen Chiastolithvorkommen.

Sehenswert ist das ehem. **Schloß Stein** 6 km südwestlich im engen Ölschnitztal. Malerisch thront es auf einem senkrecht abfallenden Diabasfelsen. Zwischen 1028 und 1040 war Stein Eigentum der Walpoten und damit eine der ältesten bezeugten Felsburgen des Fichtelgebirges. Ihren Namen hat die frühere Burg von dem Edelfreien Poppo Albus von Stein, der hier von 1100–1128 lebte. Nach ihrem Verfall im 14. Jh. wurde die Anlage als Schloß wieder errichtet und gelangte in den Besitz der Herren von Sparneck. 1495 erwarben die Markgrafen von Bayreuth-Kulmbach das Schloß mit den umliegenden Dörfern und begründeten das Amt Stein. 1686 wurden die beiden Obergeschosse des Hauptgebäudes zu einer noch heute erhaltenen Kapelle umgebaut, in der sich ein Kelch mit dem Wappen der Herren von Sparneck aus dem Jahre 1386 befindet. Die übrigen Teile des Schlosses sind verfallen. Nur noch geringe Reste erinnern an den ehemals viereckigen Bergfried. Das Rundbogentor bei der Kapelle führte einst in den inneren Burghof.

Auskunft: Stadtverwaltung 8586 Gefrees, Hauptstraße 22

Verkehr: Bundesstraße 2 Bayreuth–Münchberg; Abzweigung der Verbindungsstraßen nach Weißenstadt und Bischofsgrün. Autobahnanschluß Gefrees 3 km. Nächste Bahnstation Falls 4 km. Busverbindung mit Falls , Bad Berneck, Bayreuth, Münchberg, Weißenstadt, Wunsiedel, Selb, Hof.

Unterhaltung und Sport: Freibad, Hallenbad mit Sauna in der Stadthalle, Angeln, Tennis. - Mosaikgarten in der Streitauer Mühle. - Wildschweingehege im Naherholungsgebiet Hügelwiese.

Wanderungen:

1. Auf die **Luitpoldhöhe** (597 m) mit dem Luitpolddenkmal, 1/4 Std. südlich.

2. Über die Kastenmühle ins Lübnitztal und über **Grünstein** mit spärlichen Mauerresten einer ehem. Burg des 14. Jh. auf einem Bergvorsprung zur **Entenmühle** (Gasthaus), 3/4 Std. südwestlich. Weiter durch das idyllische Ölschnitztal abwärts über das ehem. **Schloß Stein** (Anfahrt auch mit dem Wagen möglich) nach **Bad Berneck***, insgesamt 2 Std. Zurück mit dem Bus.

Gefrees: Die Burg Stein im Ölschnitztal wurde um 1030 von dem edelfreien Geschlecht der Walpoten gegründet und nach ihrem Verfall im 14. Jahrhundert durch die Herren von Sparneck als Schloß errichtet. Erhalten ist das 1686 zu einer Kapelle umgebaute Hauptgebäude.
(Foto: Gernot Messarius)

3. Über Gottmannsberg und Schamlesberg zur **Waldgaststätte Schweinsbach,** 3/4 Std. südöstlich. Von dort entweder in 1 Std. südöstlich nach **Bischofsgrün*** oder in 3/4 Std. nordöstlich über Metzlersreuth zur **Entenmühle** im Ölschnitztal und über **Grünstein** nach Gefrees zurück.

4. Über Gottmannsberg und den Tischweg zum **Wetzstein** (798 m), einer Felsengruppe mit Aussichtspavillon, 1 1/4 Std. südöstlich. Weiter 1/2 Std. südöstlich zur **Hohen Haide** (829 m) und auf dem bald von Bischofsgrün kommenden Wanderweg 1/4 Std. nördlich zur **Egerquelle.** Zurück über Haidlas.

5. Über Neuenreuth, Knopfhammer und die **Bärenhöhe** (785 m) auf den **Großen Waldstein** (837 m) mit bewirtschaftetem Unterkunftshaus, 2 3/4 Std. nordöstlich. Abstieg nach **Zell*** 3/4 Std. (Busverbindung) oder über die **Saalequelle,** Tannenreuth und Neuenreuth zurück.

6. Über Blechertshöfen und nach Überquerung der Autobahn Bayreuth - Hof über Streitau zum bewaldeten **Weißenstein** (668 m), der sich aus der Münchberger Gneismasse erhebt, mit 19 m hohem Aussichtsturm und Unterkunftshaus des Weißensteinvereins, 1 1/2 Std. nordwestlich. Abstieg 3/4 Std. südlich zum **Bahnhof Falls** und mit dem Bus zurück.

GOLDKRONACH

(Kreis Bayreuth, 445 m, 3000 Einw.), ehemaliges Goldbergwerksstädtchen und schön gelegener Ferienort am Westrand des Fichtelgebirges, an dessen Südwestabfall sich ein durch mildes Klima begünstigtes Obstanbaugebiet anschließt. Zur Gemeinde gehören auch die Orte Brandholz, Dressendorf, Nemmersdorf und Sickenreuth.

Die ursprüngliche Siedlung Kronach erlebte ihre Blütezeit im 14. und 15. Jahrhundert, als im nahen Goldberg das vielbegehrte Edelmetall von der „Fürstenzeche" abgebaut und der Ort 1365 zur Stadt Goldkronach mit Bergfreiheit erhoben wurde. Bald folgte der Sitz eines markgräflichen Amtes und eines Vogteiamtes. Mit Beginn der Hussitenkriege 1430 war die Glanzzeit zu Ende.

Goldkronach-Nemmersdorf: Weithin sichtbar erhebt sich auf einer Anhöhe die ehemalige Wehrkirche mit ihren originellen beiden Türmen aus verschiedenen Jahrhunderten.
(Foto: Gernot Messarius)

Zwar wurde der Goldbergbau immer wieder mit wechselndem Erfolg aktiviert, doch lähmten Kriege und nachlassende Wirtschaftlichkeit die Entwicklung. Als das Fürstentum Bayreuth den preußischen Hohenzollern zufiel, versuchte 1794-96 der preußische Oberbergrat Alexander von Humboldt die Reorganisation des inzwischen mit Verlust arbeitenden Bergbaus. Er verlegte das Bergamt von Wunsiedel nach Goldkronach und gründete hier eine Bergschule. Doch die großen Hoffnungen auf Gold blieben unerfüllt. 1826 bemühte sich der bayerische Staat um eine Wiederbelebung und errichtete in Brandholz Aufbereitungsanlagen und Verwaltungsgebäude; 1861 wurden diese Arbeiten wegen Unwirtschaftlichkeit eingestellt. Zwischen 1920 und 1925 versuchte die „Bergbau AG. Fichtelgold“ vergeblich ihr Glück. Eine 1933 gegründete neue Gesellschaft „Fichtelgold“ konnte sich nicht entschließen, mit den Arbeiten zu beginnen. 1954 wurde der Gedanke endgültig aufgegeben.

Das ehemalige **Schloß,** ein Wehrbau von 1559, war einst markräflicher Lehenssitz der Herren Schütz von Laineck. Im 17. Jh. wurde es um ein Geschoß erhöht und 1764 teilweise erneuert. Die evangelische **Friedhofskirche St. Michael** wurde 1765 anstelle einer älteren Kirche erbaut. Die neugotische **Stadtpfarrkirche** stammt von 1851/52; von ihrer 1836 bei einem Brand vernichteten Vorgängerin sind noch eine Sandsteintafel von 1481 und ein Holzkruzifix des 18. Jh. erhalten.

Der Ortsteil **Nemmersdorf** gehört zu den ältesten Siedlungen der Umgebung: Das Dorf des Franken Nedemar wurde schon 874 urkundlich genannt. Weithin sichtbar auf einer Anhöhe die evangelische **Kirche,** einst Wehrkirche, mit ihren originellen beiden Türmen: Weil das Geläut des einen Turmes nicht laut genug war, so sagt man, mußte später ein zweiter Glockenturm errichtet werden. Zwischen dem Ostturm des 14. Jh. und dem Westturm des 15./16. Jh. erstreckt sich das 1753/54 neu erbaute Langhaus. Bemerkenswert die von vier Eckgemälden umrahmte Stuckdecke und der Kanzelaltar im Markgrafenstil. Oberhalb der Kirche, durch einen Graben getrennt, das ehemalige **Schloß** des 16. Jh.; im Osttrakt ein Rundbogentor mit einem Wappenstein von 1570.

Auskunft: Stadtverwaltung 8581 Goldkronach, Marktplatz 2.

Verkehr: Abzweigung von der Fichtelgebirgsstraße (Bad Berneck-Bischofsgrün) und der Glasstraße (Bayreuth-Weidenberg). Nächste Bahnstation Untersteinach 5 km und Bayreuth 12 km. Busverbindung mit Bayreuth, Bad Berneck, Bischofsgrün, Marktredwitz.

Unterhaltung und Sport: Badesee, Angeln, Reiten, Flugsport, Flugschule. - Freizeitanlage. - Skilift.

Veranstaltungen: Frühjahrskirchweih im Juni, Herbstkirchweih im Oktober.

Besichtigungen: Ehemaliger Bergbauschacht Schmutzler. Der aus Quarz mit goldhaltigem Schwefelkies bestehende Gang wurde auf 35 m Länge freigelegt. Geöffnet an Wochenenden bis Oktober.

Wanderungen:

1. Nach **Goldmühl** im Weißmaintal, 1/2 Std. nördlich.

2. Durch das Kronachtal über Sickenreuth auf den **Goldberg** (751 m), 3/4 Std. östlich.

3. Über den **Fürstenstein** (Gneisfelsen aus Phyllit) zum **Forstämterstein Hirschhorn** (775 m), 1 3/4 Std. nordösltich. Von dort in 3/4 Std. über Täfelein nach **Bischofsgrün*** oder zurück über Föllmar und Escherlich.

4. Über Sickenreuth oder Nemmersdorf zur hochgelegenen Gaststätte Goldener Hirsch und auf dem Westweg, später auf dem Mittelweg zum zentralen Punkt der **Königsheide** (853 m, Naturschutzgebiet, s. Warmensteinach), 2 Std. südöstlich. Weiter nördlich über den **Mahlsack,** einem nach seiner Form benannten Forstreviergrenzstein, zum **Dreihirtenstein,** einem alten Grenzstein zwischen dem ehem. Egergau und Ostfranken. Abstieg 1 Std. östlich nach **Warmensteinach*** oder westlich zurück auf der nach Nemmersdorf und Goldkronach führenden Forststraße „Himmelsleiter".

HIMMELKRON

(Kreis Kulmbach, 433 m, 2900 Einw.), Ferienort mit ehemaligem Zisterzienserinnenkloster im Tal des Weißen Mains an den Westausläufern des Fichtelgebirges.

Die ursprüngliche Siedlung Pretzendorf mit einem Schloß der Meranier gelangte 1260 an die Grafen von Orlamünde. 1279 stiftete Graf Otto IV. von Orlamünde seine Besitzungen dem Zisterzienserorden zur Errichtung eines adeligen Frauenklosters mit dem Namen Himmelkron, das 1338 an die Nürnberger Burggrafen fiel. Nach Einführung der Reformation wurde das Kloster 1569 aufgelöst und 1661 von Markgraf Christian Ernst zu einem Schloß umgebaut. Es entstanden großzügige Parkanlagen mit einer 700 m langen vierreihigen Lindenallee, die als schönste Allee Europas galt. Nach Übergang der Markgrafenschaft Bayreuth an die preußischen Hohenzollern verfielen die Anlagen durch häufigen Besitzwechsel. Die prachtvolle Lindenallee wurde abgeholzt; als Erinnerung ist nur noch eine Brücke über den Weißen Main erhalten. 1892 wurden die Gebäude von der fränkischen Diakonissensanstalt Neuendettelsau erworben. Heute befinden sich in Himmelkron zwei Pflegeanstalten der Inneren Mission, von denen eine das ehemalige Schloß einnimmt.

Die ehemalige **Klosterkirche** aus der Zeit um 1300, seit 1599 Pfarrkirche, wurde um 1700 barock verändert. Im Westteil des Langhauses liegt unter der Nonnenempore die frühgotische Ritterkapelle, von der 1735 die Fürstengruft abgetrennt wurde, in der vier Mitglieder der markgräflichen Familie beigesetzt sind. Außerdem bewahrt die Kirche zahlreiche kunstvolle Grabdenkmäler aus der Klosterzeit für die Grafen von Orlamünde und die Äbtissinnen; darunter im Chor die Grabtumba für den Klosterstifter Graf Otto IV. von Orlamünde, dargestellt in einem langen Rittermantel.

Vom spätgotischen **Kreuzgang,** zu dem 1473 die Äbtissin Elisabeth von Künsberg den Grundstein legte, ist nur noch ein Teil im Nordflügel erhalten. Er beeindruckt durch reiches Netzrippengewölbe mit musizierenden Engeln und Herolden. Die sieben Sandsteinreliefs an der Nordwand mit Darstellungen von der Welterschaffung bis zur Himmelfahrt stammen aus der Zeit um 1480.

Auskunft: Gemeindeverwaltung 8581 Himmelkron.
Verkehr: Bundesstraße 303 Stadtsteinach - Bad Berneck. Autobahnanschluß Bad Berneck 1 km. Nächste Bahnstation Neuenmarkt-Wirsberg 6 km. Busverbindung mit Bayreuth, Kulmbach und Bischofsgrün.
Unterhaltung und Sport: Beheiztes Freibad, Tennis, Reiten.
Veranstaltungen: Pfingstkirchweih mit Straßenfest

Wanderungen:

1. Nach **Lanzendorf** mit Pfarrkirche aus der Zeit um 1400 und ehem. Schloß der Herren von Wirsberg, 1/2 Std. südlich. Weiter 2 1/2 Std. südlich nach **Bayreuth***.

2. Über die Streitmühle und Köslar auf den **Prinz-Rupprecht-Turm.** (596 m), 1 Std. östlich. Weiter 1 1/4 Std. südöstlich nach **Bad Berneck***. Zurück über Micheldorf und Gössenreuth.

3. Nordöstlich zur Streitmühle und nordwestlich auf dem Südweg entlang der **Schiefen Ebene,** einer Eisenbahn-Steilstrecke, zum **Bahnhof Neuenmarkt,** 1 Std.

4. Nach **Wirsberg*** (dabei die Bahnstrecke Schiefe Ebene querend), 1 1/2 Std. nördlich.

5. Am Weißen Main entlang nach **Trebgast*,** 1 1/4 Std. westlich. Weiter auf dem Main-Wanderweg 3 Std. nordwestlich über Thierheim, Leithen, Wolfskehl zur Burg Plassenburg und nach **Kulmbach***.

HÖCHSTÄDT

(Kreis Wunsiedel, 589 m, 1200 Einw.), langgestrecktes Dorf in ländlicher Umgebung im östlichen Fichtelgebirge. Der Ort wurde 1368 als „Hohsteten" erstmals urkundlich genannt und gehörte in markgräflicher Zeit zum Amt Hohenberg. In Oberhöchstädt befindet sich ein altes Schloßgut.

Auskunft: Gemeindeamt 8671 Höchstädt bei Thiersheim.

Verkehr: Abzweigung bei Thiersheim von der Bundesstraße 15 Marktredwitz - Selb. Bahnstation.

Unterhaltung und Sport: Badeweiher, Modellflug mit befestigter Start- und Landebahn. – Motorradmuseum.

Töpferei: Töpferei-Werkhof Zimmermann, Birkenstr. 9. Veranstaltungen von Kursprogrammen Töpfern, Holzschnitzen und Fotoarbeiten.

Wanderungen:

1. Nach **Thierstein*** mit Burgruine, 1/2 Std. östlich.

2. Nach **Kaiserhammer** im Egertal mit ehem. markgräflichem Jagdschloß des 18. Jh. (erhalten noch Nord- und Südflügel, Haus Nr. 5 und 6), 1 Std. nördlich. Von dort 1/2 Std. nordwestlich zum mitten im Wald gelegenen **Rondell.** Hier stand früher ein Jagdpavillon, von dessen 8 Fenstern aus der Markgraf das Wild nach 8 Richtungen erlegen konnte, weil in den Wald entsprechende Schneisen geschlagen wurden, die durch Querwege gleich einem Spinnennetz verbunden waren. Zurück über Thierstein.

3. Über Thierstein und Blumenthal zur **Waldgaststätte Wellerthal** im Egertal (Wanderparkplätze), 1 1/4 Std. nordöstl. (s. Hohenberg).

4. Über Hofmühle, Hebanz nach **Marktleuthen***, 1 1/2 Std. nordwestl.

5. Über Stemmasgrün nach **Bernstein** mit Jakobuskirche des 13. Jh. und Schloßgut, 1 Std. südwestlich. Weiter 1/2 Std. südöstlich zur **Johanneszeche** mit geologisch interessanter Specksteingrube (Genehmigung zur Besichtigung muß bei der Grubenverwaltung eingeholt werden).

HOF

(kreisfreie Stadt, 495 m 55 000 Einw.), Sitz des gleichnamigen Landkreises sowie bedeutende Industrie- und Handelsstadt an beiden Ufern der Saale zwischen Fichtelgebirge und Frankenwald. Hof ist Hauptort der nordbayerischen Textilindustrie; von den zahlreichen anderen Industriezweigen sind vor allem die Brauereien und Maschinenfabriken von Bedeutung. Als wichtiger Verkehrsknotenpunkt liegt Hof heute nahe den Grenzen zur DDR (Bahn- und Autobahnübergang) und zur CSSR.

Hof ist kultureller Mittelpunkt Nordost-Oberfrankens. Weit über die Grenzen der Stadt bekannt sind die Hofer Symphoniker und die Aufführungen des Städtbundtheaters mit Oper, Operette und Schauspiel. Die „Hofer Filmtage" haben sich in der internationalen Filmwelt einen festen Platz erobert. „Hofer Sommerkultur" und „Hofer Herbst" mit Straßentheater, Konzerten, Dichterlesungen und Kunstausstellungen sind beliebte Veranstaltungen. Auch als Tagungs- und Ausstellungsstadt hat Hof einen guten Namen (Freiheitshalle, Oberfranken-Ausstellung).

Hof besitzt zwei Rundfunksendeanlagen (Nebensender Bayerischer Rundfunk und RIAS Berlin), eine Wetter- und Erdbebenwarte sowie eine Volkssternwarte.

Blick in die Geschichte:

Nach einer historisch nicht belegbaren Chronik soll Hof im Jahre 1080 gegründet worden sein. Kolonisiert wurde das Regnitzland um Hof durch die Markgrafen von Nabburg-Vohburg-Cham, auch Diepoldinger genannt, und zwar vom bayerischen Nordgau aus, der sich als unmittelbares Reichsgebiet bis in die Gegend des Fichtelgebirges erstreckte. Urpfarrei des gesamten Regnitzlandes war die Lorenzkirche, die vermutlich um 1150 errichtet und 1214 erstmals urkundlich genannt wurde. Die Dorfsiedlung Rekkenze entstand im Umkreis der Lorenzkirche und hatte ihren Namen von der in die Saale mündenden Regnitz.

1209 kam das Regnitzland an die Grafen von Andechs-Meranien, die ab 1230 nördlich von Rekkenze die neue Siedlung „Stadt zum Hoff" anlegten. Ihre Hauptachse bildete der Markt, die heutige Ludwigstraße, vom Oberen bis zum Unteren Tor. Nach dem Erlöschen der Meranier wurden die Vögte von Weida, Gera und Plauen mit dem Regnitzland belehnt, das seitdem zum „Vogtland“ gehörte. Um die Neustadt entstand ein Befestigungsring mit Graben. 1319 erfolgte die Verbriefung der Stadtrechte. 1373 ging Hof mit dem Regnitzland durch Kauf in den Besitz der Burggrafen von Nürnberg, den späteren Markgrafen von Kulmbach-Bayreuth, über. Unter ihrer Herrschaft wurde im 15. Jh. die Textilweberei ansässig und 1529 die Reformation eingeführt.

1430 erlitt die Stadt schwere Brandschatzungen durch die Hussiten, 1553 eine siebenwöchige Belagerung im Markgrafenkrieg, 1632–43 schlimme Zeiten im 30jährigen Krieg. 1792 kam Hof mit der Markgrafschaft Bayreuth an das Königreich Preußen, 1806 unter französische Verwaltung und 1810 zum Königreich Bayern. Nach dem großen Brand von 1823, der fast alle Gebäude vernichtete, wurde die Stadt im Biedermeierstil mit einheitlichen Gesimshöhen, Dachneigungen und geschlossenen Gebäudefronten wieder errichtet. Der Bau der ersten Eisenbahnlinie nach Hof 1848 war gleichzeitig Beginn der Industriezeit. Neue Industrie- und Wohngebiete entstanden in den Randzonen. 1945 wurde Hof Grenzstadt; seit 1973 besteht kleiner Grenzverkehr zur DDR.

Große Söhne der Stadt waren Nicolaus Decius (um 1480 - um 1546), Verfasser bekannter Kichenlieder (u. a. „Allein Gott in der Höh' sei Ehr“ und Hofprediger in Königsberg; Johann Christian Reinhart (1781—1847), Maler und Graphiker; Johann Wolfgang Doebereiner (1780–1849), Chemiker und Erfinder des Platinfeuerzeuges; Heinrich Gerber (1832–1912), Meister des Stahlbaues und Erfinder des Gerber-Trägers; Johann Georg August Wirth (1798– 1848), politischer Schriftsteller; Carl von Enhuber (1811–1867), Maler.

1779–1780 besuchte der Dichter Jean Paul das Gymnasium in Hof (Gedenktafel am heutigen Jean-Paul-Gymnasium); 1784–1786 und 1794–1797 lebte er bei seiner Mutter, die aus Hof stammte und 1797 starb (Gedenktafel am Schloßlatz 12 a, daß an dieser Stelle das Haus stand, in dem Jean Paul mit seiner Mutter und seinen Brüdern wohnte).

Johann Wolfgang von Goethe nächtigte auf seinen Reisen zwischen 1785 und 1823 19mal in Hof (Gedenktafel an der Bayerischen Staatsbank, früher Standort des Gasthofes „Zum goldenen Hirschen“).

Rundgang durch die Stadt:

Vom **Hauptbahnhof** gelangen Sie durch die Bahnhofsstraße und Sophienstraße vorbei am **Wittelsbacherpark** und durch die „Pfarr“ zur evangelischen **Pfarrkirche St. Lorenz,** einst Urkirche des gesamten Regnitzlandes. Seit 1214 urkundlich bezeugt, stammt sie aber wahrscheinlich schon aus der Zeit um 1150. Nach einem Brand im Markgrafenkrieg 1553 wurde sie auf den alten Mauern neu errichtet und 1822/23 im Inneren umgestaltet. An der nördlichen Chorwand befindet sich ein spätgotischer Flügelaltar (um 1480), genannt Hertnid-Altar nach dem Stifter Hertnid von Stein; das Mittelbild zeigt Kaiser Heinrich II. und seine Gemahlin Kunigunde mit dem Modell des Bamberger Domes, darunter knieend der Stifter mit seinem Wappen. Dieser Altar befand sich bis 1557 in der St. Michaelkirche.

Die Lorenzstraße führt bergauf zur katholischen **Stadtpfarrkirche St. Maria** von 1865, die ihre zweitürmige Fassade dem Straßenzug der Altstadt zuwendet, dem Geschäftszentrum von Hof. Durch die Engstelle des ehem. Oberen Tores kommen Sie in die Ludwigstraße, die nach dem Stadtbrand von 1823 in seltener architektonischer Geschlossenheit wiedererstand.

An der Einmündung der Klosterstraße das dreigeschossige **Rathaus** mit zwei Eckerkern und achteckigem Treppenturm. Es wurde 1563-66 von Nikolaus Neumann aus Halle erbaut und nach dem Brand von 1823 erneuert. Gegenüber die doppeltürmige evangelische **Stadtpfarrkirche St. Michael,** ein dreischiffiger Hallenbau von 1380-86 anstelle der um 1230 errichteten St. Michaelskapelle, nach 1823 im Inneren weitgehend erneuert.

Hof: Ein Schmuckstück ist das malerische Rathaus mit seinen beiden Eckerkern und dem achteckigen Treppenturm.
(Foto: Amt für Öffentlichkeitsarbeit, Hof)

Am Ende der Ludwigstraße steht vor dem ehem. Unteren Tor die **Hospitalkirche.** Sie geht in das 14. Jh. zurück. Bemerkenswert der Altarschrein mit Schnitzfiguren (1511), die Kanzel (1561) mit barockem Schalldeckel und die Kassettendecke (1688/89) mit rund 100 Bildern aus dem Alten und Neuen Testament.

Nun durch den Sigmundsgraben zur Theaterstraße mit dem ehem. Franziskanerkloster von 1292 (heute Schule) und dem ehem. Klarissinnenkloster (1348-1564), jetzt Gefängnis. Über den Schloßplatz mit Jean-Paul-Gedenktafel am Haus Nr. 12 a und Jean-Paul-Brunnen gelangen Sie durch das Jean-Paul-Gäßchen zur Altstadt zurück.

Auskunft: Amt für Öffentlichkeitsarbeit, 8670 Hof, Rathaus.

Verkehr: Schnittpunkt der Bundesstraßen 2, 15 und 173. Autobahnanschluß. Knotenpunkt der Haupteisenbahnlinien Berlin-München und Dresden-Frankfurt/Main (Stuttgart); Ausgangspunkt mehrerer Nebenbahnen. Regionalflugplatz Hof-Pirk mit Linienbetrieb nach Frankfurt. Busverbindung mit Nürnberg, Bayreuth, Coburg und den Orten des Fichtelgebirges und Frankenwaldes. Stadtbusverkehr.

Veranstaltungen: Schützenfest im Juni. Sommerkultur im Juli. Schlappentag am 1. Montag nach Pfingsten (seit 1432 Umzug der Schützen- und Handwerksgilden). Volksfest Ende Juli/Anfang August. Hofer Herbst im Oktober. Internationale Hofer Filmtage Ende Oktober. - Aufführungen des Städtbundtheaters Hof (Oper, Operette, Schauspiel). Konzerte des Hofer Symphonieorchesters. Kirchenmusik der St. Michaelis-Kantorei. Gastspiele in der Freiheitshalle.

Sport: Beheiztes Freibad, Ascher Straße 32. Hallenbad, Oberer Anger. Rudern und Paddeln am Eisteich an der Saale. Minigolf an der Ascher Straße. Tennis im Stadtpark Theresienstein. Rollschuhbahn. - Eislauf.

Spezialitäten: Heimisches Bier, Hofer Wärschtla (Würstchen), Eintopf „Schnitz". Eine Hofer Originalität ist der „Wärschtlamo" (Wurstmann), der auf der Straße aus holzkohlebeheiztem Messingkessel viererlei heiße „Wärschtla" verkauft: Bauernwürste, Wiener, Knacker und Weißwürste. Sein Denkmal steht auf dem Sonnenplatz.

Sammlungen: Museum Bayerisches Vogtland, Unteres Tor 5a; Stadtbücherei im Wittelsbacherpark, Wörthstr. 18.

Kunstausstellungen: Galerienhaus Weinelt, Sophienweg 28. Hypo-Galerie, Altstadt 1. Kunstkabinett Petri, Ludwigstr. 77. Foyer Freiheitshalle, Kulmbacher Str. 2.

Volkssternwarte: Egerländer Weg (Münsterschule).

Naherholungsgebiete: Stadtpark Theresienstein mit Botanischem Garten, Kleinzoo und Aussichtsturm (568 m) im Nordosten. Parkanlage Rosenbühl mit Bismarckturm (578 m) im Südwesten, Untreusee (64 ha) im Süden.

Hof: Trödelmarkt und Straßenkunst beleben die Innenstadt. Im Hintergrund die katholische Stadtpfarrkirche St. Maria.
(Foto: Amt für Öffentlichkeitsarbeit, Hof)

HERREN KOMMODE
Coke
Coca-Cola
MIRINDA
Limonade mit Orangensaft
HOSEN KOSBY

Wanderungen und Ausflüge:

1. Zum aussichtsreichen **Wartturm** (573 m), als Signalturm 1498 erbaut, 1/2 Std. östlich.

2. Über Döberlitz und Quellitzmühle nach **Schloßgattendorf** mit Barockschloß (heute Hotel) und Burgruine des 12./18. Jh., 1 3/4 Std. östlich. Von dort 1/4 Std. nördlich nach **Kirchgattendorf** mit sehenswerter Dorfkirche. Zurück mit dem Bus.

3. Über **Schloß Hofeck** (heute Gästehaus) und Brunnenthal (Busverbindung) zur **Burgruine Saalenstein** an der Einmündung des Göstrabaches in die Saale, 1 1/2 Std. nordwestlich. Von der im 13. Jh. zerstörten Burg sind noch Gräben, Torreste, Kemenate und Bergfried erhalten. Viele Wandermöglichkeiten im waldreichen Saaletal.

4. Mit dem Bus nach **Joditz** (Jugendheimat des Dichters Jean Paul von 1765 bis 1776), 8 km nordwestlich. Nahe nördlich der **Auensee** mit Bademöglichkeit. Vom Wanderparkplatz jenseits der Saale mehrere markierte Rundwanderwege, z. B. nördlich über Jean-Paul-Felsen, Petersgrat und Lamitzmühle zur **Tannenbachmündung** an der DDR-Grenze und zurück, insgesamt 2 Std.

5. Mit dem Bus nach **Lamitz,** 10 km nordwestlich. Von dort über den **Roßberg** (549 m) zur **Kühnmühle** (14. Jh.) an der Saale und DDR-Grenze mit Blick nach Hirschberg, 3/4 Std. nordwestlich.

6. Über Zobelsreuth vorbei an den Pfaffenteichen nach Lausenhof und Eppenreuth, weiter durch das Tal des Untreubaches zur Glänzlamühle und über Martinsreuth nach **Konradsreuth** mit Markgrafenkirche und Schloß des 16./17. Jh., 2 1/2 Std. südwestlich. Ausgangspunkt mehrerer Rundwanderwege. Zurück entweder über Föhrenreuth, Flugplatz und Osseck oder über Stiftsgrün, Brand, Pirk, Haag und Parkanlage Rosenbühl mit Bismarckturm.

HOHENBERG AN DER EGER

(Kreis Wunsiedel, 525 m, 1700 Einw.), Grenzstädtchen mit historisch bedeutender Burg über dem Tal der Eger am Osthang des Fichtelgebirges unmittelbar an der Grenze zur CSSR. Durch seine reizvolle Lage in waldreicher Umgebung und den seit 1626 bekannten Sauerbrunnen „Carolinensprundel“ ist Hohenberg ein beliebter Ferienort. Hier gründete 1814 der thüringische Porzellanhändler Carl Magnus Hutschenreuther die erste Porzellanfabrik im nordostbayerischen Raum. Zur Gemeinde gehört auch der Ortsteil Neuhaus an der Eger.

Die historisch bedeutende Burg Hohenberg aus dem 12. Jahrhundert thront hoch über dem Egertal unmittelbar an der Landesgrenze zur CSSR.
(Foto: Gernot Messarius)

Die **Burg Hohenberg** gehört zu den besterhaltenen Burganlagen des Fichtelgebirges. 1222 wurde sie erstmals in einer Schenkungsurkunde des Klosters Waldsassen genannt, aber vermutlich schon Ende des 12. Jh. vom egerländischen Reichsministerialengeschlecht derer von Hohenberg gegründet. 1285 fiel die Veste an die Burggrafen von Nürnberg. Als Amtmannssitz der Hohenzollern wurde sie Landesgrenzfestung gegen Böhmen. Bis 1799 hatten Ort und Burg Hohenberg das bereits 1499 bezeugte Privileg einer kaiserlichen Freistätte. Vier steinerne Säulen, die heute noch an der Nordmauer des Burghofes zu sehen sind, grenzten einst an den Eingangswegen von Hohenberg den Schutzbereich ab: Gelang es Rechtsbrechern, diesen Bereich zu überschreiten, waren sie unter dem besonderen Schutz des Kaisers frei von jeglicher Verfolgung.

Durch die Vorburg gelangt man in den sechseckigen Burghof mit drei runden und zwei eckigen Türmen. Der Wehrgang ist teilweise erhalten. Im Burghof das Fürstenhaus von 1666, früher markgräfliches Jagdschloß. Nach dem 2. Weltkrieg wurde die Burg als Landeswarte der Sudetendeutschen ausgebaut. Außerdem befindet sich hier eine Jugendherberge.

Auskunft: Fremdenverkehrsverein 8591 Hohenberg an der Eger.

Verkehr: Verbindungsstraße Schirnding - Selb. Nächste Bahnstation Schirnding 2 km. Busverbindung mit Selb, Schirnding und Waldsassen.

Kurmittel und Heilanzeigen: Sauerbrunnen der Carolinenquelle mit hohem Eisen-, Calcium-, Hydrogenkarbonat- und Kohlendioxydgehalt. Trinkkuren bei Blutarmut, Bleichsucht, chronischen Magen-und Darmkatarrhen. – Vitaparcours mit Kneippschem Wassertretbecken im Naturpark Kochrangen am Burgberg.

Unterhaltung und Sport: Beheizte Freibäder in Arzberg 6 km und Selb 11 km; Hallenbad in Selb. Minigolf.

Veranstaltungen: Wiesenfest im Juli.

Sammlungen: Porzellanmuseum, Freundschaft 1.

Wanderungen:

1. Durch den **Naturpark Kochrangen** am Osthang der Burg ins Egertal zum **Sauerbrunnen** der Carolinenquelle, 1/4 Std. Weiter östlich 1/2 Std. nach **Fischern** an der Mündung der Rösla in die Eger (beide Flüsse bilden hier die Landesgrenze) mit dem 1980 errichteten Zwei-Flüsse-Stein. Die Dörfer Böhmisch-Fischern, Rathsam und Eichelberg jenseits der Grenze wurden nach dem 2. Weltkrieg eingeebnet. Zurück über **Confinhaus** (Grenzwachhaus aus der Pestzeit), **Hammermühle** (ehem. Eisenhammerwerk) und **Pfeiffermühle.** Auf Grenzverlauf achten!

2. Nach **Schirnding***, 1/2 Std. südlich. Zurück über Fischern.

3. Über Sommerhau auf den **Großen Hengstberg** (651 m), einem buchenbestandenen Granitgipfel mit Blick ins Egerland, 1 3/4 Std. nordwestlich. Zurück über Silberbach.

4. Über die doppelgipflige Basaltkuppe des **Steinberges** (653 m) zur **Landgaststätte Steinhaus,** 1 Std. westlich. Zurück über den Hutschenreuther-Gedenkstein (hier fand C.M. Hutschenreuther 1814 Kaolin) und durch die Eichen-Allee.

5. Über Steinhaus nach **Neuhaus an der Eger,** 1 1/2 Std. nordwestlich. Nahe westlich das Landschafts-Schutzgebiet Zipfel- und Brutteich. Nördlich der **Schloßberg** (585 m, Säulenbasalt) mit Resten der Burg Neuhaus vom 14. Jh.

6. Über Steinhaus nach **Arzberg***, 2 Std. südwestlich.

7. Über Königsmühle in das romantische **Engtal der Eger** entlang dem Stausee über das **Kraftwerk Hirschsprung** (Ableitung des Egerwassers bei Leupoldshammer durch einen 3,5 km langen Betonkanal) und die **Granitfelspartie Hirschsprung** (der Sage nach Schauplatz eines Kampfes zwischen Hirsch und Wolf) zur **Waldgaststätte Wellerthal** (Wanderparkplatz), 1 3/4 Std. nordwestlich. Um 1700 betrieb hier Johann Christoph Weller aus Sachsen ein bedeutendes Hammerwerk mit Hochofen, Frischfeuer und Blechhämmern zur Verhüttung von Arzberger Erzen; er war der größte Unternehmer der Markgrafschaft Bayreuth mit eigenem Münzrecht („Wellergroschen"). Zurück über Neuhaus oder weiter im Egertal in 1 1/2 Std. über Leupoldshammer nach **Schwarzenhammer.**

IMMENREUTH

(Kreis Tirschenreuth, 514 m, 1900 Einw.), Ferienort im Flötzbachtal an den südlichen Ausläufern des Fichtelgebirges. In der Nähe die Teichlandschaft Gabellohe mit Ferienzentrum und Vogelschutzgebiet Hirschbergweiher. In Immenreuth befindet sich ein SOS-Kinderdorf.

Auskunft: Gemeindeverwaltung 8581 Immenreuth.
Verkehr: Abzweigung von der Verbindungsstraße Tröstau–Kemnath. Bahnstation. Busverbindung mit Kemnath.
Unterhaltung und Sport: Beheiztes Freibad im Ferienzentrum, Minigolf, Angeln. – Skilauf am Tannenberg (Lift mit Flutlichtanlage, Skischule), Rodeln, Eislaufen, Eisstockschießen.

Wanderungen:

1. Rundwanderweg „Gabelloheweg", 1 3/4 Std. Von der Raiffeisenbank westlich der Bahnlinie entlang, dann südlich durch das Seengebiet der **Gabellohe** (Ferienzentrum mit beheiztem Freibad) und zum **Vogelschutzgebiet Hirschbergweiher.** Zurück nördlich über Hoflohe.

2. Rundwanderweg „Tannenbergweg", 2 3/4 Std. Nordwestlich durch das Flötzbachtal über Ahornberg zur **Hölzlmühle** und über den Nordhang des **Tannenberges** (711 m) hinunter nach Günzlas. Zurück über Katzenöd und Zweifelau.

3. Über Ahornberg zur **Hölzlmühle,** 1 Std. nordwestlich. Weiter nördlich 1 1/2 Std. entweder über den Roten Fels oder lohnender über den Osthang des Mittelberges (670 m) zum **Bayreuther Haus** (Gaststätte, Wanderparkplatz, Wildgehege) und zum aussichtsreichen **Klausenturm** (46 m hoch). Zurück über Königskron und Herzogshut.

4. Über Döberlein, **Babilon** (Name wird von einem früheren Jagdpavillon abgeleitet), Ölbrunn (Gasthaus) und Grünberg (Gasthaus) nach **Brand***, 2 Std. nordöstlich.

5. Über Günzlas auf den **Scheibenberg** (800 m), 1 1/2 Std. nördlich. Am Nordosthang die **Wolfsäule** (hier wurde 1882 der letzte eingewanderte Wolf erlegt). Zurück über Ölbrunn und Babilon.

6. Auf dem Südweg über **Kulmain** (Pfarrkirche von 1834 mit bemerkenswerten Grabsteinen aus der Vorgängerin) und Zinst auf den aussichtsreichen Basaltkegel **Armesberg** (731 m) mit Wallfahrtskirche von 1836, 2 Std. südöstlich. Abstieg südwestlich 1 1/2 Std. nach **Kemnath***. Zurück mit dem Bus.

KEMNATH

(Kreis Tirschenreuth, 462 m, 5100 Einw.), alte Stadt zwischen Fichtelgebirge und Steinwald am Flötz- und Schirnitzbach. Eingemeindet wurden die Ortschaften Atzmannsberg, Guttenberg, Schönreuth, Waldeck und Zwergau.

Die erste urkundliche Erwähnung erfolgte schon 1008, als Kaiser Heinrich II. „loca keminata in pago Nortgowe" (im Nordgau) seinem neu gegründeten Bistum Bamberg schenkte. Unter den Landgrafen von Leuchtenberg erhielt der Ort 1250 Marktrecht durch Bayernherzog Otto den Erlauchten. Kaiser Karl IV. verlieh um 1360 die Stadtrechte. 1430 wurde Matthias von Kemnath geboren, Humanist und erster Beschreiber des Fichtelgebirges; er starb 1476 in Heidelberg als Professor der Beredsamkeit. Die

---

Kemnath: Originellerweise dient das Untergeschoß der Pfarrkirche Mariae Himmelfahrt zugleich als Stadttor.
(Foto: Gernot Messarius)

1547 eingeführte Reformation wurde Anfang des 17. Jh. durch die Gegenreformation wieder abgelöst. Das 1657 gegründete Franziskanerkloster wurde 1802 säkularisiert; das Gebäude dient heute als Brauerei. Ein Kupferstich des Topographen Merian von 1644 zeigt „Kemnat" mit Türmen, Gräben und doppelter Ringmauer. Von der Stadtbefestigung des 14. Jh. sind noch Teile erhalten. Mehrere Stadtbrände, zuletzt 1812 und 1848, richteten große Schäden an.

Der langgestreckte **Marktplatz** ist von malerischen alten Giebelhäusern umsäumt. Besonders gefällt das Haus Nr. 39 mit seiner St.-Primian-Statue. Vor dem **Amtsgericht** (1859) mit schöner Fassade in italienischem Stil die steinerne **Sebastianssäule** von 1714 in Nachbarschaft von zwei Rohrbrunnen. Inmitten des Marktplatzes stand bis 1848 das durch Brand vernichtete Rathaus; der früher als westliches Stadttor dienende Krautturm wurde 1813 abgebrochen. Am westlichen Stadtausgang steht die hohe St.-Primian-Säule von 1695.

Den östlichen Abschluß des Marktplatzes bildet die spätgotische **Stadtpfarrkirche Mariae Himmelfahrt** von 1448–1506, ein dreischiffiger Hallenbau mit Kreuzrippengewölbe auf hohen Rundpfeilern und kunstvoller Maßwerkbrüstung an der Westempore. Der schlanke Spitzturm wurde 1854 neu aufgemauert und dient im Untergeschoß zugleich als Stadttor. Im Inneren ein prunkvoller sechssäuliger Hochaltar von 1739 und mehrere barocke Seitenaltäre des 17. Jh. Am nördlichen Altar der Glasschrein mit den Reliquien des hl. Primian. Bemerkenswert neben dem Laurentiusaltar das Sandstein-Epitaph mit Wappen und Inschrift für Christoph von Trautenberg (†1575): Es zeigt den Ritter in voller Rüstung betend vor dem Kreuz.

Die **Friedhofskapelle Maria Magdalena** von 1604 bewahrt zahlreiche Grabsteine des 16.-18. Jh. mit teils originellen Inschriften. Auf dem Kalvarienberg erhebt sich die **Kalvarienberg-Kirche** von 1736/37.

Auskunft: Stadtverwaltung 8594 Kemnath.
Verkehr: B 22 Bayreuth - Weiden. Bahnstation Kemnath-Neustadt 4 km. Busverbindung mit Neustadt/Kulm, Weiden, Immenreuth, Bayreuth, Marktredwitz.

Unterhaltung und Sport: Hallenbad, Angeln. - Eisstockschießen.
Naherholungsgebiet: Stadtweiher mit schönen Anlagen.

Wanderungen und Ausflüge:

1. Auf den Basaltkegel **Anzenberg** (593 m), 1/2 Std. östlich.

2. Über Neusteinreuth auf den aussichtsreichen Basaltkegel **Armesberg** (731 m) mit dem klassizistischen Rundbau einer Wallfahrtskriche von 1836, 1 1/2 Std. nordöstlich. Weiter 1 Std. südlich über Godas nach **Waldeck** mit schöner Rokoko-Kirche von 1731. Auf dem Basaltkegel des **Waldecker Schloßberges** (641 m) thronte einst die schon 1124 genannte Burg der Landgrafen von Leuchtenberg. Zurück mit dem Bus.

3. Über Höflas und Bahnhof Kemnath-Neustadt (Busverbindung) zum **Rauhen Kulm** (683 m), 2 Std. südwestlich. Die Gipfelhänge des bewaldeten Basaltkegels sind mit wirr durcheinandergewürfelten Basaltbrocken bedeckt, die einst als feuerflüssige Basaltmassen die Keuperschicht durchbrachen. Die Kulmflora ist außerordentlich artenreich: Vom Bergfuß bis zum Gipfel wurden 140 verschiedene Pflanzen ermittelt. Reste eines ausgedehnten Ringwalles zeugen von einer Kultstätte in frühgeschichtlicher Zeit. Die Burg der Landgrafen von Leuchtenberg wurde 1554 zerstört. Der 27 m hohe Aussichtsturm bietet umfassende Rundsicht nach allen Himmelsrichtungen. Abstieg westlich 1/2 Std. nach **Neustadt am Kulm** mit ehem. Karmeliterkirche von ursprünglich 1413, eine der schönsten evangelischen (seit 1527) Barockkirchen Bayerns, oder östlich 1 Std. nach **Kastl** mit gotischer Hallenkirche. Von beiden Orten Busverbindung nach Kemnath.

4. Über Neustadt am Kulm zum **Prämonstratenserkloster Speinshart** mit prunkvoll ausgestatteter Abteikirche, 11 km südwestlich (Goldstadt-Reiseführer Oberpfalz).

5. Über Berndorf nach **Immenreuth***, 6 km nordwestlich. Von hier viele Wandermöglichkeiten. In der Nähe das **Teichgebiet Gabellohe** mit beheiztem Freibad im Ferienzentrum.

KIRCHENLAMITZ

(Kreis Wunsiedel, 598 m, 5000 Einw.), Stadt und Ferienort in waldreicher Umgebung im Tal der Lamitz am Fuße des 798 m hohen Epprechtsteines mit dem größten Natursteinwerk der Bundesrepublik.

Die Geschichte des Ortes, der als „Kirchenlomnicz" 1374 von dem Nürnberger Burggrafen Friedrich das Stadtrecht erhielt, ist eng mit der ehemaligen Burg auf dem Epprechtstein verbunden, deren Besitzer Eberhardus de Eckebreitstein aus dem Geschlecht der Säcke 1248 als Ministeriale Ottos II. von Meran erstmals urkundlich genannt wurde. Unter den späteren Mitbesitzern aus dem Geschlecht der Wilden entwickelte sich Epprechtstein zu einer berüchtigten Raubritterburg. 1352 beauftragte Kaiser Karl IV. die Nürnberger Burggrafen, die Veste zu erstürmen und übereignete sie ihnen als Lehen. Ihre Amtmänner residierten zunächst auf der Burg, dann in der mit Wassergräben und Wällen bewehrten Talburg zu Kirchenlamitz, die sich an dem Platz des heutigen Amtsgerichtsgebäudes befand. Unter den Hohenzollern war Kirchenlamitz eines der sechs Ämter im Sechsämterland. Die Burg Epprechtstein wurde 1553 im Markgrafenkrieg durch Soldaten Heinrichs von Plauen zerstört und ist seitdem Ruine. Als 1805 König Friedrich Wilhelm III. von Preußen und seine Gemahlin Luise von Alexandersbad aus den Epprechtstein besuchten, nachdem Minister Karl August von Hardenberg den Aussichtsberg gerühmt hatte, legte man dafür eigens den heutigen Königsweg, die Treppen auf der Burg und den Steinernen Tisch unter den drei mächtigen Buchen an, der seitdem Luisensitz heißt.

In Kirchenlamitz gab es schon 1327 eine Bäckerzunft, an die ein noch vorhandenes Messingsiegel erinnert. Zwischen dem 16. und 18. Jh. war der Ort durch sein Töpferhandwerk weit bekannt. Vom früheren Zinnbergbau finden sich noch Haldenreste nördlich der Stadt. Heute ist besonders die Naturstein- und Porzellanindustrie von Bedeutung.

Das **Rathaus** am Marktplatz wurde 1951 als Nachfolger des noch in den letzten Tagen des 2. Weltkrieges zerstörten Gebäudes von 1705 erbaut. Die ursprünglich gotische **Stadtpfarrkirche St. Michael** mit 53 m hohem Turm mußte nach dem großen Stadtbrand von 1830 in den Jahren 1834-47 neu errichtet werden. Der rechteckige Saalbau mit umlaufenden Steinemporen bewahrt zahlreiche alte Grabsteine und Epitaphien von Kirchenlamitzer Familien.

Auskunft: Stadtverwaltung 8671 Kirchenlamitz, Marktplatz 3.

Verkehr: Verbindungsstraße Gefrees - Selb. Bahnstation Kirchenlamitz Ost 5 km. Busverbindung mit Kirchenlamitz Ost, Weißenstadt, Hof, Wunsiedel, Marktredwitz.
Unterhaltung und Sport: Waldschwimmbad, Rudern, Angeln, Tennis, Reiten. – Skilauf (Lift am Großen Kornberg), Eislauf, Eisstockschießen.

Veranstaltungen: Volks- und Wiesenfest im Juli.
Naherholungsgebiete: Stadtweiher und anschließender Stadtpark.

Wanderungen:

1. Zur Reicholdsgrüner Höhe (642 m) mit Kriegerdenkmal und schöner Fernsicht, 1/4 Std. südlich.

2. Auf der Straße nach Weißenstadt zum Ortsteil **Buchhaus** (Busstation, Wanderparkplatz, Rundwanderwege), 1/2 Std. südwestlich. Von der **Ausflugsgaststätte Waldschmiede** führt der Nordweg in 1/2 Std. in steilem Aufstieg über den Steinernen Tisch (Luisensitz) auf den **Epprechtstein** (798 m) mit Burgruine und Rundblick von der Aussichtsplattform. Die Hänge des Berges sind von vielen Granitsteinbrüchen zerfurcht und galten früher als Fundort seltener Mineralien. Zurück auf dem Königsweg (auch als bequemerer Aufstieg zu nutzen!).

3. Über **Buchhaus** entweder über den Epprechtstein oder kürzer auf dem Schloßbergweg und auf dem Nordweg über den **Wolfsfelsen** (Abstecher zur nahen **Lamitzquelle**) und nach Überquerung der Verbindungsstraße Sparneck - Weißenstadt über das Waldsteinhaus auf den Gipfel des **Großen Waldstein** (877 m) mit Burgruine und Aussichtspavillon auf der Schüssel, 2 1/2 Std. südwestlich. Abstieg südöstlich 1 1/4 Std. nach **Weißenstadt*** und mit dem Bus zurück.

4. Auf dem Nordweg über Niederlamitz nach Kirchenlamitz Ost (Busverbindung, 5 km) und über die Granitfelsengruppe **Zigeunerstein** und den **Hirschstein** (744 m) mit geringen Resten einer Burg des 13. Jh. auf den Gipfel des **Großen Kornbergs** (827 m) mit Aussichtsturm Schönburgwarte, 2 1/2 Std. nordöstlich. Vom Gipfel 1/4 Std. östlich die **Gaststätte Vorsuchhütte** (Wanderparkplatz). Abstieg südlich 2 Std. über Großwendern nach **Marktleuthen*** und mit dem Bus zurück.

5. Über den **Kleinen Kornberg** (678 m) zum ehem. Jagdschloß **Fahrenbühl** (Gaststätte), 1 1/2 Std. nordöstlich.

6. Über den Waldsteinrücken nach **Sparneck***, 2 1/2 Std. westlich.

KULMBACH

(Große Kreisstadt, 306 m, 30 000 Einw.), ehemalige Markgrafenresidenz und Braustätte weltbekannter Biere im Tal des Weißen Mains, der sich auf Stadtgebiet mit dem Roten Main vereinigt, überrragt von der mächtigen Plassenburg.

Blick in die Geschichte:

„Culminaha“ wurde 1035 in der heute im Staatsarchiv Bamberg befindlichen Alkuinbibel genannt und fiel 1057 aus dem Besitz der Grafen von Schweinfurt durch Erbschaft an die Grafen von Dießen-Andechs, den späteren Herzögen von Meranien. Sie erbauten die Plassenburg, die 1135 erstmals urkundlich erwähnt wurde. Um 1230 erhielt Kulmbach die Stadtrechte. Mit dem Aussterben der Meranier kam Kulmbach mit der Plassenburg 1248 durch Heirat an die thüringischen Grafen von Orlamünde, die ihren Besitz 1138 an den Nürnberger Burggrafen Johann II. zunächst verpfändeten und 1340 endgültig verkauften. Burggraf Johann III. erklärte 1398 Kulmbach zur Haupt- und Residenzstadt. Sie blieb es bis zur Verlegung nach Bayreuth 1603.

Zwar ließen die Nürnberger Burggrafen die Plassenburg ausbauen und befestigen, doch als sich der machthungrige Markgraf Albrecht Alcibiades mit dem Kaiser und den Reichsständen anlegte, ging im Bundesstädischen Krieg, auch Markgrafenkrieg genannt, 1553 nicht nur Kulmbach, sondern 1554 auch die „weyt beruembte" Festung Plassenburg in Flammen auf. Unter der Regierung des Markgrafen Georg Friedrich erfolgte der Wiederaufbau von Stadt und Burg. Noch heute ist das Bild der Altstadt von Gebäuden der Jahre 1557-1567 geprägt, und ab 1559 entstand die neue Plassenburg größer und glänzender als zuvor. Durch die Verlegung der Residenz nach Bayreuth 1603 verlor Kulmbach seine bevorzugte Stellung. 1791 fiel die Stadt mit der Markgrafschaft an Preußen, 1806 unter französische Verwaltung und 1810 an das Königreich Bayern. 1890 wurde Kulmbach kreisunmittelbare Stadt und 1972 Große Kreisstadt.

Berühmter Sohn der Stadt war der Maler und Graphiker Hans Sueß, genannt Hans von Kulmbach (um 1480–1522), ein Schüler von Albrecht Dürer. Zu literarischen Ehren kam die Plassenburg: Held des Romanes von Ludwig Bechstein „Grunbach" (1839) ist ein Burghauptmann auf der Plassenburg; Jakob Wassermann widmete der Burg seine Novelle „Die Gefangenen auf der Plassenburg" (1911).

Kulmbach konnte sich noch eine unzerstörte Altstadt mit schönen und winkeligen Gassen bewahren. Die spätgotische Pfarrkirche St. Petri ist Nachfolgerin einer romanischen Basilika.
(Foto: Gernot Messarius)

Sehenswürdigkeiten:

Am Marktplatz das stilvolle **Rathaus,** errichtet 1752 von Stadtbaumeister Johann Georg Hoffmann unter Mitarbeit von J. H. Gräf. Die schöne Rokoko-Fassade entwarf der Bayreuther Hofbaumeister J. St. Pierre. Die Figuren am Turm versinnbildlichen Weisheit und Gerechtigkeit.

Die evangelische **Pfarrkirche St. Petri** entstand ab 1449. Sie ist die älteste Kirche der Stadt und Nachfolgerin einer romanischen Basilika, die im Hussitenkrieg unterging. Aber auch St. Petri mußte nach schweren Brandschäden 1553 im Bundesstädtischen Krieg erneuert werden; erst 1568 wurde der Turm vollendet. Die dreischiffige spätgotische Hallenkirche besitzt einen rund 15 m hohen Choraltar von 1652 mit figurenreicher Darstellung der Kreuzabnahme Christi, einen reliefgeschmückten Taufstein von 1647 und zahlreiche Epithapien des 17. Jh.; bemerkenswert das am Choräußeren befindliche Grabmal für Georg Wolf von Laineck und seine Gattin (1644).

Unterhalb der Petrikirche die ehem. **Markgräfliche Kanzlei** (heute Landratsamt) mit hübschem Erker, erbaut 1562 von Caspar Vischer. Gegenüber das **Prinzessenhaus** von 1729 mit brandenburgischem Adler über dem Portal, früher Wohnhaus der Prinzessin Christine Sophie Wilhelmine.

Vom Marktplatz führt die Spitalgasse zur evangelischen **Spitalkirche Hl. Geist,** errichtet 1738/39 anstelle der spätgotischen Elisabethkapelle von Johann Georg Hoffmann im Markgrafenstil mit doppelten Holzemporen, deren Brüstungen mit biblischen Szenen bemalt sind, und schönem Kanzelaltar im Turmchor. Der laternengekrönte Kuppelturm kam 1749 hinzu.

Kulmbach: Zu den schönsten Bauwerken der Stadt gehört das Rathaus mit seiner malerischen Rokokofassade.
(Foto: Gernot Messarius)

Auf erhöhtem Vorsprung des Burgberges der ehem. **Langheimer Klosteramtshof** (heute Forschungsstätte der Universitäten Bamberg und Bayreuth), ein repräsentativer dreigeschossiger Quaderbau mit barocker Fassade, errichtet 1691–94 von Leonhard Dientzenhofer als Außenstelle des Klosters Langheim bei Lichtenfels (→ Goldstadt-Reiseführer Fränkische Schweiz).

Am südlichsten Teil der Stadtmauer im Schießgraben das **Künßbergschlößlein,** ein ehem. Burggut der Herren von Künßberg und zeitweiliger Sitz des Stadtvogts, 1751 im Renaissance-Stil erbaut von Caspar Vischer.

Auf dem Holzmarkt zu Beginn der Fußgängerzone die **Zinsfelder Brunnenfigur** (1660), fränkisches Symbol der Marktfreiheit. Der Name geht auf den Stadtknecht zurück, der auf dem Markt Zoll und Zins erhob.

Von der **Stadtbefestigung** des 12.-16. Jh. sind noch wesentliche Teile erhalten. Im Osten am Aufgang zur Plassenburg der **Rote Turm,** einst Wohnung des Feuerwächters. Durch die kleine Mauerpforte neben dem Turm versuchten in der Schreckensnacht des 26. November 1553 die Kulmbacher Bürger der brennenden Stadt zu entkommen, doch wurden an dieser Stelle viele von den Schwertern der Landsknechte erschlagen. An der **Spitalgasse** steht der **Weiße Turm,** im Voksmund auch Schnaps- oder Branntweinturm genannt, weil beim Bau Kalk mit Branntwein abgelöscht sein soll. Im winkligen Oberhaken erhebt sich der **Heilingsschwertturm.** In der Altstadt, besonders in der Oberen Stadt, finden sich noch schöne **alte Bürgerhäuser** mit malerischen Giebelfronten, häufig im Fachwerkstil.

Hoch über der Stadt thront die **Plassenburg** (426 m), zu Fuß in 1/4 Std. zu erreichen (Parkplatz im Kasernenhof, Zufahrt mit 22% Steigung). Sie ist eine der bedeutendsten Schöpfungen der Renaissance, erbaut 1559–69, zunächst von dem Amberger Baumeister Georg Beck, ab 1561 von Caspar Vischer, dem Miterbauer des Heidelberger Schlosses. Durch das Tor im Kommandantenhaus gelangt man in den unteren Burghof, genannt Kasernenhof, mit Kasernen, die der letzte Markgraf 1782/84 errichten ließ. Bemerkenswert das frühbarocke **Christiansportal** mit dem Reiter standbild des Markgrafen Christian von 1606/07, ein Werk des Nürnberger Bildhauers Hans Werner. Ein kurzer Anstieg führt zum **Westrondell** mit schönem Blick auf Stadt und Umgebung und zum **Schönen Hof,** dem inneren Turnierhof der Hauptburg, der mit den herrlichen Steinmetzarbeiten von Daniel Engelhardt (1563), dem späteren Bamberger Baumeister, als Meisterwerk deutscher Renaissance gilt. Das unregelmäßige Viereck des Hofes mit Türmen in den Ecken ist an drei Seiten von Doppelarkaden mit spätgotischen Kreuzrippen umgeben, deren Brüstungen die Portraits der Markgrafen und Gemahlinnen zeigen. Pfeiler und Bogenfelder sind mit Ornamenten ausgeschmückt.

Vom 19. Jh. bis zum Jahre 1928 wurde die Burg zu einem Zuchthaus degradiert. Heute beherbergt sie das Deutsche Zinnfiguren-Museum und eine Filialgalerie der Bayerischen Staatsgemäldesammlung.

Auskunft: Städt. Verkehrsamt 8650 Kulmbach, Rathaus.

Verkehr: Schnittpunkt der Bundesstraßen 85 (Bayreuth-Kronach) und 289 (Münchberg-Lichtenfels). Autobahnanschluß Kulmbach/Bayreuth 9 km. Bahnstation. Flugplatz in Neufang 3 km nordöstlich. Busverbindung mit Münchberg, Weismain, Kronach, Helmbrechts, Presseck, Thurnau, Stadtsteinach, Hollfeld, Bayreuth, Bad Berneck.

Veranstaltungen: Serenadenkonzerte im Schönen Hof der Plassenburg im Sommerhalbjahr. Zinnfiguren-Hobby-Wochen mit Eigenfertigung von Zinnfiguren mehrmals jährlich. Deutsche Zinnfigurenbörse alle 2 Jahre (ungerade Zahl) im Sommer auf der Plassenburg. Gregorius-Fest der Stadtjugend mit Altstadtfest im Juni/Juli. Kulmbacher Bierfest mit Großzelt vom letzten Julisamstag neun Tage lang.

Sport: Beheiztes Freibad und Kunsteislaufbahn, Am Schwimmbad 26. Chlorfreies Ozon-Hallenbad, Hardenbergstr. 43. Tennis, Hofer Straße. Minigolfanlage am Pörbitschen Platz. Golfplatz mit 18-Löcher-Anlage in Thurnau. Reitsportanlage Plassenburg mit Reithalle und Reitkursen. Rundflüge an Wochenenden vom Flugplatz Neufang. Trimm-dich-Pfad im Spitalwald.

Spezialitäten: Kulmbacher Bier (der „Kulminator“ gilt mit 28 Prozent Stammwürze entsprechend acht Prozent Alkoholgehalt als stärkstes Bier der Welt). Kulmbacher Bratwürste, die man in Wurstbuden als „Eingezwickte“ in einer Semmel und in Gaststätten gebraten oder blaugesotten erhält. Kulmbacher Gliis (Klöße).

Sammlungen: Auf der Plassenburg Deutsches Zinnfiguren-Museum mit über 300 000 bemalten Figuren, die neben wertvollen Einzelexemplaren in großen Dioramen zu gestalteten Szenen historischer Begebenheiten zusammengefaßt sind. Filialgalerie der Bayerischen Staatsgemäldesammlung. Kunstausstellung des Bundes Fränkischer Künstler Mai - September.

Führungen: Durch die Plassenburg (montags geschlossen).

Markierte Rundwanderwege:

1. Von „Drei Steine" im Südosten zum **Rehbergturm** (493 m), Signalturm des 14. Jh.; zurück über Herrenweiher, Kessel und auf der Reuthgasse, 2 Std.

2. Auf dem Philosophenweg zur Plassenburg und über Hirschenbrünnlein nach **Buchhaus;** zurück über Untere Bachgasse, Freibad und Grünwehr, 1 1/2 Std.

3. Von Priemershof nordwestlich über Metzdorf, Metzdorfer Gründlein, Hofstätten zum **Patersberg** (528 m) mit Aussichtsturm „Schau-dich-um"; zurück über Veitlahm (ursprünglich gotische Pfarrkirche), Wernstein (Renaissance-Schloß von Caspar Vischer), Schwarzholz und Burghaig, 3 Std.

4. Von Blaich nordöstlich nach Aichig und nördlich am Mühlberg vorbei nach **Untersteinach** mit Wehrkirche des 12. Jh. und zurück, 3 Std.

5. Von Blaich nördlich über Krankenhaus, Blockhütte, Dreibrunnen zum **Martersberg;** zurück über Ziegelhütten, 1 1/2 Std.

6. Vom Pörbitscher Platz im Norden über Hetzenleite zum **Pörbitscher Hang** und über Frühlingshöhe nach Blaich, 1 Std.

7. Von Priemershof im Norden der Stadt westlich nach Petzmannsberg zum **Heidenknock** (370 m, Fernsehumsetzer); zurück über Lindig, und Burghaid 1 1/2Std.

8. Ab Galgenberg im Südwesten über Melkendorf (Urkirche) zum Schloß Steinenhausen am **Zusammenfluß des Weißen und Roten Mains** und vorbei an Frankenberg dem Main folgend nach **Mainleus,** 2 1/2 Std. Nördlich von Mainleus 2 km die **Burg Wernstein,** ein schöner Renaissance-Bau von Caspar Vischer. Zurück mit der Bahn.

9. Von Grünwehr über Untere Buchgasse nach Buchhaus und **Fölschnitz,** am Weißen Main entlang (Kneipp-Wanderweg); kurz vor Ebersbach nach Westen, Aufstieg zum Buchwald und über die Plassenburg zurück, 2 Std.

Wanderungen und Ausflüge:

1. Über Galgenberg, Unterzettlitz (über den Roten Main) und Hutschdorf (Markgrafenkirche) nach **Thurnau** mit großer Schloßanlage, 3 Std. südwestlich.

2. Über „Drei Steine", Rehberg, Herrenweiher, Schwarzen See vorbei an Leuschau zum **Rauhen Berg** (464 m), 2 1/4 Std. südöstlich.

3. Über Plassenburg, Buchwald, Leithen, Tierheim nach **Trebgast***, 3 Std. südöstlich. Weiter östlich 1 1/4 Std. nach **Himmelkron***.

4. Über „Drei Steine" und Rehberg zum **Spitzeichen** (529 m) mit Aussichtsturm, 2 1/4 Std. südöstlich.

5. Auf dem Rotmain-Wanderweg oder Burgenweg nach **Bayreuth*** 6 Std. südöstl.

6. Über Oberndorf und Gumpersdorf nach **Stadtsteinach** am Ausgang des romantischen Steinachtales, 2 1/2 Std. nordöstlich.

7. Über Fölschnitz und Dorf See nach **Wirsberg***, 3 Std. östlich. Zurück über Reuthlashof, Ködnitz und Ebersbach.

8. Vom Dorf See auf dem **Maintäler-Verbindungsweg** über Spitzeichen nach Langenstadt, 5 Std. südöstlich.

MARKTLEUTHEN

(Kreis Wunsiedel, 550 m, 4500 Einw.), Stadt und Ferienort in waldreicher Umgebung an der obreren Eger am Fuße des Großen Kornberges mit der einzigen Zinngießerei des Fichtelgbirges.

Erstmals erwähnt wurde die Siedlung, als Lehensherr Heinrich der Ältere, Vogt von Plauen, „Leuken“ 1314 dem Kloster Waldsassen übereignete. 1354 gelangte das „Dorf zu Levken“ in den Besitz des egerländischen Ministerialen Albrecht Nothafft von Thierstein und 1411 an den Markgrafen Wilhelm von Meißen, der „Lewthen“ Marktrechte verlieh. 1415 fiel der Ort mit dem Amt Thierstein an die Nürnberger Burggrafen. Während der Hussitenkriege wurde Marktleuthen um 1430 mit drei Toren befestigt. Großbrände vernichteten 1577, 1641 und 1843 viele Gebäude. Mit dem Bau der Eisenbahn 1875/78, deren Hauptlinie Berlin–München auf einem von vier 27 m hohen Steinbögen gebildeten Viadukt die Eger überquert, begann die moderne Zeit. Glasindustrie, Steinverarbeitung, Porzellanproduktion und Farbenherstellung verwandelten das Ackerstädtchen in einen Industrieort.

Die Bürgerhäuser des alten Ortskernes gruppieren sich um den großen Marktplatz mit der evangelischen **Pfarrkirche St. Nikolaus,** die nach den Großbränden von 1577 und 1641 immer wieder erneuert werden mußte. Dabei wurden selbst die Urkunden über ihre Vorgeschichte vernichtet. Bemerkenswert die Spätrenaissance-Kanzel (1617) mit biblischen Relieffiguren, die Kassettendecke (1718) mit Darstellungen aus dem Leben Christi und der Bildnisgrabstein an der Ostwand des Kirchenschiffes für den Pfarrer Ludwig Forster († 1709). Der vor dem Altar (1643) stehende Engel trägt eine Zinnschüssel als Taufschale: Nach alter Sechsämter-Tradition hingen diese Taufengel früher an der Kirchendecke, um bei Taufen herabgelassen zu werden. Beachtung verdienen die vielen Ölgemälde, teils mit Bildnissen früher amtierender Pfarrer.

Auskunft: Verkehrsamt 8671 Marktleuthen, Marktplatz 3.
Verkehr: Verbindungsstraße Gefrees-Selb. Bahnstation. Busverbindung mit Bayreuth, Gefrees, Weißenstadt, Bad Berneck, Marktredwitz, Wunsiedel, Selb, Hof.

Unterhaltung und Sport: Angeln, Tennis, Sommereisstockschießen auf spezieller Asphaltbahn.
Veranstaltungen: Volks- und Wiesenfest im Juli
Zinngießerei: Günther Schmidt, Überbruck 27.
Naherholungsgebiete: Parkanlage Teufelstein.

Wanderungen:

1. Über Großwendern auf den **Großen Kornberg** (827 m) mit Aussichtsturm Schönburgwarte, 2 Std. nördlich. Zurück über Kirchenlamitz Ost.

2. Über **Neumühle** (Engtal der Eger, Steinsägewerk) und Neudorf auf den **Buchberg** (674 m) mit schönem Buchenbestand, 1 1/2 Std. südwestlich. Zurück über **Fichtelhammer** (ehem. Hammersiedlung) und **Reichholdsgrün** (Straßendorf).

3. Über Dürnberg zur **Thusmühle** (Papierfabrik und künstlicher Wasserfall der Eger, 28 m), 1 1/2 Std. südwestlich. Weiter westlich 1 1/2 Std. entweder die Eger aufwärts über Franken und Grafenmühle oder über das Dorf Grub nach **Weißenstadt***, zurück mit dem Bus.

4. Über den Galgenberg und dann auf dem Egerweg nach **Röslau***, 1 1/2 Std. südlich.

5. Auf dem Egerweg über Leuthenforst, Wendelhammer (ehem. Hammerwerk jetzt Sägewerk, Steinbrücke von 1757) und Kaiserhammer nach **Schwarzenhammer,** 2 Std. östlich.

6. Über Hebanz und Tännig nach **Thierstein***, 2 Std. südöstlich.

7. Über Habnitz und Bernstein zur **Johanneszeche** mit geologisch interessanter Speckstein-Grube, 2 1/2 Std. südöstlich.

Mehrere markierte **Rundwanderwege** vom Marktplatz (Wandertafel).

MARKTREDWITZ

(Große Kreisstadt im Landkreis Wunsiedel, 539 m, 19 000 Einw.), ist Wirtschaftszentrum mit lebhafter Industrie und Verkehrsknotenpunkt in landschaftlich reizvoller Umgebung zwischen dem Naturpark Fichtelgebirge und dem Naturpark Steinwald. Eingemeindet wurden u. a. die Orte Brand, Dörflas, Lorenzreuth und Wölsau.

Blick in die Geschichte:

„Radewize“ wurde erstmals um 1140 in einer Urkunde des nordgauischen Markgrafen Diepold III. genannt und 1314 als Markt bezeichnet. 1339 übereignete Kaiser Ludwig der Bayer den

Ort dem Kloster Waldsassen; doch schon 1340 verkaufte der Waldsassener Abt Franziscus Kübel den Markt Redwitz an die Freie Reichsstadt Eger. 1384 wurde der Markt unter Verleihung des noch heute gültigen Wappens mit Egerer Stadtrechten ausgestattet. Vermutlich erfolgte um diese Zeit die Befestigung der Stadt mit Bering und drei Stadttoren, die nicht mehr erhalten sind. 1560 fand die Reformation Eingang. Schwere Zeiten mit Zerstörungen und Plünderungen brachte der 30jährige Krieg: 1632 standen die kaiserlichen Truppen in und um Redwitz. 1776/77 ließ Kaiserin Maria Theresia für die hier stationierten egerischen Soldaten die Maria-Theresia-Kirche bauen. 1778 gründete Wolfgang Caspar Fikentscher hier die erste chemische Fabrik Deutschlands. 1816 wurde Redwitz nach fast 500jähriger egerischer Zugehörigkeit im Staatsvertrag zwischen König Max I. von Bayern und Kaiser Franz I. von Österreich gegen das tirolische Städtchen Vils bei Reutte ausgetauscht. Mit dem Bau der Eisenbahnlinien 1878/82 setzte eine rasche industrielle Entwicklung ein. 1907 wurde Marktredwitz erneut zur Stadt erhoben. 1919 erfolgte die Kreisfreiheit. Nach dem Zweiten Weltkrieg fanden viele Vertriebene, besonders aus dem Sudentenland, hier eine neue Heimat. Seit 1972 ist Marktredwitz Große Kreisstadt im Landkreis Wunsiedel. Viele Orte der näheren Umgebung wurden eingemeindet. 1973 wurde das Egerland-Kulturhaus als Begegnungsstätte für alle Egerländer eingeweiht. Heute bestimmt eine vielseitige Industrie der Bereiche Feinkeramik, Elektrotechnik, Steine/Erden, Maschinenbau, Textil-Bekleidung, Stahlbau, Metallwaren und Chemie das Wirtschaftleben der Stadt.

Berühmte Söhne waren der Afrikaforscher Peter Kolb (1675–1729), der als erster das Kap der guten Hoffnung beschrieb (Geburtshaus in Marktredwitz-Dörflas) sowie Professor Dr. Oscar Loew (1844–1941), Chemiker, Physiologe und verdienter Kalzan- und Penicillinforscher (Geburtshaus Marktstr. 35). 1928 verstarb in Marktredwitz Reinhard von Scheer, Admiral im 1. Weltkrieg und Sieger der Skagerakschlacht (Sterbehaus Bahnhofstr. 14).

Sehenswürdigkeiten:

An der Marktstraße (verkehrsberuhigte Zone) das **Historische Rathaus** von 1384, einst Teil des Schlosses der Herren von Redwitz. Der über Eck gebaute kleine Renaissance-Erker von 1592 zeigt die Wappen von Eger und Redwitz; unter dem Erker eine wappengeschmückte Tafel von 1642 mit einer Inschrift des damaligen Bürgermeisters aus dem 30jährigen Krieg. Auf dem Marktbrunnen der **Redwitzer Brunnenlöwe,** eine Steinplastik von 1739 mit den Wappen von Eger und Redwitz.

Durch den Torbogen im Rathausturm kommt man zur evangelischen **Pfarrkirche St. Bartholomäus.** Sie entstand aus der alten Schloßkapelle und geht bis in das 14. Jh. zurück. Mehrfache Beschädigungen durch Brände machten immer wieder Umbauten erforderlich. Als dreischiffige Hallenkirche wurde sie 1522 geweiht; der heutige Spitzturm entstand 1826/26. Bemerkenswert das gotische Sakramentshäuschen von 1440 mit dem Kirchenpatron St. Bartholomäus zwischen zwei Engeln. Die 1953 freigelegten spätgotischen Deckenmalereien veranschaulichen das christliche Glaubensbekenntnis. Eine Arbeit der Spätrenaissance ist die Kanzel von 1613. Viele Grabsteine erinnern an Pfarrer und Bürger der Stadt.

Auf der anderen Seite der Marktstraße in der Häuserfront die kleine **Theresien-Kirche** im österreichischen Barock von 1776/77, eine Stiftung der Kaiserin Maria Theresia für die damals stationierte egerische Garnison. Der harmonische Innenraum ist durch Piaster mit Stuckkapitellen wohlgegliedert; A. Stadler aus Eger schuf 1777 die Deckenfresken. Über die Kirche notierte Goethe in seinem Tagebuch 1822: „Gar wohl gelegen ziert sie die Hauptstraße, welche lang ist und nur eine Biegung am Rathaus macht.“

Marktredwitz: Brunnenlöwe mit Turm des Historischen Rathauses.
(Foto: Städt. Verkehrsamt, Marktredwitz)

In der nahen Egerstraße 2-4 das klassizistische **Neue Rathaus** von 1794, früher Wohnhaus des Redwitzer Bürgermeisters und Chemiefabrikanten Wolfgang Caspar Fikentscher. Bei ihm weilte Goethe vom 13.-18. August 1822 zu Gast, um im Laboratorium Studien für seine Farbenlehre zu betreiben (Gedenktafel, Goethezimmer).

Die katholische **Pfarrkirche St. Joseph** entstand 1894/95 im neugotischen Stil. Der Alte Friedhof wurde zu einem **Stadtpark** umgestaltet.

Auskunft: Städt. Verkehrsamt 8590 Marktredwitz, Historisches Rathaus, Markt 29.

Verkehr: Schnittpunkt der Bundesstraßen 15 (Hof–Weiden) und 303 (Bad Berneck–Schirnding). Bahnstation. Busverbindungen nach allen Richtungen.

Unterhaltung und Sport: Freibad, Hallenbad, Tennis, Squash, Reiten. – Skilauf, Eislauf.

Veranstaltungen: 4mal jährlich Jahrmarkt (Matthias, Walburga, Bartholomäus, Andreas). Rawetzer Volks- und Schützenfest Ende Juni. Siedlerfest im August.

Sammlungen: Egerlandmuseum im Egerland-Kulturhaus, Fikentscherstr. 70. Geschichte, Landschaft, Brauchtum und Trachten des Egerlandes. Umfangreiche Egerländer Studienbücherei.

Naherholungsgebiete: Weidersberg im Stadtteil Brand mit Grillplätzen und Kinderspielgeräten. Badeteich im Stadtteil Lorenzreuth am Waldrand. Stadtwald Putzenreuth mit Trimm-dich-Pfad (Parkplätze am Forsthaus und am Waldstadion). Markierte Rundwanderwege.

Wanderungen:

1. Über den Stadtteil Dörflas (Parkplatz oberhalb am Birkenwäldchen) zum **24-Örter-Stein** (Höhensicht auf 24 Orte), 1 Std. südöstlich.

2. Über Kupferhammer recht dem Kösseine-Bach folgend und über Wölsau und Wölsauhammer nach **Brand,** seit 1978 nach Marktredwitz eingemeindet, mit ehem. Schloß des 12. Jh. (einst staufische Ministerialenburg) und ev. Pfarrkirche St. Margaretha des 18. Jh. (im Kern noch mittelalterlich, 1935 erweitert), 1 Std. östlich. Weiter 3/4 Std. südöstlich über Glashütte auf den **Ruheberg** (693 m), einer unter Naturschutz stehenden Basaltkuppe mit seltener Flora. Zurück über Haingrün.

3. Auf dem Quellenweg nach **Bad Alexandersbad***, 1 1/2 Std. nordwestlich. Weiter 1/2 Std. westlich zur **Luisenburg** mit großartigem Felsenlabyrinth.

4. Über den **Wenderner Stein** (685 m; Felsen aus Phyllithschiefer) und **Kleinwendern** (Dorfmuseum) auf den **Burgstein** (869 m), 2 Std. westlich. Zurück durch die Luisenburg.

5. Über den **Wenderner Stein, Graentzerstein** (Gedenkstein für den hier verstorbenen Forstmann L. Graentzer), **Püttnerfels** auf die **Kösseine** (939 m) mit bewirtschaftetem Unterkunftshaus, 2 3/4 Std. westlich. Abstieg entweder über den **Haberstein** (848 m) zur Luisenburg-Gaststätte oder den **Burgstein** (869 m) nach Bad Alexandersbad (Busverbindung).

6. Zunächst auf dem Quellenweg vorbei am Forsthaus und die B 303 querend über Tiefenbach und Schneckenhammer nach **Wunsiedel***, 1 3/4 Std. nordwestlich. Zurück mit dem Bus.

7. Über Dörflas, Manzenberg und den basaltischen **Roßkopf** (725 m) auf den mit Mischwald bestandenen **Großen Teichelberg** (685 m), der von grau-schwarzem Basaltgestein überzogen ist, 3 Std. südöstlich. Am Nordhang großer Basaltsteinbruch, am Südhang der sagenumwobene Hankelbrunnen. Abstieg nach **Pechbrunn** (Silvanerquelle) oder **Groschlattengrün** (ehem. Schloß). Zurück mit dem Bus.

8. Über Wolfersreuth, Walbenreuth und Kaltenlohe zum **Marktredwitzer Haus** (760 m), bewirtschaftetes Unterkunftshaus des Fichtelgebirgsvereins, 2 Std. südlich. Guter Stützpunkt für Wanderungen in den **Naturpark Steinwald.** Zurück mit dem Bus (Haltestelle an der Straße nach Friedenfels) oder über Hard, Poppenreuth, Helmbrechts, **Roßkopf** (725 m) und Manzenberg.

9. Über Brand, Haid, Klausen, Feisnitzspeicher auf den **Kohlberg** (632 m) mit der Waldenfels-Warte, 2 1/2 Std. nordöstlich. Abstieg 3/4 Std. nördlich nach **Arzberg***. Zurück mit dem Bus.

MARKTSCHORGAST

(Kreis Kulmbach, 507 m, 1700 Einw.), Markt und anerkannter Erholungsort im Schorgasttal zwischen dem westlichen Fichtelgebirge und dem südöstlichen Frankenwald, gehört zu den ältesten Siedlungen der Umgebung. 1109 wurde die Pfarrkirche in „Scoregast“ erstmals urkundlich genannt, als Mutterkirche war sie aber zu dieser Zeit schon Mittelpunkt eines ausgedehnten Rodungsgebietes. Unter den Bischöfen von Bamberg wurde der Markt im 14. Jh. befestigt und zur Stadt erhoben. Seitdem führt Marktschorgast im Wappen eine rote Rose. Großbrände haben das alte Ortsbild 1838 und 1840 vernichtet. Mit dem Bau der Eisenbahnlinie 1844–48 fand Marktschorgast Anschluß an die Industrialisierung. Heute ist die Textil-, Stein- und Holzindustrie heimisch.

Ältestes Bauwerk ist die katholische **Pfarrkirche St. Jakob.** Bereits 1109 bezeugt, war sie als Wehr- und Missionskirche einst von Wasser umflossen. Von der im Hussitenkrieg zerstörten romanischen Anlage sind noch ein Rundbogenfenster in der Sakristei (vormals Kirchturm) und Reste der Mauerumwehrung mit einem Ecktürmchen erhalten. Um 1465 erfolgte der Wiederaufbau als zweischiffige, gotische Hallenkirche. Um 1620 wurde der Chor erneuert und 1711 der Kirchturm mit Zwiebel und Laterne abgeschlossen.

Am Marktplatz der **St.-Florians-Brunnen** von 1685. Das **Rathaus** mit dem Wappen des Marktes stammt von 1712. In der Bahnhofstraße steht die **Martersäule** von 1701.

Eine technische Sehenswürdigkeit ist die **Schiefe Ebene,** ein 5526 m langer Steilaufstieg (Steigung 1:40) der 1844–48 erbauten Bahnlinie Bamberg– Hof zwischen den Bahnhöfen Neuenmarkt (348 m) und Marktschorgast (507 m). Um den großen Höhenunterschied zwischen Mainebene und Hochfläche zu überwinden, mußten Brücken, Stützmauern und Durchlässe geschaffen werden. Eine Bahnfahrt bergauf vorbei an den Spitzen hoher Fichten ist immer wieder ein besonderes Erlebnis. Nahe östlich die Autobahn Bayreuth–Hof mit der 188 m langen und 32 m hohen Rohrersreuther Brücke.

Auskunft: Verkehrsamt 8581 Marktschorgast, Marktplatz 17.
Verkehr: Abzweigung bei Hohenknoden von der Bundesstraße 2 (Bad Berneck-Münchberg). Autobahnanschluß. Bahnstation.
Unterhaltung und Sport: Waldschwimmbad Goldbergsee, Angeln. - Skilanglauf.
Veranstaltungen: Kirchweihfest um die Monatswende Juli/August.

Wanderungen:

1. Über Grundmühle (Gasthaus) durch das tiefeingeschnittene Waldtal der Schorgast, deren Flußbett mit Felsgestein (Gneis, Diabas, Hornblendeschiefer, Günschiefer) durchsetzt ist, nach **Wirsberg***, 1 1/2 Std. nordwestlich.
2. Über die Ziegenburger Mühle durch das Perlenbachtal zum Singerweiher und auf den **Weißenstein** (668 m) mit 19 m hohem Aussichtsturm und Unterkunftshaus des Weißensteinvereins., 1 1/2 Std. nördlich. Der geologisch interessante Weißenstein erhebt sich aus der Münchberger Gneismasse und ist Fundort des zähen rot-grünen Eklogit-Gesteins, aus dem auch Turm und Unterkunftshaus erbaut sind. Zurück über Bahnhof Falls.
3. Über Wasserknoden zum ehem. **Schloß Stein** im romantischen Ölschnitztal, 1 1/2 Std. südöstlich. Zurück entweder über Lützenreuth oder durch das Ölschnitztal über Entenmühle (Gasthaus), **Gefrees*** und Falls.
4. Über Rohrersreuth durch die 32 m hohe Autobahnbrücke zum **Prinz-Rupprecht-Turm** (596 m), 1 Std. südlich. Weiter 1 3/4 Std. südöstlich über Rimlas oder Micheldorf nach **Bad Berneck***.

5. Über Ober-, Mittel- und Unterpöllitz nach **Neuenmarkt,** Eisenbahnknotenpunkt (Dampflokomotiv-Museum) und Beginn der Schiefen Ebene, 1 1/2 Std. westlich.

MEHLMEISEL

(Kreis Bayreuth, 630 m, 1900 Einw.), anerkannter Erholungsort und Wintersportplatz am Südrand des Fichtelgebirges im oberen Fichtelnaabtal. Zur Gemeinde gehören auch die Orte Unter-, Mitter- und Oberlind. Die alte Siedlung „Welmozels" kam 1283 als Teil der Grafschaft Waldeck aus dem Besitz der Landgrafen von Leuchtenberg an den wittelsbachischen Herzog Ludwig den Strengen. Sehenswert ist die gotische **Pfarrkirche** des 14. Jh. und die **Lorettokapelle** von 1686 in Unterlind.

Auskunft: Verkehrsamt 8591 Mehlmeisel.
Verkehr: Verbindungsstraße Fichtelberg-Brand. Nächste Bahnstation Neusorg 11 km. Busverbindung mit Neusorg, Marktredwitz, Wunsiedel, Warmensteinach, Bayreuth.
Unterhaltung und Sport: Naturweiher, beheiztes Freibad in Brand 3 km, Ozonhallenbad mit Heißwasserbecken im Freien am Fichtelsee bei Fichtelberg 5 km, Tennis, Reiten. Freizeitzentrum Bayreuther Haus (Ausflugsgaststätte) mit Wildgehegen, Weiher- und Kneippanlagen, Trimmpfad, Waldmuseum, Spielanlagen, Minigolf; hier auch Wintersportzentrum mit Skipisten aller Schwierigkeitsgrade, Schlepplifte, Flutlicht- und Beschneiungsanlage, Rodelbahn, Eissportanlage.

Wanderungen:

1. Zum **Bayreuther Haus,** 1/2 Std. südwestlich. Ausgangspunkt mehrerer Rundwanderwege (Parkplatz). In der Nähe der 46 m hohe **Klausenturm** mit Panoramablick auf das Fichtelgebirge.

2. Über Bayreuther Haus und den Roten Fels zur **Hölzlmühle** im Flötzbachtal, 2 Std. südwestlich. Zurück über den Osthang des Mittelberges (670 m) oder weiter 1 Std. südöstlich nach **Immenreuth***.

3. Über Bayreuther Haus und den **Kreuzstein** (838 m) nach **Warmensteinach***, 2 Std. nordwestlich.

4. Über Richardsfeld auf den **Scheibenberg** (800 m), 3/4 Std. südlich. Am Nordosthang die Wolfsäule (hier wurde 1882 der letzte eingewanderte Wolf erlegt). Zurück über Bayreuther Haus.

5. Nach **Fichtelberg***, 1 Std. nördlich. In der Nähe das Besucherbergwerk Gleißinger Fels und der Fichtelsee.

6. Nach **Brand*** mit Geburtshaus des Orgelkomponisten Max Reger, 3/4 Std. südöstl.

MÜNCHBERG

(Kreis Hof, 553 m, 12 000 Einw.), Stadt in einer breiten Senke der Münchberger Hochfläche (als Münchberger Gneismasse geologisch berühmt) zwischen Fichtelgebirge und Frankenwald an der Pulschnitz, einem Zufluß der Saale, mit bedeutender Textil- und Bekleidungsindustrie und Sitz einer Staatlichen Fachhochschule für Textiltechnik.

1224 erstmals urkundlich genannt, entstand „Munchiberc" vermutlich schon im späten 10. Jh. aus einer befestigten Turmhügelanlage an der Pulschnitz; eine weitere Siedlung entwickelte sich am Kirchberg. Eigentümer wurden noch im 13. Jh. die Herren von Sparneck, die dem Ort 1364 die Stadtrechte verliehen. 1373 mußten die Sparnecker zunächst Teile ihres Besitzes, 1384 die gesamte Stadt an die mächtigen Nürnberger Burggrafen verkaufen. 1397 ging Münchberg an die Bayreuther Linie der Hohenzollern über und verblieb dort bis 1791. Nach kurzer preußischer Herrschaft kam die Stadt 1806 unter französische Verwaltung und 1810 an das Königreich Bayern. Katastrophale Stadt-Brände zwischen 1617 und 1837 haben das Bild von Münchberg laufend verändert. Nur wenige historische Teile blieben übrig.

Die **Friedhofskirche zur Himmelpforte** ist das älteste erhaltene Bauwerk der Stadt. Die Kirche entstand 1556 und wurde 1746/47 neu errichtet. Bemerkenswert ist der prächtige Kanzelaltar (1750) von dem Hofer Bildhauer Wolfgang Adam Knoll.

Die neugotische **Stadtpfarrkirche St. Peter und Paul** von 1867 ist bereits das 7. Gotteshaus an gleicher Stelle. Alle Vorgängerinnen wurden durch Brand vernichtet. Die erste Kirche wurde 1348 urkundlich genannt.

Reste der alten **Stadtbefestigung** befinden sich noch am Unteren Graben.

Münchberg: Die Stadtparrkirche St. Peter und Paul von 1867 ist bereits das 7. Gotteshaus an gleicher Stelle. Alle Vorgängerinnen wurden durch Brände vernichtet. Heute ist Münchberg Sitz einer Staatlichen Fachhochschule für Textiltechnik.
(Foto: Gernot Messarius)

Auskunft: Verkehrsamt 8660 Münchberg, Rathaus.
Verkehr: Schnittpunkt der Bundesstraßen 2 (Bayreuth–Hof) und 289 (Kulmbach–Rehau). Autobahnanschluß. Bahnstation. Busverbindung mit Bayreuth, Gefrees, Helmbrechts, Marktleugast, Hof.
Unterhaltung und Sport: Beheiztes Freibad, Hallenbad, Tennis, Reitstadion und Reithalle, Segelflug am Haidberg bei Zell. – Gepflegter Stadtpark.
Veranstaltungen: Wiesenfest am 2. Wochenende im Juli.

Wanderungen:

1. Zum Naherholungsgebiet „Hintere Höhe", 1/2 Std. südlich.

2. Zum **Aussichtsturm** auf dem Rohrbühl, 1/2 Std. nördlich.

3. Über Vorder- und Hinterhorlachen, Rothenmühle und Jehsen zum Dorf **Ahornberg** mit alter Wehrkirche am Südhang des Ahornberges (672 m), 2 Std. nördlich.

4. Durch das Pulschnitztal über Oppenreuth zur **Burgruine Uprode** (602 m) mit geringen Resten der Burg Uprode aus dem 14. Jh., 1 1/2 Std. nordöstlich. Weiter 1 Std. südlich über den **Bugberg** (586 m; nordwestlich die Schäferei Stritzelhof) nach **Weißdorf** mit Wasserburg des 13./17. Jh. und spätgotischer Dorfkirche. Zurück mit dem Bus.

5. Auf dem Quellenweg über Mechlenreuth, Großlosnitz und **Zell*** zur **Saalequelle,** 2 1/4 Std. südöstlich. Bis Zell 7 km auch Busverbindung; von Zell zur Saalequelle 1/2 Std.

6. Mit dem Bus nach **Zell*** 7 km und von dort in 3/4 Std. östlich auf den **Großen Waldstein** (877 m).

7. Mit dem Bus nach **Sparneck*** 6 km und von dort in 1 1/2 Std. südöstlich auf den **Epprechtstein** (798 m).

NAGEL

(Kreis Wunsiedel, 585 m, 2100 Einw.), anerkannter Erholungsort im Gregnitztal am Südrand des Fichtelgebirges. Zur Gemeinde gehören auch die Orte Hohenbrand, Lochbühl, Mühlbühl, Ölbühl, Reichenbach und Wurmloh. Beliebter Anziehungspunkt ist der 6 Hektar große Nageler See.

Über den Wurmlohpaß, Senke zwischen Hoher Matze und Kösseine, führt die Landstraße von Tröstau nach Kemnath. Früher verlief diese Straße etwas weiter östlich über Schloß Fahrenbach, Hohenbrand, Reichenbach und Mühlbühl. Der durch Reichenbach fließende kleine Silberbach war ehemalige Landesgrenze zwischen der Markgrafschaft Bayreuth und der Oberpfalz.

Als die kurpfälzische Oberpfalz 1628 zu Bayern kam, wurde der südliche Teil des Dorfes katholisch, während der nördliche Teil evangelisch blieb. In Mühlbühl befand sich beim Gasthaus „Zur Mauth“ bis 1806 ein Grenz-Schlagbaum.

Auskunft: Verkehrsamt 8591 Nagel.
Verkehr: Verbindungsstraße Tröstau–Kemnath. Nächste Bahnstation Makrtredwitz 13 km. Busverbindung mit Marktredwitz, Wunsiedel, Bayreuth.
Unterhalung und Sport: Strandbad am Nageler See mit Ruderbootverleih, Angeln. – Eislauf, Eisstockschießen.

Wanderungen:

1. Rund um den **Nageler See,** 1/2 Std.

2. Durch das romantische Gregnitztal nach **Ebnath***, 1 Std. südöstlich.

3. Über Oberölbühl nach **Brand*** mit Geburtshaus des Orgelkomponisten Max Reger, 3/4 Std. südwestlich. Zurück über Fuhrmannsreuth und durch das Gregnitztal.

4. Über Wurmloh auf die **Hohe Matze** (813 m), 1 Std. nordöstlich. Abstieg 1 Std. nördlich nach **Tröstau***. Zurück mit dem Bus.

5. Über Girgelhöhle und Prinzenfelsen zur **Gaststätte Silberhaus** (711 m) an der Fichtelgebirgsstraße (beliebter Stützpunkt für Wanderungen in das Schneeberggebiet), 1 1/4 Std. nordwestlich.

6. Über Mühlbühl und Reichenbach zuerst auf dem Quellenweg, dann auf dem einmündenden Höhenweg auf die aussichtsreiche **Kösseine** (839 m) mit bewirtschaftetem Unterkunftshaus, 1 1/2 Std. nordwestlich. Abstieg über den **Burgstein** (869 m) durch das **Felsenlabyrinth Luisenburg** zur Luisenburg-Gaststätte und nach **Wunsiedel***. Zurück mit dem Bus.

NEUSORG

(Kreis Tirschenreuth, 573 m, 2300 Einw.), Ferienort im Fichtelnaabtal zwischen Fichtelgebirge und Steinwald. Wegen seiner zentralen Lage ist Neusorg ein beliebter Wanderstützpunkt.

Neusorg wurde erst im 16. Jh. durch Ludwig von Hirschberg zu Ebnath gegründet. Gelegen an der Hauptbahnlinie Nürnberg–Marktredwitz und an der Abzweigung der Stichbahn nach Fichtelberg (nur noch Güterverkehr), wurde es Umschlagplatz für die heimische Granit-, Kalk- und Holzindustrie.

Auskunft: Gemeindeverwaltung 8591 Neusorg.
Verkehr: Abzweigung von der Verbindungsstraße Marktredwitz–Kemnath. Bahnstation. Busverbindung mit den Orten der Umgebung.

Unterhaltung und Sport: Freibad in Selingau 5 km nordwestlich. Beheiztes Freibad in Brand 7 km nordwestlich, Angeln, Tennis, Reiten.

Wanderungen:

1. Über Wäsch und Hölzlashof nach **Ebnath***, 3/4 Std. nordwestlich. Zurück im Fichtelnaabtal.

2. Über Witzlasreuth, Berggasthof Alm, Babilon, Ölbrunn zum **Scheibenberg** (800 m), 2 1/4 Std. nordwestlich. Am Nordosthang die Wolfsäule (hier wurde 1882 der letzte eingewanderte Wolf erlegt). Zurück über Grünberg und **Brand***.

3. Über **Riglasreuth** (klass. ehem. Schloß), Wunschenberg (nahe östlich der 664 m hohe Steinwitzhügel mit großem Basaltsteinbruch) und Erdenweis zum **Armesberg** (731 m), Basaltgipfel mit Wallfahrtskirche von 1836, 1 1/4 Std. südlich. Zurück über Trevesen und Lochau oder weiter entweder 1 Std. südlich über Godas nach **Waldeck** (Rokoko-Kirche von 1731) am Hang des basaltischen **Waldecker Schloßberges** (641 m) oder 1 1/2 Std. südwestlich über Neusteinreuth nach **Kemnath***.

4. Über Mengersreuth, Dechantsees (Klausenkapelle Hl. Kreuz), Hohenhard (Kapelle von 1766) zum **Marktredwitzer Haus** (760 m), 2 1/2 Std. östlich. Zurück über **Burgruine Weißenstein** (863 m), **Platte** (946 m) mit Oberpfalzturm, Knockfelsen, Kellermühle (Gasthof) und Pullenreuth (St. Martinkirche von 1752).

5. Durch das Höllbachtal nach Unterschurbach und auf die aussichtsreiche **Kösseine** (939 m) mit bewirtschaftetem Unterkunftshaus, 2 Std. nördlich. Zurück über Pfalzbrunnen, Kössain, Höll und Stockau.

Von Neusorg mehrere markierte **Rundwanderwege.**

OBERKOTZAU

(Kreis Hof, 486 m, 5500 Einw.), Marktgemeinde am Einfluß der Schwesnitz in die Saale am Nordrand des Fichtelgebirges mit reger Textil-, Porzellan-, Plastik-, Konserven- und Ziegelindustrie. Nordwestlich liegt der 64 Hektar große Untreusee.

Oberkotzau gehört zu den ältesten Orten der Umgebung. Historische Funde lassen vermuten, daß die erste Siedlung sogar schon in vorchristlicher Zeit entstand. In großem Ansehen stand seit dem 13. Jh. das adelige Rittergeschlecht derer von Kotzau. Nach ihrem Aussterben erwarb 1698 Markgraf Georg Albrecht die Kotzauer Güter und gründete durch seine Vermählung mit einer Bürgertochter die freiherrliche Familie von Kotzau „hochfürstlich Brandenburg-Kulmbachischer Abstammung“ mit Sitz in Oberkotzau.

Das hochgelegene stattliche **Schloß** der Freiherren von Kotzau wurde anstelle des 1852 abgebrannten alten Schlosses errichtet. In der gotischen evangelischen **Pfarrkirche St. Jakob,** die bereits um 900 gegründet wurde, befinden sich interessante Wappen und Grabmonumente der Ritter von Kotzau. Bemerkenswert ist der barocke Kanzelaltar. Beachtung verdient auch der Turm mit Kupferdach aus dem 17. Jh. 1936 wurde die Kirche durch einen polygonen Zentralbau erweitert.

Auskunft: Marktgemeindeverwaltung 8671 Oberkotzau.
Verkehr: Abzweigung von den Bundesstraßen 2 (Hof - Münchberg) und 15 (Hof - Selb). Bahnstation. Busverbindung mit Hof, Schwarzenbach/Saale, Marktleuthen, Wunsiedel, Marktredwitz.
Unterhaltung und Sport: Beheiztes Terrassen-Freibad mit Minigolfanlage, Angeln. - Skilanglauf.

Wanderungen:

1. Nach **Autengrün** (Gaststätte), 3/4 Std. südwestlich. Von dort Rundwanderweg westlich 1 3/4 Std. zum romantischen Untreubach und über Wustuben nach Autengrün zurück.

2. Durch das Tal der Schwesnitz in das **Naturschutzgebiet Wojaleite** mit Serpentin-Vorkommen und seltener Pflanzenwelt, 1 Std. südöstlich. Weiter 1 Std. südöstlich über Wurlitz nach **Rehau***. Zurück mit der Bahn.

3. Über Fattigau und durch die Hertelsleite nach **Schwarzenbach/Saale***, 1 1/4 Std. südlich.

4. Über den **Kotzauer Berg** (574 m) nach **Döhlau** mit Schloß. 3/4 Std. nordöstlich.

REHAU

(Kreis Hof, 527 m 12 000 Einw.), Stadt in der Talsenke der Schwesnitz im Nordrand des Fichtelgebirges nahe der Grenze zur CSSR mit bedeutender Leder-, Kunststoff-, Porzellan- und Textilindustrie. Eingemeindet wurden die Orte Faßmannsreuth, Fohrenreuth, Kühschwitz, Neuhausen, Pilgramsreuth und Wurlitz.

Der im 9. Jh. als Rodungssiedlung entstandene Ort wurde 1246 als „Resawe" erstmals urkundlich genannt und erhielt 1427 durch Markgraf Friedrich I. die Stadtrechte mit Siegel und Wappen. Kriege und Feuersbrünste haben die Stadt in den vergangenen Jahrhunderten immer wieder zerstört. Nach dem letzten großen

Brand von 1817, der fast die ganze Stadt vernichtete, entstand die geometrische Anlage des Stadtkerns mit seinen geraden Straßenzügen. Goethe notierte 1821 auf der Fahrt nach Karlsbad, dieses neue Rehau könne „großzügiger und schöner nicht sein“. Das 1978 eingemeindete Dorf Wurlitz ist Geburtsort von Dr. h.c. Hans Vogt (1890–1979), dem Miterfinder des Tonfilms.

Stadtmittelpunkt ist der **Maxplatz** mit Grünanlagen, Kriegerdenkmälern, einem großen Springbrunnen und einer schönen Kastanienallee. Die ursprünglich spätgotische **Stadtpfarrkirche** mußte nach mehrmaligen Zerstörungen immer wieder erneuert werden.

Sehenswert ist die gotische evangelische **Dorfkirche in Pilgramsreuth** 3 km südlich von Rehau. Sie hat ihren Ursprung in einer schon 1306 erwähnten romanischen Wallfahrtskapelle. 1415 entstand der gotische Chor, 1474 das Langhaus mit Netzgewölbe. An den Wänden wurden spätromanische und frühgotische Fresken freigelegt, darunter ein monumentaler Christophorus und gleich zweimal die seltene Darstellung der Hl. Kümmernis, der Legende des Spielmannes, der zu Füßen der gekreuzigten Frau um sein Leben fiedelt. Bemerkenswert auch das romanische Taufbecken aus Granit und das gotische Verkündigungsrelief an der Kirchhofmauer. Ungewöhnlich reich für eine Dorfkirche ist die Barockausstattung: Der berühmte Bayreuther Hofbildhauer Elias Räntz schuf nicht nur die kunstvolle Kanzel (1694) mit Moses als Kanzelträger, sondern auch den innerhalb des Chores bis zum Gewölbe aufragenden Hochaltar (1710) mit geschnitztem Abendmahl in perspektivischem Gehäuse. Der Taufstein (1721) im Chorraum stammt von dem Hofer Bildhauer Christian Kahleis. Kirchenstühle und Emporen sind mit biblischen Bildern des Bayreuther Malers Johann Heinrich Schertel geschmückt und noch in ihrer Urfassung von 1711 erhalten.

Auskunft: Verkehrsamt 8673 Rehau, Rathaus, Martin-Luther-Str. 1.

Verkehr: Bundesstraße 15 Hof–Marktredwitz; Ausgangspunkt der Bundesstraße 289 nach Schwarzenbach/Saale. Bahnstation. Busverbindung mit Hof, Selb, Regnitzlosau und Ludwigsbrunn.

Unterhaltung und Sport: Beheiztes Freibad, Hallenbad, Tennis, Minigolf, Angeln in der Ludingsteichanlage, Asphalt- und Eiskegelbahn, Reithalle.
Sammlungen: Ascher Heimatstube im alten Rathaus; Roßbacher Weberstube, Kirchgasse 4; Rehau Heimatstuben, Maxplatz 7; Feuerwehrmuseum, Goethestr. 12.
Veranstaltungen: Pfingst- und Herbstkärwa. Heimat- und Wiesenfest im Juli mit Festzug. Ascher Vogelschießen (alljährliches Treffen der Sudetendeutschen).
Spezialitäten: Rehauer Wurst (Broodwärscht, Preßsack, Schwarzgeräuchertes). Wildgerichte mit Kleeß (Knödel). Quärkla und Kochkees. Dazu „a Seidla" Bier.

Markierte Rundwanderungen:

1. Über Schildberg, Heinersberg, **Ludwigshöhe** (Gaststätte), Eulenhammer, Fohrenreuth (Runddorf) und zurück, 1 1/2 Std.
2. Über Fohrenreuth, **Röllmühle,** Kleppermühle (Fischzuchtanstalt), Wüstenbrunn und zurück, 2 1/2 Std.
3. Über **Wurlitz** (Basaltwerk), **Naturschutzgebiet Wojaleite** (Felszug aus grünem Serpentin mit seltener Pflanzenwelt), Dorf Woja, Wurlitz, Katharinenhöhe, Steinleite und zurück, 2 1/2 Std.
4. Über Perlenbachgrund, Eulenhammer, **Schloß Sophienreuth** (ehem. Rittergut von 1777, umgebaut 1871), Perlenhaus, Hussitenlohe, Heinersberg und zurück, 2 1/2 Std.
5. Über Schwarzwinkel, Osseck, Klötzlamühle, **Regnitzlosau** mit sehenswerter Markgrafenkirche, Raitschin (Gaststätte) und zurück, 3 Std. (Bis Regnitzlosau 1 1/2 Std., Busverbindung).
6. Über Tannenberg, Hirschberg, **Pilgramsreuth** (Dorfkirche!), Degenreuth und zurück, 1 3/4 Std.

Weitere Wanderungen:

1. Über **Pilgramsreuth** durch das Eisenholz zur **Förstersruhe** (Hütte der Forstverwaltung) und über die **Vorsuchhütte** (Gaststätte) auf den **Großen Kornberg** (826 m) mit Aussichtstrum Schönburgwarte, 2 Std. südlich. Zurück über **Göringsreuth** (Waldgaststätte) und Wüstenbrunn.
2. Durch das Bärenholz nach **Martinlamitz** am Zusammenfluß von Lamitz und Steinbach mit bedeutender Eisengießerei, 1 1/2 Std. südwestlich.
3. Auf der Waldhausstraße zum Waldhaus auf dem **Eichberg** (608 m) und weiter bis kurz vor Ludwigsbrunn; links an der Straße Wegweiser zum **Franzosengrab** von 1813, 1 1/2 Std. nordöstlich. Zurück von Ludwigsbrunn (auch Busverbindung) über Sigmundsgrün, Faßmannsreuth und vorbei an einem **zweiten Franzosengrab** von 1813 an der Straße nach Rehau.
4. Über Klötzlamühle und Vierschau nach **Schloßgattendorf** mit Barockschloß (heute Schloßhotel) und Burgruine des 12./18. Jh., 2 Std. nordwestlich. Von dort 1/4 Std. nördlich nach **Kirchgattendorf** mit sehenswerter Dorfkirche. Zurück mit dem Bus.
5. Mit dem Bus über **Regnitzlosau** und Schwesendorf nach **Prex** 9 km. Von dort knapp 1/2 Std. zum **Dreiländereck** Bayern, Böhmen, Sachsen.

RÖSLAU

(Kreis Wunsiedel, 583 m, 3200 Einw.), Ferienort im Zentrum des Fichtelgebirges an beiden Ufern der oberen Eger, wurde als „Rößlein" 1398 erstmals urkundlich genannt und entwickelte sich besonders nach dem Bau der Fichtelgebirgs-Eisenbahn 1875/78 zu einer bedeutenden Großgemeinde mit Porzellan-, Eisen- und Holzindustrie. Der **Zwölfgipfelblick** (602 m) im Norden des Ortsteiles Oberröslau gilt als geographischer Mittelpunkt des Fichtelgebirges mit Rundblick auf alle zwölf Gipfel.

Auskunft: Gemeindeverwaltung 8671 Röslau, Marktplatz 1.

Verkehr: Schnittpunkt der Verbindungsstraßen Wunsiedel Marktleuthen und Weißenstadt - Thiersheim. Bahnstation. Busverbindung mit Bayreuth, Weißenstadt, Wunsiedel, Selb, Rehau, Hof.

Unterhaltung und Sport: Frei- und Hallenbad in Wunsiedel 6 km, Angeln, Tennis. - Eisstockschießen, Skilanglauf.

Wanderungen:

1. Zur **Thusmühle** mit 28 m hohem **Eger-Wasserfall,** 1/2 Std. nordwestlich.

2. Durch das Egertal über Thusmühle, Franken und Grafenmühle nach **Weißenstadt***, 1 3/4 Std. nordwestlich. Zurück über Grub.

3. Über den **Zwölfgipfelblick** nach **Marktleuthen***, 1 1/2 Std. nördlich

4. Über Bibersbach nach **Wunsiedel***, 1 1/4 Std. südöstlich.

5. Durch das **Zeitelmoos,** in dem sich zwischen trockenen Hochflächen viele Torfmoore (Lohen) befinden. Der Name stammt von der früher hier betriebenen Zeidlerei (= Waldbienenwirtschaft). Entweder markierte Rundwanderung 2 Std. südöstlich über Bibersbach, Mittelweg, **Zeitelmoosbrücke,** Alte Weißenstädter Straße und abzweigend nordöstlich über den Grünberg zurück oder mit dem Wagen 3 km südlich Richtung Wunsiedel über Brücklas bis zur **Zeitelmoosbrücke** (Bushaltestelle). Nun Rundwanderung 2 Std. westlich zuerst auf dem Mittelweg (auch Eisensteinweg, weil hier früher Eisenerze transportiert wurden), dann aber geradeaus weiter (die Ortschaft Vierst links liegen lassend) auf der Altstraße (Heerstraße Kaiser Karls des Großen) und bald auf dem von Vordorf kommenden Wanderweg nach **Birk** (gute Brotzeit im alten Bauernwirtshaus). Zurück auf der alten Weißenstädter Straße über den Hüttberg und wieder auf dem im letzten Teil einmündenden Mittelweg.

SCHIRNDING

(Kreis Wunsiedel, 464 m, 2300 Einw.), Grenzort am nordöstlichen Rand des Fichtelgebirges im Tal der Röslau mit reger Porzellan-Industrie sowie wichtiger Straßen- und Schienenübergang zur CSSR.

Schon in vorgeschichtlicher Zeit war der Paß von Schirnding als Übergangsstelle vom Maintal nach Böhmen von Bedeutung. Wahrscheinlich sind an dieser Stelle auch die Truppen Karls des

Großen bei ihrem Zug gegen die Slawen durchmarschiert. Im 30jährigen Krieg leistete die Arzberger Bürgermiliz 1632 beim Kampf um den Schirndinger Paß gegen die Soldaten Wallensteins vergeblichen Widerstand. Der Name des 1360 als „Schyrnting“ bezeichneten Ortes wird von der Stätte eines Schrannengerichts abgeleitet. Um 1330 besaß Heinrich von Schirnding den Ort als nothafftisches Lehen. Eine Burg, von der keine Reste mehr vorhanden sind, schützte einst die von Gefrees über Thiersheim nach Eger verlaufende alte Handelsstraße.

Auskunft: Gemeindeverwaltung 8591 Schirnding.
Verkehr: Bundesstraße 303 von Marktredwitz mit Weiterführung über die Grenze nach Eger. Bahnstation (Grenzbahnhof). Busverbindung mit Selb und Waldsassen.
Unterhaltung und Sport: Beheiztes Freibad in Arzberg 4 km.
Veranstaltungen: Egerer Birnsunnta am letzten Augustsonntag, ein Heimatfest mit Umzug Egerländer Trachtengruppen. Traditionsgemäß werden die ersten Birnen der neuen Ernte angeboten.

Wanderungen:

1. Nach **Fischern** an der Mündung der Röslau in die Eger unmittelbar an der Landesgrenze, 1/2 Std. nordöstlich. In der Nähe der Zwei-Flüsse-Stein. Die Dörfer Böhmisch-Fischern, Rathsam und Eichelberg jenseits der Grenze wurden nach dem 2. Weltkrieg eingeebnet. Weiter nordwestlich 1 Std. über die **Sauerbrunnen-Quelle** (Carolinensprudel), Hammermühle und Pfeiffermühle nach **Hohenberg/Eger***.

2. Durch den Kohlwald zum **Buchbrunnen** an der Landesgrenze, 1 Std. südöstlich. Hier liegen die Quellen für die Wasserversorgung der Stadt Eger. Das genau auf der Grenze stehende Brunnenhäuschen wird von der CSSR unterhalten. Zurück über **Naturfreundehaus Grenzlandhütte.**

3. Auf dem Röslauweg nach **Arzberg***, 1 Std. südwestlich.

SCHÖNWALD

(Kreis Wunsiedel, 610 m, 4300 Einw.), Stadt und Ferienort in waldreicher Umgebung an den Ausläufern des Großen Kornberges am Nordostrand des Fichtelgebirges. Der aus einem Rittergut entstandene Ort wurde 1316 erstmals urkundlich erwähnt und entwickelte sich von einem kleinen Weberdorf zu einer Stadt (seit 1954) mit reger Porzellanindustrie.

Auskunft: Verkehrsamt 8671 Schönwald, Schulstr. 6.
Verkehr: Bundesstraße 15 Marktredwitz–Hof. Bahnstation. Busverbindung mit Bayreuth und Hof.
Unterhaltung und Sport: Beheiztes Freibad „Grünauer Mühle" 2 km nordöstlich, Angeln, Tennis. - Skilauf am Kornberg, Eislauf.

Wanderungen:

1. Über Grünhaid zur **Grünauer Mühle** am Perlenbach, 1/2 Std. nordöstlich. Das ehemalige Hammerwerk ist heute Abfüllstelle für den Sophiensprudel; in unmittelbarer Nähe die kieselsäurehaltige Sophienquelle und das beheizte Freibad.

2. Auf der sog. Kirchallee zum **Schloß Sophienreuth,** ehemaliges Rittergut von 1777, 1/2 Std. nördlich.

3. Über Schützenheim (Gasthaus) zum **Pfaffenberg** (671 m) mit Blick auf Selb, 1/2 Std. südöstlich. Weiter 3/4 Std. südöstlich über die **Vielitzer Höhe** (648 m) nach **Selb***.

4. Über den mittelalterlichen **Kreuzstein** am Stadtausgang zur **Kleppermühle** (Fischzuchtanstalt), 1/2 Std. nordwestlich. Zurück über **Göringsreuth** (Waldgaststätte früher Forsthaus, erbaut Anfang des 19. Jh. von Pfarrer J. N. Göring, deshalb Pfarrhaus genannt). Insgesamt 2 Std.

5. Über die Kleppermühle und den Wanderparkplatz Wüstenbrunn nach **Pilgramsreuth** mit sehenswerter Dorfkirche (s. Rehau), 1 Std. nordwestlich.

6. Über die Röllmühle nach **Rehau***, 2 Std. nordwestlich.

7. Über Brunn, Bernsteinmühle und dem Bernsteinbach entlang nach **Oberweißenbach** (vor dem Ortseingang altes Steinkreuz) und über den Breiten Berg zum „Ewigen Rauschen" nach **Schwarzenhammer** im Egertal, 2 1/2 Std. südlich. Zurück mit der Bahn.

8. Über Reichenbach (Selber Wasserwerk, altes Steinkreuz) durch den Lohbachgrund über Voit- und Baumgärtelmühle nach **Neuhausen** nahe der Grenze zur CSSR, 1 1/4 Std. nordöstlich. Zurück über Schönlind und Grünauer Mühle.

9. Über Reichenbach, Holzhäuser nach **Prexhäuser** an der Landesgrenze mit Blick auf Asch, 1 1/2 Std. östlich. Zurück über Lauterbach und Plößberg.

10. Über Schützenheim Richtung Buchbach zum **Großen Stein** (Granitfindling mit Jahreszahlen und Inschriften; in der Nähe der **Hohe Rainstein,** ein pyramidenförmiger Granitblock) und entweder über die **Vorsuchhütte** (Gaststätte) oder nördlich vorbei über die Skilift-Station auf den **Großen Kornberg** (827 m) mit Aussichtsturm, 1 3/4 Std. südwestlich. Zurück über Vorsuchhütte und Merzenhaus.

SCHWARZENBACH AN DER SAALE

(Kreis Hof, 504 m, 9300 Einw.), Industriestadt nordwestlich des Großen Kornberges am Nordrand des Fichtelgebirges. Zur Stadtgemeinde gehören u. a. die Orte Förbau, Förmitz, Hallerstein, Martinlamitz und Quellenreuth.

Turmhügelreste an der Saalefurt deuten auf eine sehr frühe Besiedlung. Urzellen waren die Dörfer Seukenreuth am östlichen Ufer der Saale, wo sich eine Wasserburg befand, und Swarzinbach am westlichen Ufer mit der späteren St. Gumpertuskirche. 1223 wurde Schwarzenbach erstmals urkundlich genannt. Bereits im 13. Jh. waren die Reichsritter von Hirschberg ansässig. Sie begründeten das noch heute bestehende Schloß, das nach mehreren Bränden wieder errichtet wurde und 1706 in den Besitz der Fürsten von Schönburg-Waldenburg kam. Kriege, Pest und Brände hemmten die Entwicklung des Ortes, der 1844 die Stadtrechte erhielt. Erst mit der Eröffnung der Eisenbahnlinie Neuenmarkt – Hof im Jahre 1848 begann der Aufschwung vom Agrarort zur Industriestadt.

Der Dichter Jean Paul verbrachte einige Jahre seiner Jugend (von 1776 bis 1779) in Schwarzenbach. Hier war sein Vater Johann Christoph Richter Pfarrer; er starb 1779 – sein Grabstein an der Mauer des Friedhofes ist noch erhalten. 1790 kehrte Jean Paul nach Schwarzenbach zurück und war bis 1794 als Haus- und Elementarlehrer tätig.

Die evangelische **Pfarrkirche St. Gumbertus** wurde 1810 neu errichtet; ihre Vorläuferinnen fielen Bränden zum Opfer. Sie erhebt sich in beherrschender Lage auf einem Hügel am Westufer der Saale.

Auskunft: Stadtverwaltung 8676 Schwarzenbach an der Saale.

Verkehr: Bundesstraße 289 Münchberg - Rehau. Autobahnanschluß Münchberg Nord 14 km. Bahnstation. Busverbindung mit Hof, Rehau, Martinlamitz, Kirchenlamitz, Weißenstadt, Wunsiedel.

Unterhaltung und Sport: Waldbad Unterschieda 2 km südöstlich mit 12 000qm Wasserfläche. Ozon-Hallenbad, Angeln, Tennis. – 4 km südlich der Förmitzspeicher (Schwimmen, Segeln, Windsurfen).

Wanderungen:

1. Durch die Hertelsleite nach **Fattigau,** 1/2 Std. nördlich.

2.Nach **Martinlamitz** am Zusammenfluß von Lamitz und Steinbach mit bedeutender Eisengießerei, die sich aus einem bis 1390 nachweisbarem Eisenhammer entwickelte, 1/2 Std. südöstlich.

3. Über Martinlamitz, Wanderparkplatz (1,4 km südöstlich von Martinlamitz) und auf der Turmallee zum **Großen Kornberg** (827 m) mit Aussichtsturm, 2 1/2 Std. südöstlich.

4. Zum **Waldbad Unterschieda,** 1/2 Std. südöstlich. Weiter 1/2 Std. südöstlich nach **Fahrenbühl** mit ehem. Jagdschloß, heute Hotel. Von dort 3/4 Std. südwestlich vorbei an Granitsteinbrüchen zum **Kleinen Kornberg** (678 m), einer bewaldeten Höhe mit geringer Aussicht.

5. Über Baumersreuth nach **Hallerstein** mit ursprünglich gotischer Dorfkirche, 1 Std. südlich. Weiter 2 1/2 Std. südwestlich auf dem Höhenweg über den **Kleinen Waldstein** (829 m; bewaldet, Aussicht nicht lohnend) auf den **Großen Waldstein** (877 m) mit bewirtschaftetem Unterkunftshaus und großartiger Aussicht. Abstieg 3/4 Std. westlich nach **Zell***. Zurück mit dem Bus.

6. Über Hallerstein auf den **Epprechtstein** (798 m) mit Burgruine, 2 3/4 Std. südlich. Von dort1 3/4 Std. westlich vorbei an der gefaßten **Lamitzquelle** (Lamitzbrunnen) zum **Großen Waldstein.**

7. Über Baumersreuth und Völckenreuth zum **Förmitzspeicher,** der direkt aus dem Förmitzbach und über eine Rohrleitung aus der Lamitz gespeist wird, 1 Std. südwestlich. Wanderweg rund um den Förmitzspeicher 1 1/2 Std.

8. Über Förbau, **Seulbitz** (Bahn- und Busstaton an der B 299) zur **Burgruine Uprode** (602 m) aus dem 14. Jh., 2 Std. westlich.

9. Über Quellenreuth und Wurlitz zum **Naturschutzgebiet Wojaleite** mit seltener Serpentinflora, 2 1/4 Std. nordöstlich. Von dort 1 Std. östlich nach **Rehau***. Zurück mit dem Bus.

SELB

(Große Kreisstadt im Landreis Wunsiedel, 555 m, 22 000 Einw.), Industriestadt in waldreicher Umgebung am Nordostrand des Fichtelgebirges nahe der Landesgrenze zur CSSR und Zentrum der deutschen Porzellanindustrie mit weltbekannten Firmen (Hutschenreuther, Rosenthal, Krautheim, Heinrich). Selb ist Sitz

Selb ist heute Zentrum der deutschen Porzellanindustrie
Bauhaus-Gründer Professor Walter Gropius entwarf
die Porzellanfabrik Rosenthal am Rothbühl
mit ausdrucksstarker Architektur für Mensch und Technik.
(Foto: Rosenthal-Bilderdienst)

ROSENTHAL

des Staatlichen Berufsbildungszentrums für Keramik mit der 1908 gegründeten Fachschule für Porzellan (Johann-Friedrich-Böttger-Institut). Das Rosenthal-Hochvolthaus gehört zu den größten Versuchsfeldern für elektrotechnische Porzellane. Die „Stadt des weißen Goldes" beherbergt aber auch zahlreiche andere Fabrikationsstätten der Maschinen-, Elektro-, Matratzen-, Papier- und Bauindustrie. Zur Stadtgemeinde gehören auch die Orte Erkersreuth, Heidelheim. Längenau, Lauterbach, Mühlbach, Oberweißenbach, Selb-Plößberg, Silberbach, Spielberg, Unterweißenbach und Vielitz.

Blick in die Geschichte:

Die älteste überlieferte Urkunde stammt aus dem Jahre 1232: Kaiser Friedrich II. übertrug dem Feldhauptmann Heinrich, Vogt von Plauen, die ursprünglich egerländischen Siedlungen Selb und Asch (heute CSSR) als Lehen. Erhalten ist der in lateinischer Sprache abgefaßte Pfandbrief des Königs Rudolf von Habsburg vom 8. August 1281, mit dem „dem gestrengen Manne Heinrich, Vogt von Plauen" die Märkte „Asche et Selewen" als Pfand überlassen werden. Dieses Pfand wurde 1331 wieder eingelöst. Im Auftrag des Kaisers verwalteten die adeligen Herren von Forster von ihrer Selber Burg die großen Waldungen an der Eger. 1413 wurden die Güter von den Nürnberger Burggrafen übernommen; Markgraf Friedrich I. verlieh Selb 1426 das Stadtrecht. Bis 1613 war Selb Sitz von markgräflichen Hauptleuten, die im Jagdschloß an der Stelle des heutigen Rathauses das gleichnamige Amt verwalteten.

Ein bedeutsames Datum ist auch das Jahr 1647, als gegen Ende des 30jährigen Krieges der Bauer Hans Rogler auf seinem Acker auf der Kappel die ersten Kartoffeln in Deutschland anbaute. Mit

---

Selb: Im Fußgängerbereich der „Stadt des weißen Goldes" symbolisiert der Porzellanbrunnen die seit 1857 ansässige Porzellanindustrie.
(Foto: Stadtverwaltung Selb)

der Markgrafschaft Bayreuth kam Selb 1791 an Preußen und nach kurzer französischer Herrschaft 1810 an Bayern. 1836 wurde Selb durch ein Dekret Ludwigs I. erneut zur Stadt erhoben.

Am 21. März 1856 verwandelte ein riesiger Brand die Stadt in einen Schutthaufen. Die historischen Bauten wurden vernichtet, 3000 Einwohner waren obdachlos. In hektischer Eile entstanden neue Häuser ohne Schmuck und Zier. Doch der Neubeginn nach der Brandkatastrophe wandelte auch die Wirtschaftsstruktur des alten Weberstädtchens: 1857 errichtete Lorenz Hutschenreuther in der Ludwigsmühle die erste Porzellanfabrik. Weitere Fabrikgründungen folgten. Das nahe Böhmen und die benachbarte Oberpfalz lieferten das benötigte Kaolin, die Wälder um Selb boten Holz als Energiequelle, bis Böhmen und Sachsen Hauptlieferanten für die Kohle wurden.

Nach dem Zweiten Weltkrieg fanden rund 5000 Flüchtlinge in Selb eine neue Heimat. Eine rege Bautätigkeit ließ neue Stadtviertel entstehen. Durch eine großzügige Stadt- und Verkehrsplanung unter Mitwirkung der Professoren Gropius und Leibbrand entstand ein modernes Selb mit Umgehungsstraßen, Fußgängerzone, Porzellanbrunnen, Porzellanpflaster und Parkanlagen.

Sehenswürdigkeiten

Die neugotische evangelische **Stadtkirche** wurde nach dem Stadtbrand von 1856 in den Jahren 1859–63 neu errichtet; ihre dreischiffige Vorgängerin ging auf eine romanische Kirche der Herren von Forster zurück. Anstelle des **Rathauses** mit Uhrenturm von 1861/62 befand sich früher ein markgräfliches Jagdschloß. Die **Friedhofskirche** stammt noch aus dem 16. Jh. Beispiel eines modernen Kirchenbaues ist die katholische **Heilig-Geist-Kirche** von 1960/61 im Neubaugebiet Vorwerk mit einem großen Glasmosaikfenster der Wiener Professorin Joham.

Viele Orte verfügen über modern ausgestattete Hallenbäder. Künstlerische Dominante des Hallenbades Selb im Rosenthal-Park ist der Sprungturm mit Porzellan-Reliefs von Victor Vasarely.
(Foto: Stadtverwaltung Selb)

Auskunft: Stadtverwaltung 8672 Selb, Ludwigstr. 6
Verkehr: Bundesstraße 15 Hof–Marktredwitz. Bahnstation. Busverbindung mit Hof, Wildenau (Landesgrenze), Hohenberg, Schirnding, Waldsassen, Wunsiedel, Marktleuthen, Weißenstadt, Gefrees, Bad Berneck, Bayreuth.
Unterhaltung und Sport: Beheiztes Lorenz-Hutschenreuther-Freibad, Waldbad Langer Teich im Südosten, Hallenbad im Rosenthal-Park (mit Porzellanreliefs von Victor Vasarely am Sprungturm), Tennis, Minigolf, Angeln, Reiten (Reithalle), Kunsteisstadion, Rollschuhbahn. – Skilauf am Großen Kornberg (Lift).
Veranstaltungen: Heimat- und Wiesenfest mit Kinderfestzug am 2. Juli-Wochenende. Gastspiele des Hofer Städtbundtheaters und der Hofer Symphoniker. Rosenthal-Feierabend-Veranstaltungen mit namhaften Künstlern im Rosenthal-Theater.
Besichtigungen: Betriebsbesichtigungen in den Porzellanfabriken.
Naherholungsgebiete: Grafenmühlweiher mit Parkanlagen in der Stadtmitte. Rosenthal-Park an der Hofer Straße. Goldberg-Parkanlagen 1/4 Std. südwestlich. Waldlehrpfad Hammerwald 3/4 Std. südlich.

Wanderungen (Wandertafel aus Porzellan vor der Volksbank):

1. Über Pfaffenleithe und Stopfersreuth zum **Waldbad Langer Teich,** 3/4 Std. südöstlich.

2. Über Sommermühle und Längenau auf den **Wartberg** (688 m) an der Landesgrenze, 1 1/4 Std. östlich. Der Basaltkegel trug früher eine Warte. Weiter 1 Std. nordwestlich durch die Wälder an der Grenze nach **Wildenau.** Zurück mit dem Bus über **Erkersreuth** (Schloß).

3. Auf der Hohenberger Straße und ab Siedlung Süd auf dem Selber Häusellohweg zur Siedlung Häusellohe und in das **Naturschutzgebiet Häuselloh,** einem Hochmoor mit seltener Pflanzenwelt, 1 1/4 Std. südöstlich. Zurück über den Breiten Teich, Markgrafenteich und Langen Teich.

4. Über die Siedlung Süd durch den Oberwald auf den **Großen Hengstberg** (651 m) an der Landesgrenze mit prächtigem Buchenwald, 2 Std. südöstlich. Vom Granitgipfel schöner Blick ins Egerland. Abstieg entweder 1/2 Std. südwestlich zum Wanderparkplatz Silberbach-Schrickerswinkel (Busstation) oder in 1 3/4 Std. südöstlich über den Osthang des **Kleinen Hengstberges** (623 m) und über Sommerhau nach **Hohenberg/Eger***. Zurück mit dem Bus.

5. Über den **Wunsiedler Weiher** zur **Waldgaststätte Wellerthal** (Wanderparkplätze) im romantischen Egertal (s. Hohenberg). Zurück entweder östlich zum **Hirschsprung-Felsen** und nördlich nach Silberbach (3/4 Std., Busstation) oder westlich über Blumenthal nach **Leupoldshammer** und nördlich über den Hohen Stein und durch das Lausental (2 Std.).

6. Über die **Vielitzer Höhe** (648 m), Brunn, Merzenhaus zur **Vorsuchhütte** (Gaststätte) und auf den **Großen Kornberg** (827 m) mit Aussichtsturm, 2 1/2 Std. westlich. Zurück über Steinselb und Oberweißenbach (Busstation).

7. Über Oberweißenbach, Ewiges Rauschen und Rondell (s. Höchstädt) nach **Schwarzenhammer** an der Eger, 2 1/2 Std. südwestlich. Zurück mit der Bahn.

SPARNECK

(Kreis Hof, 566 m, 2200 Einw.), anerkannter Erholungsort am Fuße des Großen Waldsteins im nordwestlichen Fichtelgebirge mit Textil-, Stein- und Elektroindustrie. Zur Gemeinde gehören auch die Orte Immerseiden, Reinersreuth und Stockenreuth.

Als Nachfahre der Herren von Waldstein erbaute Rüdiger von Sparneck die 1223 erstmals bezeugte Burg Sparneck. Im frühen 16. Jh. wurden die im Münchberger Land reich begüterten Herren von Sparneck, die im Wappen zwei rote Sparren auf silbernem Grund führten, in eine Fehde des Hans Thomas von Absberg gegen den Schwäbischen Bund verwickelt, dessen Soldaten 1523 die Burg Sparneck zerstörten. Der gleichnamige Ort erhielt 1530 von König Ferdinand Markt- und Stadtrecht. 1477 ließ Friedrich von Sparneck ein Karmeliterkloster errichten, dessen St. Veitskirche nach Einführung der Reformation um 1560 evangelische Pfarrkirche wurde. Der einst rege Bergbau auf Kupfer kam im 30jährigen Krieg zum Erliegen. Das Geschlecht der Herren von Sparneck erlosch 1744.

Die gotische **St. Veitskirche** bewahrt noch zahlreiche Grabdenkmäler aus dem 15./16. Jh.

Auskunft: Marktgemeinde 8663 Sparneck.
Verkehr: Verbindungsstraße Münchberg–Weißenstadt. Nächste Bahnstation Münchberg 5 km. Busverbindung mit Münchberg, Weißenstadt, Zell.
Unterhaltung und Sport: Beheiztes Freibad und Hallenbad in Münchberg 5 km. Segelflugplatz Haidberg bei Zell. - Skilauf.

Wanderungen:

1. Zum aussichtsreichen **Steinbühl** (602 m) mit Gaststätte, 1/4 Std. südlich.

2. Über Einöden zum **Hohen Stein** (817 m; besteigbarer Felsturm) und zur gefaßten **Lamitzquelle,** 1 1/4 Std.südöstlich. Von dort 3/4 Std. östlich zum **Epprechtstein** (798 m) mit Burgruine.

3. Über **Reinersreuth** mit großen Granitbrüchen (Naturerscheinung „Reinersreuther Waldwind“, ein besonders im Winter bei wolkenlosem Himmel auftretender starker Windstreifen) zum aussichtsreichen **Großen Waldstein** (837 m) mit Burgruine und bewirtschaftetem Unterkunftshaus, 1 1/4 Std. südlich. Aufstieg auch vom Wanderparkplatz (Busstation) an der Straße nach Weißenstadt möglich. Zurück auf dem Höhenweg über den **Kleinen Waldstein** (829 m) und über Einöden.
Von Sparneck markierte **Rundwanderwege.**

STAMMBACH

(Kreis Hof, 530 m, 3100 Einw.), Marktgemeinde und Ferienort auf der Hochfläche zwischen Fichtelgebirge und Frankenwald mit Textil- und Baustoffindustrie. Zur Gemeinde gehören auch Förstenreuth, Ölschnitz und Querenbach. Der um 1100 als „Villa Stammbach" gegründete Ort wurde um 1400 von Kaiser Sigmund zum Markt erhoben.

Auskunft: Marktgemeindeverwaltung 8664 Stammbach.
Verkehr: Abzweigung bei Gefrees von der Bundesstraße 2 Bad Berneck– Münchberg. Autobahnanschluß Münchberg Süd 5 km. Bahnstation. Busverbindung mit Münchberg und Gefrees.
Unterhaltung und Sport: Waldschwimmbad.
Veranstaltungen: Schützenfest im Juni.

Wanderungen:

1. Auf den **Weißenstein** (668 m) mit 19 m hohem Aussichtsturm und bewirtschaftetem Unterkunftshaus des Weißensteinvereins, 1/2 Std. südlich. Anfahrt auch mit dem Wagen möglich. Der geologisch interessante Berg auf der Münchberger Gneismasse ist Fundstätte des zähen Eklogit-Gesteins, aus dem Turm und Unterkunftshaus erbaut sind.

2. Über Winklas, Ziegenburg durch das idyllische Perlenbachtal nach **Wirsberg***, 2 Std. südwestlich.

3. Über Förstenreuth, Kuppel nach **Ahornis,** schön gelegenes Dorf mit alter Bergkirche, 1 1/2 Std. nördlich.

4. Über Weickenreuth zur **Wallfahrtskirche Marienweiher** von 1721/45 mit reicher Barockausstattung und Franziskanerkloster von 1644, 1 1/2 Std. nordwestlich.

Thiersheim: Die Pfarrkirche St. Aegidius, früher Mittelpunkt eines befestigten Friedhofes, geht bis in die romanische Zeit zurück. Die angelehnte turmähnliche „Burg" ist vermutlich ein Rest des mittelalterlichen Burghauses der Herren Nothafft von Wildenstein.
(Foto: Gernot Messarius)

THIERSHEIM

(Kreis Wunsiedel, 556 m, 2300 Einw.), Marktgemeinde auf der Hochfläche zwischen Eger- und Röslautal im östlichen Fichtelgebirge. Der schon 1182 urkundlich genannte Ort war befestigter Sitz der Herren Nothafft von Wildenstein. 1398 zur Stadt erhoben mit Privilegien nach Egerer Recht, gelangte Thiersheim 1415 in den Besitz der Nürnberger Burggrafen. Im 30jährigen Krieg wurde Thiersheim 1632 zum größten Teil zerstört.

Die evangelische **Pfarrkirche St. Aegidius** war einst Mittelpunkt des befestigten Friedhofes. Teile der Befestigung sind noch erhalten. Die gotische Hallenkirche mit rundbogigen Kreuzgewölben geht bis in die romanische Zeit zurück; 1962/63 wurde sie umfassend restauriert. Bemerkenswert ist der harmonische Gleichklang verschiedener Bauteile aus vielen Jahrhunderten. Westlich der Kirche, angelehnt an den Bering des Friedhofes, die turmähnliche sogenannte „Burg“, wahrscheinlich Teil des mittelalterlichen Burghauses der Herren Nothafft von Wildenstein.

Auskunft: Marktgemeinde 8591 Thiersheim.
Verkehr: Bundesstraße 15 Hof - Marktredwitz. Bahnstation.
Busverbindung mit Arzberg und Wunsiedel.
Unterhaltung und Sport: Badeteich 1/2 Std. westlich. - Skilanglauf.

Wanderungen:

1. Durch die Wolfsloh auf den **Wartberg** (628 m) mit Aussichtsplattform, 1/2 Std. südlich. Im 15. Jh. ließ Markgraf Albrecht Alcibiades hier eine Lichtsignalstation einrichten: Die Nachricht von feindlichen Einfällen wurde durch Feuer- und Rauchzeichen an die nächsten Stationen auf dem Katharinenberg (bei Wunsiedel) und Schneeberg weitergegeben. Zurück entweder nordöstlich über Böhmmühle oder nordwestlich über Wampen.
2. Über den **Galgenberg** (533 m) nach **Thierstein*** mit aussichtsreicher Burgruine, 1 Std. nordwestlich.
3. Über Stemmas und Kothigenbibersbach zur **Waldgaststätte Steinhaus,** 3/4 Std. nordöstlich. Von dort in 3/4 Std. nach **Hohenberg/Eger***.
4. Über Neuenreuth, Zipfel- und Brutteich (Landschaftsschutzgebiet), Dorf Neuhaus zur **Burgruine Neuhaus** auf dem Schloßberg (585 m) mit geringen Resten der ehem. Burg des 14. Jh., 1 1/4 Std. nordöstlich.
5. Über Altdürrlas zur **Waldgaststätte Wellerthal** im romantischen Egertal (s. Hohenberg), 1 1/2 Std. nordöstlich.

Von Thiersheim mehrere markierte **Rundwanderwege.**

THIERSTEIN

(Kreis Wunsiedel, 618 m, 1600 Einw.), Marktgemeinde im östlichen Fichtelgebirge in der Nähe des Egertales, überragt von einer weithin sichtbaren Burgruine. Eingemeindet wurde der Ort Schwarzenhammer.

Die Burg Thierstein wurde 1343 erstmals urkundlich genannt. Eigentümer war die Familie Nothafft von Tyrstein, die dem reich begüterten egerländischen Adelsgeschlecht der Nothaffte entstammte und die Gegend kolonisierte. 1386 verkauften die Tyrsteiner ihre Burg an den Markgrafen Wilhelm d. Ä. von Meißen. Durch Erbschaft fiel sie 1415 an die Nürnberger Burggrafen. Sie wurde Sitz eines markgräflichen Richteramtes und 1494 Waffenplatz des Sechsämterlandes. Nach Zerstörung im Albertinischen Krieg 1554 durch den böhmischen Kanzler Heinrich Reuß von Plauen erfolgte 1610 der Wiederaufbau. Im 30jährigen Krieg verfiel die Anlage; mehrere Brände vernichteten die restlichen Gebäude.

Die **Ruine der Burg** erhebt sich inmitten des Ortes auf einem Basaltkegel (617 m). Der 24 m hohe runde Bergfried bietet umfassende Rundschau auf das Fichtelgebirge und das Egerland. Das Hauptgebäude hatte früher 3 Stockwerke. Außenmauern und Graben sind noch teilweise erhalten. Der heutige Turmeingang wurde erst später geschaffen; einst war der Eingang nur über eine Leiter erreichbar.

Die evangelische **Pfarrkriche St. Michaelis** wurde bei Kriegsende 1945 stark beschädigt und brannte aus. 1948/49 erfolgte der Wiederaufbau. Erhalten sind noch gotische Grabsteine, darunter der des Hammermeisters Peter Kaiser von 1440.

Auskunft: Marktgemeindeverwaltung 8671 Thierstein.
Verkehr: Bundesstraße 15 Hof–Marktredwitz. Bahnstation Höchstädt-Thierstein.
Unterhaltung und Sport: Angeln, Theaterabende, - Skilanglauf.

Wanderungen:

1. Über Ziegelhütte nach **Kaiserhammer** im Egertal mit ehem. markgräflichem Jagdschloß des 18. Jh., von dem noch der Nord- und Südflügel erhalten ist, 3/4 Std. nördlich. Von dort 1/2 Std. nordwestlich zum waldumschlossenen **Rondell** (s. Höchstädt).

2. Über Hebanz nach **Marktleuthen***, 2 Std. nordwestlich. Zurück über Kaiserhammer.

3. Über Blumenthal zur **Waldgaststätte Wellerthal** im Egertal (s. Hohenberg/Eger*), 1 Std. nordöstlich.

4. Über Pfannenstiel zur **Burgruine Neuhaus** mit geringen Resten einer Burg des 14. Jh. auf dem Schloßberg (585 m), 1 Std. östlich. Abstieg zum Dorf Neuhaus/Eger und zurück über das Landschaftsschutzgebiet Zipfel- und Brutteich, Neuenmühle, Neudürrlas, Schwarzteich und Wäschteich.

5. Über die Öchslersmühle nach **Thierstein***, 1 Std. südöstlich.

TREBGAST

(Kreis Kulmbach, 324 m, 1800 Einw.), Pfarrdorf und Ferienort an den südwestlichen Ausläufern des Fichtelgebirges am Zusammenfluß des Weißen Mains mit der Trebgast. Die Siedlung war um 1035 im Besitz der Walpoten und kam später über die Meranier und Orlamünder an die Nürnberger Burggrafen. Zur Gemeinde gehören auch die Orte Eichholz und Lindau.

Sehenswert ist die evangelische **Pfarrkirche** im Markgrafenstil. Sie wurde 1742/45 anstelle einer gotischen Vorläuferin errichtet. Ihr Inneres beeindruckt durch die heiteren Rokoko-Stukkaturen von F. H. Andrioli und den kunstvollen Kanzelaltar (1748) von Joh. Fr. Fischer. Von der alten Wehrmauer der Kirche sind noch Teile erhalten. An den Torbau von 1604 schließt sich östlich die **Rochuskapelle** an; wahrscheinlich entstand sie im frühen 16. Jh. als Totenkapelle. Das **Pfarrhaus** von 1730, ein zweigeschossiger Quaderbau, trägt das Wappen des Markgrafen Georg Friedrich.

Auskunft: Verwaltungsgemeinschaft 8651 Trebgast.
Verkehr: Abzweigung Himmelkron von der Bundesstraße 303 Bad Berneck– Stadtsteinach. Autobahnanschluß Bad Berneck 5 km. Bahnstation. Busverbindung mit Kulmbach.

Thierstein: Wahrzeichen ist der inmitten des Ortes auf einem Basaltkegel thronende aussichtsreiche Bergfried der verfallenden Burg der Herren von Tyrstein.
(Foto: Gernot Messarius)

Unterhaltung und Sport: Naherholungszentrum mit einem 70 000 qm großen von Naturquellen gespeisten Badesee.
Veranstaltungen: Seefest im Juni. Sommerspiele auf der Naturbühne von Mitte Juni bis Mitte August.

Wanderungen:

1. Zum Wehlitzer Berg mit Naturbühne und Gaststätte Felsenklause, 1/2 Std. westlich. Weiter 1/2 Std. westlich zum **Spitzeichen** (529 m) mit Aussichtsturm.

2. Zum **Laitsch-Wald** mit Teufelsgraben und Teufelsklause, 1 Std. südlich.

3. Über Lindau auf den aussichtsriechen **Rauhen Berg** (464 m), 1 1/4 Std. südwestlich.

4. Am Weißen Main entlang nach **Himmelkron***, 1 1/4 Std. östlich.

5. Auf dem Mainwanderweg über Thiersheim, Leithen, Wolfskehl und Burg Plassenburg nach **Kulmbach,** 3 Std. nordwestlich. Zurück mit dem Bus oder auf dem parallelen Wanderweg über den **Rehberg** (493 m) mit Aussichtsturm.

TRÖSTAU

(Kreis Wunsiedel, 550 m, 2600 Einw.), Ferienort im oberen Röslautal am Nordfuß von Hoher Matze und Kösseine. Zur Gemeinde gehören auch die Orte Fahrenbach, Leupoldsdorf und Vordorf.

Die Siedlung wurde als „Drosen“ 1314 erstmals urkundlich erwähnt. Sie war im Besitz des Reichministerialen Truto von Hertenberg, der seinen Sitz im benachbarten Schönbrunn hatte. 1344 kam die Herrschaft Schönbrunn mit Tröstau an die Nürnberger Burggrafen. Jahrhundertelang war der Eisen- und Zinnbergbau von großer Bedeutung. Das Hammerherrenhaus aus dem 17. Jh. in Leupoldsdorf (heute Schloß-Gasthof) erinnert an die Tradition der Hammerwerke. Erst in der zweiten Hälfte des 19. Jh. wurden die letzten Hammerwerke und Löffelschmieden stillgelegt. Neue wirtschaftliche Belebung brachte die Granitindustrie.

Auskunft: Gemeindeverwaltung 8591 Tröstau.
Verkehr: Bundesstraße 303 (Fichtelgebirgsstraße) Bad Berneck - Marktredwitz. Nächste Bahnstation Marktredwitz 10 km. Busverbindung mit Marktredwitz, Wunsiedel, Nagel und Bayreuth.
Unterhaltung und Sport: Waldbad, Angeln, Reiten, Segelflugplatz. - Skiwandern, Eisstockschießen.

Wanderungen:

1. Zum **Schloßgut Fahrenbach,** 1/2 Std. südöstlich. Die im 14. Jh. von den Nürnberger Burggrafen errichtete Grenzfeste gegen das kurpfälzisch-bayerische Gebiet an der einst hier verlaufenden Straße über den Wurmlopaß dient heute als Hotel. In der Nähe der **Konradsbrunnen,** dessen Wasser früher Wunderkräfte nachgesagt wurden.

2. Über Fahrenbach auf die aussichtsreiche **Kösseine** (939 m) mit bewirtschaftetem Unterkunftshaus, 1 1/2 Std. südöstlich. Zurück durch die **Luisenburg** und über Furthammer.

3. Über Furthammer nach **Wunsiedel***, 1 Std. nordöstlich.

4. Über Leupoldsdorf durch das romantische Röslautal nach **Vordorfermühle,** 3/4 Std. nordwestlich.

5. Über Vordorfermühle zu der gefaßten **Röslaquelle,** 2 1/2 Std. nordwestlich. Zurück 2 1/2 Std. über **Nußhardt** (972 m), **Seehaus** (922 m; bewirtschaftetes Unterkunftshaus), **Platte** (885 m) zur **Gaststätte Silberhaus** (711 m) an der Fichtelgebirgsstraße. Von hier mit dem Bus zurück.

6. Über Eulenloh auf die **Hohe Matze** (813 m), 1 Std. südlich.

7. Über Leupoldsdorferhammer, Steinbruch Fuchsbau (südlich im Hochwald der idyllische kleine **Zinnschützweiher,** einst Zinnwäsche in dem umliegenden Zinnberggebiet) zum **Seehaus** (922 m); guter Stützpunkt für Wanderungen in das **Schneeberggebiet.** Abstieg über die **Platte** (885 m) zur **Gaststätte Silberhaus** (711 m). Zurück mit dem Bus oder in 2 Std. über **Prinzenfelsen, Girgelhöhle** und **Hohe Matze** (813 m).
Von Tröstau markierte **Rundwanderwege.**

WALDERSHOF

(Kreis Tirschenreuth, 551 m, 5000 Einw.), kleine Stadt zwischen Fichtelgebirge und Steinwald im Talgrund der Kössein. Zur Gemeinde gehören auch die Orte Rodenzenreuth und Walbenreuth.

Der Sage nach soll der Ort von dem Rodungsführer Walthari gegründet worden sein, der mit seiner Sippe im Südwesten auf der „Hofstatt" die Siedlung „Waltershove" anlegte. Um 1100 entstand die Wasserburg, deren Eigentümer sich Ritter von Waltershof nannten. 1145 wurde die Burg erstmals als befestigter Sitz beurkundet. In der ersten Hälfte des 13. Jh. kam sie an die Landgrafen von Leuchtenberg und schon 1263 an das Kloster Waldsassen. Bis zur Säkularisation 1803 war sie Amtssitz der Klosterrichter. 1463 wurde Waldershof vom Waldsassener Abt zum Markt erhoben. 1471 ließ der Pfleger Arnold von Hirschstein das Schloß zu einer wehrhaften Anlage umbauen. Mehrere Brände zerstörten den Ort fast vollständig. Auch von der Marktbefestigung mit den vier Toren ist nichts mehr erhalten. Seit 1963 ist Waldershof Stadt. Von wirtschaftlicher Bedeutung ist heute die Porzellanindustrie.

Bis in die heutige Zeit hat sich das Kommun-Brauhaus-Privileg aus dem Jahre 1463 erhalten: An manchen Tagen hängen aus den Dachfenstern einiger Häuser an langen Stangen die „Zoigl" – Fichtenbuschen, die dem Kundigen zeigen, daß hier wieder süffiges Bier ausgeschenkt wird, das im Kommun-Brauhaus von brauberechtigten Bürgern hergestellt wurde.

Das rundgebaute ehemalige **Wasserschloß** mit Fachwerkteilen ist in seiner aus drei Flügeln bestehenden Anlage erhalten und gut restauriert. Die mehrmals umgebaute **Pfarrkirche St. Sebastian** geht geschichtlich bis ins 13. Jh. zurück; früher war sie eine vielbesuchte Wallfahrtsstätte zum Pestheiligen St. Sebastian.

Auskunft: Stadtverwaltung 8591 Waldershof.
Verkehr: Verbindungsstraße Marktredwitz–Kemnath. Bahnstation. Busverbindung mit Marktredwitz, Kemnath, Wiesau, Tirschenreuth.
Unterhaltung und Sport: Kösseinebad am westlichen Stadtrand, ein 27 000 qm großes Freibad mit Ruderbooten. - Skilauf, Eisstockschießen.

Wanderungen:

1. Über Rosenhammer entlang der Kössein nach **Marktredwitz***, 1 Std. nördlich.

2. Entweder über den Mascherberg oder über Wolfersreuth nach Walbenreuth und über Kaltenlohe zum bewirtschafteten **Marktredwitzer Haus** (760 m), 1 1/2 Std. südlich. Von dort Rundwanderung etwa 2 Std. zur **Burgruine Weißenstein** (863 m), auf dem Kammweg zur **Platte** (946 m) mit dem Oberpfalzturm, weiter zum **Katzentrögel** (941 m) und an der Hofwieslohstraße zum Marktredwitzer Haus zurück. In der Nähe Busstation.

3. Vorbei am Kösseinebad über Rodenzenreuth, Weiler Kossain und den 1907 gefaßten **Pfalzbrunnen** (Grenze Oberpfalz/Oberfranken) auf die aussichtsreiche **Kösseine** (939 m) mit bewirtschaftetem Unterkunftshaus, 2 Std. westlich. Zurück über **Graentzer-Stein** (Gedenkstein Forstmann Ludwig Graentzer) und Leutendorf.

4. Richtung Kösseinebad, 50 m vorher auf einem Feldweg zur **Grünitzmühle** und über **Kleinwendern** (Dorfmuseum) zur **Luisenburg,** 2 Std. westlich. Zurück über **Bad Alexandersbad***, den **Wenderner Stein** (685 m; Phillitschiefer-Felsen) und Leutendorf.

5. Entlang der Bahn südwestlich 3 km, dann westlich über die Stehermühle zum **Gasthaus Dragoner,** 1 3/4 Std. Zurück nordöstlich über Rodenzenreuth.

WARMENSTEINACH

(Kreis Bayreuth, 564 m, 3200 Einw.), anerkannter Luftkurort und bedeutender Wintersportplatz in geschützter Lage im oberen Steinachtal am Südhang des Ochsenkopfes. Eingemeindet wurde der ebenfalls anerkannte Luftkurort **Oberwarmensteinach** (700 m) mit den im Steinachtal liegenden Ortsteilen **Grenzhammer** und **Hütten** sowie **Fleckl, Geiersberg** und **Grassemann** auf den Rodungsflächen unterhalb des Ochsenkopfes in über 700 m Höhe.

Die Mündung des Grassemannbaches in die Steinach war einst Grenzknotenpunkt zwischen dem alten Egerland, dem bayerischen Nordgau und dem ostfränkischen, später markgräflichen Gebiet. Vom 13.–17. Jh. war in der Gegend um Warmensteinach der Eisenbergbau mit der Eisenverhüttung von großer Bedeutung. Schon 1326 gab es eine St. Veitsgrube in Fleckl, und in Mähring am Hüttenberg befand sich ein Hochofen. Während des 30jährigen Krieges kam der Eisenbergbau zum Erliegen; viele Eisenhämmer wurden in Mahl- und Schneidmühlen umgewandelt. Seit Anfang des 16. Jh. ist die Glaserzeugung heimisch. Knopf- und Paterlhütten stellten Glasknöpfe und Glasperlen (Paterl, abgeleitet von pater noster) für Rosenkränze her. Nach dem Zweiten Weltkrieg wurde die Glasindustrie durch die Ansiedlung heimatvertriebener sudetendeutscher Glasmacher aus Gablonz neu belebt. Im Steinachtal entstanden zahlreiche Betriebe, die nicht nur Glasschmuck, Glasperlen und Lüstergehänge, sondern auch Hohlglas und Bleikristallglas sowie das dazu benötigte Rohglas herstellen.

Der kulturelle Einfluß der Bayreuther Markgrafen schuf eine Konfessionsgrenze, die noch heute besteht: Im Gegensatz zum evangelischen Warmensteinach sind die Bewohner von Oberwarmensteinach überwiegend katholisch.

So ist die evangelische **Pfarrkirche Hl. Dreifaltigkeit** von 1705 in Warmensteinach in ihrer einfachen Formenbeschränkung eine typische Markgrafenkirche mit umlaufenden Emporen und Kanzelaltar. Die katholische **Pfarrkirche St. Laurentius** in Oberwarmensteinach von 1757 anstelle einer älteren Vorgängerin dagegen überrascht durch ihre reichhaltige Ausstattung mit viersäuligem Hochaltar, Werken spätgotischer Bildhauerkunst und kunstvollen Holzfiguren oberpfälzischer Herkunft aus der Zeit um 1500.

Die stille **Königsheide** (853 m), eine unter Naturschutz stehende moorige Hochfläche mit artenreicher Pflanzen- und Tierwelt, erstreckt sich westlich von Warmensteinach. Charakteristisch sind die vielen Krüppelkiefern (Latschen), mit denen die im Jahre 1848 größtenteils abgeholzten Flächen um 1880 durch Latschensamen wieder aufgeforstet wurden. Der Sage nach soll hier einst ein Königsschloß gestanden haben. Waffen- und Skelettfunde lassen vermuten, daß es auch zu kriegerischen Auseinandersetzungen kam. Im südlichen Teil der Königsheide befindet sich in der Waldabteilung „Altes Schloß" eine größere Wallanlage. Die Zugänge zur Königsheide waren früher in einigen Orten des Kronach- und Steinachtales befestigt.

Am Beginn der nach Grassemann führenden Löchleinstalstraße (Landschaftsschutzgebiet) liegt das **Gasthaus Löchleinstal,** zwischen 1819 und 1823 heimlicher Treffpunkt von studentischen Mitgliedern der „Deutschen Burschenschaft". Karl Sand, ein Sohn der Stadt Wunsiedel, soll hier durch das Los dazu bestimmt worden sein, den als Polizeispitzel der russischen Regierung geltenden Lustspieldichter August von Kotzebue 1819 zu erdolchen.

Auskunft: Verkehrsamt 8591 Warmensteinach, Freizeithaus und Verkehrsbüro 8591 Oberwarmensteinach, Haus des Gastes.
Verkehr: Verbindungsstraße Bayreuth–Fichtelberg (Glasstraße). Bahnstation. Flugplatz in Bindlach 10 km. Busverbindung mit Bayreuth, Fichtelberg, Bischofsgrün und Marktredwitz.

Warmensteinach schmiegt sich mit seinen verstreuten Häusern an den Südhang des Ochsenkopfes. Die zwiebelgekrönte evangelische Pfarrkirche wurde 1705 im Markgrafenstil errichtet.
(Foto: Gernot Messarius)

Bergbahnen: Ochsenkopf-Doppelsessel-Schwebebahn, Talstation Süd Oberwarmensteinach-Fleckl (763 m); Talstation Nord Bischofsgrün-Fröbershammer (657 m). Bergstation auf dem Ochsenkopf 1011 m. Ganzjährig in Betrieb.
Kureinrichtungen: Medizinische Bäder, Massagen (u. a. Unterwassermassagen), Atemtherapie. Elektrobehandlungen, Kneipp'sche Anwendungen.
Unterhaltung und Sport: Freizeithaus mit Glasmuseum, Leseraum, Leihbücherei, Billard, Tischtennis, Freiluftschach. Haus des Gastes in Oberwarmensteinach. Kurkonzerte, Heimatabende, Lichtbildervorträge. Freibad, Freibad und Moorbad in Fleckl, Hallenbad in Fichtelberg. Tennis, Minigolf, Sommerskispringen. - Naturlehrpfad (Jugendherberge Oberwarmensteinach), Trimm-Dich-Pfad (Mausbachtal).
Wintersport: Skischule, Schlepplifte teils mit Flutlicht, Schwebebahn auf den Ochsenkopf mit Skiabfahrt, größte Sprungschanze des Fichtelgebirges, Langlaufloipen, Rodelbahn, Schlittenfahrten.

Wanderungen:

1. Über Geiersberg und **Fleckl** zum bewirtschafteten **Ochsenkopfhaus** (780 m) des Fichtelgebirgsvereins, 1 1/4 Std. nordöstlich. Von dort in 1 1/4 Std. nördlich auf den **Ochsenkopf** (1024 m). Zurück mit dem Sessellift oder über Grassemann (Busstation) und durch das Löchleinstal (teils Fahrstraße).

2. Über den **Dürrberg** (770 m) auf dem Dürrbergsteig nach **Fichtelberg***, 1 1/2 Std. östlich. Zurück über Grünstein, **Steinachquelle** und Fleckl.

3. Auf dem Moosbachsteig zum **Täfelein** (Wegespinne, Busstation) und nach Überquerung der Panoramastraße auf dem Bruckweg und dem bald abzweigenden Wanderweg nach **Bischofsgrün***, 2 Std. nördlich. Eine andere Route führt in 2 Std. durch das Kropfbachtal und auf der Zwieselstraße und dem Mittelweg (Forststraße) zum **Forstämterstein Hirschhorn** (775 m), früher Standort eines Forsthauses, und auf dem Brändleinweg zum **Bahnhof Bischofsgrün** an der Fichtelgebirgsstraße.

4. Durch das Kropfbachtal und auf dem Südweg vorbei am Eselsbrunnen nach **Brandholz** und durch das Zoppatenbachtal nach **Goldmühl,** 2 1/2 Std. nordwestlich.

5. Auf dem Südweg über den **Kreuzstein** (838 m) zum 46 m hohen **Klausenturm** mit Panoramablick auf das Fichtelgebirge und zum nahen **Bayreuther Haus** (Wanderparkplatz, Gaststätte, Wildgehege), 1 1/2 Std. südöstlich.

6. Auf dem Königsheider- und Nemmersdorfer Weg bis zur Einmündung in den Mittelweg und auf diesem über den **Dreihirtenstein** (ehem. Grenzstein zwischen Egergau und Ostfranken) und den **Mahlsack** (Forstreviergrenzstein) vorbei an dem **Jungfernbrunnen** zum zentralen und höchsten Punkt der **Königsheide** (853 m; keine Aussicht), 1 Std. südwestlich. Abstieg 1 1/4 Std. südlich nach **Sophienthal** (Ortsteil von Weiedenberg*). Zurück mit Bus oder Bahn.

7. Auf dem Jägersteig am westlichen Steilhang des engen, bewaldeten und mit Phillitfelsen durchsetzten Steinachtales entlang nach **Sophienthal,** 2 1/4 Std. südlich. Zurück östlich der Steinach auf dem Wurzbachsteig über die **Burgruine Wurzstein** des 12. Jh. und Pfeiferfelsen (in der Nähe Stahlbrunnen).
Von Warmensteinach markierte **Rundwanderwege** in die nähere Umgebung.

WEIDENBERG

(Kreis Bayreuth, 463 m, 5400 Einw.), Markt und anerkannter Erholungsort im Steinachtal am Südwestrand des Fichtelgebirges. Zur Gemeinde gehören auch die Orte Fischbach, Lankendorf, Mengersreuth, **Sophienthal** und Waizenreuth.

Schon 1223 war Weidenberg Sitz der Herren von Weidenberg, deren „Altes Schloß“ auf dem Kirchhügel stand. Nachfolger des 1418 ausgestorbenen Geschlechts waren die Herren von Künßberg, deren 1601 bezeugtes „Unteres Schloß“ 1770 durch Brand zerstört wurde. Das heute noch bestehende „Obere Schloß“ , 1651 als markgräfliches Lehen der Herren von Künßberg erwähnt, kam noch im gleichen Jahr an die Herren von Lindenfels und 1746 an die Bayreuther Markgrafen, die hier 1770 einen Amtssitz einrichteten. Nach dem großen Brand von 1770 entstand das heutige Ortsbild mit dem Oberen und Unteren Markt. Durch die Ansiedlung sudetendeutscher Glasmacher wurde Weidenberg Mittelpunkt der Gablonzer Glasindustrie.

Die evangelische **Pfarrkirche St. Michael** geht auf eine im 15. Jh. errichtete Schloßkapelle der Herren von Künßberg zurück. Die drei unteren Geschosse des Turmes stammen noch aus dem 15. Jh., während die beiden Obergeschosse 1576 aufgesetzt wurden. Nach dem Brand von 1770 wurde das Langhaus als Saalkirche im Markgrafenstil mit doppelgeschossiger umlaufender Empore und frühklassizistischem Kanzelaltar neu errichtet. Bemerkenswert das gotische Kruzifix um 1500, die Epitaphbilder und Grabsteine sowie die Deckengemälde (1770/80) von Wilhelm Ernst Wunder.

Das ehemalige **Obere Schloß** aus dem 17. Jh. wurde mehrfach umgebaut und dient heute als Bildungs- und Begegnungsstätte.

Die evangelische **Friedhofskirche St. Stephan** im Tal des Stephansbaches wurde bereits 1415 erstmals erwähnt. Der jetzige Bau stammt aus der 2. Hälfte des 15. Jh. Eine Sehenswürdigkeit ist der kunstvolle Renaissancealtar von 1661 mit den lebensgroßen Stifterfiguren der Künßberger.

Auskunft: Fremdenverkehrsgemeinschaft 8581 Weidenberg.
Verkehr: Verbindungsstraße Bayreuth–Fichtelberg (Glasstraße). Bahnstation. Busverbindung mit Bayreuth, Warmensteinach, Fichtelberg.
Unterhaltung und Sport: Freibad, Hallenbad, Tennis, Minigolf, Angeln, Reiten. - Skilauf, Eislauf.
Veranstaltungen: Volks- und Wiesenfest Mitte Juli
Sammlungen: Volkskundesammlung des Fichtelgebirgsvereins.

Wanderungen:

1. Rundwanderweg vom Rathaus südöstlich über den Kulm nach Fischbach; zurück über Langengefäll, insgesamt 2 1/2 Std.

2. Rundwanderweg vom Rathaus nordwestlich über Schuhmühle, Grund zur **Bocksleite;** zurück über Lankendorfer Berg, Ziegelhütte und St. Stephanskirche.

3. Rundwanderweg vom Bahnhof nördlich über Heßlach, Gossenreuth nach **Keilstein;** zurück über Rügersberg, insgesamt 2 1/2 Std.

4. Rundwanderweg vom Bahnhof östlich über Mengersreuth, Mittlernhammer nach **Altenreuth;** zurück über Waizenreuth und Rosenhammer, insgesamt 3 Std.

5. Zum **Schloßgut Rosenhammer** (16./17. Jh.) mit Ausflugsgaststätte, knapp 1/2 Std. östlich.

6. Über Rügersberg zum zentralen und höchsten Punkt der **Königsheide** (853 m; keine Aussicht, s. Warmensteinach), 2 Std. nördlich.

Wanderungen vom Ortsteil Sophiental 4 km nordöstlich:

1. Zum aussichtsreichen **Iskaraberg** (637 m), einem Phillitrücken, dessen Name keltischen Ursprungs ist (isca = Wasser), 1/2 Std. südöstlich.

2. Zum **Schloßhügel** (699 m) mit Resten einer historischen Wallanlage, 1/2 Std. nordöstlich.

3. Über Muckenreuth zur **Gänskopfhütte** (743 m), Unterkunftshaus des Fichtelgebirgsvereins, 1 Std. östlich. Zurück auf dem Westweg oder weiter 1 1/2 Std. nordöstlich über Königskron zum aussichtsreichen **Klausentrum** und zum nahen **Bayreuther Haus** (Gaststätte, Wildgehege). Von dort 1 Std. nördlich nach **Fichtelberg*** und mit dem Bus zurück.

4. Über Wildenreuth und Kattersreuth zum Zentralpunkt der **Königsheide** (853 m), 1 1/2 Std. nordwestlich.

5. Auf dem Wurzsteig östlich der Steinach über die **Burgruine Wurzstein** (12. Jh.) und Pfeiferfelsen (in der Nähe Stahlbrunnen) nach **Warmensteinach***, 2 Std. nördlich. Zurück auf dem Jägersteig westlich der Steinach.

6. Über Muckenreuth und Eckartsreuth nach **Kirchenpingarten** an der Straße von Weidenberg nach Immenreuth, 1 1/4 Std. südöstlich. Sehenswert ist die katholische **Pfarrkirche St. Jakobus maior** von 1690/91 inmitten eines befestigten Friedhofes mit Holzrelief der 14 Nothelfer von 1510; im Südwesten des Friedhofes die Totenkapelle von 1752. Zurück über Reislas, Langengefäll und Waizenreuth.

WEISSENSTADT

(Kreis Wunsiedel, 630 m, 4500 Einw.), alte Bergstadt und anerkannter Erholungsort an der oberen Eger in zentraler Lage zwischen Waldsteinzug und Schneebergkette. Attraktion ist der 1976 wieder erstandene 50 Hektar große Weißenstädter See, der von der Eger gespeist wird. Zur Gemeinde gehören neben anderen Orten auch Franken, Ruppertsgrün, Schönlind, Torfmoorhölle, Voitsumra, Weiherhöfen und Weißenhaid.

Blick in die Geschichte:

Wahrscheinlich erfolgte die Besiedlung des ehemaligen Sechsämterstädtchens schon im 11. Jh. Weißenkirchen (= Weißenstadt) war 1317 mit der nahen Höhenburg Rudolfstein im Besitz des Grafen Berthold von Henneberg, der die Herren von Hirschberg als Pfleger betraute. Die Güter kamen um 1333 an das Kloster Waldsassen, 1347 an die Nürnberger Burggrafen. Die Herren von Hirschberg amtierten weiter und bezogen ihr Burggut in Weißenstadt, das im Südosten des Ortes lag. Von der Burg auf dem Rudolfstein sind fast keine Spuren mehr vorhanden. Mit der Stadterhebung 1348 wurde Weißenkirchen in Weißenstadt umbenannt. Gleichzeitig erfolgte die Befestigung mit Mauern und vier Toren, die später abgetragen wurden. Wie Hohenberg wurde Weißenstadt 1413 Kaiserliche Freistatt mit Asylrecht.

Von großer Bedeutung war im Mittelalter der Bergbau auf Zinn, Silber und Kristalle. Weißenstadt wurde Sitz eines Zinner-Gerichts. In der Umgebung gab es mehrere Zinnwäschen. An die Zeit der Zinnbergwerke erinnern noch Halden in Schönlind und Weißenhaid. Die Auswirkungen des 30jährigen Krieges hemmten die Entwicklung. 1823 vernichtete ein Großbrand fast die gesamte Stadt. Danach verlegte man die Scheunen in langen Reihen an den Stadtrand, wo sie noch immer sichtbar sind.

Heute ist die Granitindustrie wichtigster Wirtschaftszweig. Erhard Ackermann (1813–1880), berühmter Sohn der Stadt, begründete die Weißenstädter Hartsteinschleiferei. Polierter Marmor aus Weißenstadt fand nicht nur in der Befreiungshalle bei

Kelheim, sondern auch bei Monumentalbauten in aller Welt Verwendung. Später ging der Betrieb in den Vereinigten Granit-, Syenit- und Marmorwerken (Grasyma) auf.

Sehenswürdigkeiten:

Die evangelische **Stadtpfarrkirche St. Jakob** geht geschichtlich bis in die romanische Zeit zurück. Mit Einführung der Reformation 1529 erlosch der ursprüngliche Name „Unsere Liebe Frau“. Nach dem Brand von 1823 mußte die Kirche vollständig erneuert werden. Ihr Inneres wird durch doppelgeschossige umlaufende Emporen und den spätklassizistischen Kanzelaltar bestimmt. Der Taufstein aus poliertem Granit ist eine Stiftung des Weißenstädter Bürgers Erhard Ackermann von 1861.

Die evangelische **Gottesackerkirche zur Hl. Dreifaltigkeit** von 1581 besitzt noch Teile des ehemaligen Altars der Stadtpfarrkirche, die 1669 gefertigt wurden. Bemerkenswert sind auch die vielen alten Grabplatten.

Die katholische **Kirche St. Maria Immaculata,** eine schlichte Chorturmanlage von 1934, birgt als Sehenswürdigkeit ein Holzbildwerk „Maria mit dem Kinde“ aus der Zeit um 1500.

Auskunft: Verkehrsamt 8671 Weißenstadt, Rathaus.
Verkehr: Verbindungsstraße Gefrees–Selb. Autobahnanschluß Gefrees 13 km. Nächste Bahnstationen Kirchenlamitz Ost 11 km und Münchberg 14 km. Busverbindung mit Kirchenlamitz Ost, Münchberg, Gefrees, Bad Berneck, Bayreuth, Wunsiedel, Selb, Hof.
Unterhaltung und Sport: Freibad mit 2000 qm Wasserfläche. Weißenstädter See mit Möglichkeiten zum Baden, Segeln, Windsurfen, Rudern, Angeln. Trimm-Dich-Pfad. - Skilauf, Rodeln, Eislauf, Eisstockschießen.
Veranstaltungen: Volks- und Wiesenfest Mitte Juli

Wanderungen:

1. Auf dem Uferweg rund um den **Weißenstädter See,** 1 Std.

2. Über Kellerhaus (Gasthaus) und vorbei an Schönlind zur **Weißenhaider Mühle** (beliebte Auflugsgaststätte im Waldtal der Alten Eger), 1 Std. südwestlich.

3. Über Schönlind und Weißenhaid zur **Egerquelle** (752 m) inmitten einer Buchenpflanzung, 2 Std. südwestlich. Parkplatz 100 m entfernt an der Straße Weißenstadt - Bischofsgrün. Zurück über die Weißenhaider Mühle.

4. Über Kellerhaus auf dem Höhenweg zum **Rudolfstein** (866 m) mit eigentümlich geschichteten Felstürmen, 1 1/2 Std. südlich. Von der 1317 bezeugten Höhenburg sind kaum noch Spuren vorhanden. Weiter in das Schneeberggebiet oder zurück entweder über Finkenmühle und Schwarzer Weiher oder über die Felspartien „Drei Bürder" und die Weißenhaider Mühle.

5. Über Campingplatz, Dr. Goepelstein auf dem Höhenweg und mit dem einmündenden Nordweg auf den **Großen Waldstein** (877 m) mit Burgruine, Aussichtpavillon und bewirtschaftetem Waldsteinhaus, 1 1/2 Std. nordwestlich. Wanderparkplatz und Busstation in der Nähe an der Straße Weißenstadt - Sparneck. Zurück an einem Steinbruch vorbei und über Rondell, Berliner Schullandheim, Räuberhüttle (Rundblick) und Bahnhof.

6. Über Campingplatz auf dem Kirchsteig vorbei an Ruppertsgrün über Kroatenloh und Zellerfels zur **Saalequelle** (707 m) im Münchberger Stadtwald, 1 3/4 Std. nordwestlich. Von dort 1 Std. nordöstlich zum **Großen Waldstein.**

7. Über die **Zigeunermühle** (Gasthaus, Naturfreundehaus) auf den **Epprechtstein** (798 m) mit Burgruine, 2 Std. nordöstlich. Abstieg 1/2 Std. südöstlich zur Ausflugsgaststätte Waldschmiede. Zurück mit dem Bus.

8. Über Grafenmühle, Franken und der Eger folgend über **Thusmühle** (28 m hoher Egerwasserfall) nach **Röslau***, 1 3/4 Std. südöstlich. Zurück jenseits der Eger über Grub und Oberen Galgenberg.

Von Weißenstadt mehrere markierte **Rundwanderwege.**

WIESAU

(Kreis Tirschenreuth, 506 m, 5000 Einw.), Markt und Ferienort am Ostrand des Naturparks Steinwald mit Keramik-, Textil- und Basaltindustrie. Nordwestlich liegt 1 km entfernt das 1836 nach dem bayerischen Prinzen König Otto von Griechenland benannte **König-Otto-Bad,** dessen Schwefel- und Stahlquellen schon seit 1542 bekannt sind. Die Auswirkungen des Zweiten Weltkrieges beendeten zwar den Badebetrieb, doch kann man die heilkräftigen Wasser direkt an der Quelle im ehemaligen Kurpark probieren. Heute werden „König-Otto-Sprudel" und „Koba"-Limonade in Flaschen verschickt.

Die **Pfarrkirche** wurde nach Zerstörungen im 30jährigen Krieg 1631–63 neu errichtet und 1935 erweitert. Neben dem Eingang steht eine granitene Mariensäule von 1697. Im Inneren befinden sich zahlreiche Grabdenkmäler und Epitaphien.

Auf dem aussichtsreichen **Kreuzberg** (627 m) erhebt sich die **Kreuzbergkirche** von 1657. Bemerkenswert ist das Rokoko-Dekkenfresko von 1740.

Auskunft: Marktverwaltung 8591 Wiesau.
Verkehr: Abzweigung bei Schönhaid von der Bundesstraße 299 Erbendorf– Mitterteich. Bahnstation. Busverbindung mit Marktredwitz, Fuchsmühl, Friedenfels, Falkenberg, Waldsassen.
Unterhaltung und Sport: Bade- und Angelmöglichkeit im südlich gelegenen Naherholungsgebiet der Wiesauer Waldseen mit Sportpfad. Tennis. - Eislaufplatz, Eisstockschießen.

Wanderungen:

1. Über Fürstenhof nach **Fuchsmühl***, 3/4 Std. nordwestlich. Zurück über den **Hakkelstein** (723 m) und Güttern.

2. Über **Triebendorf** (Steinbruch mit Basaltsäulen) zum **Großen Teichelberg** (685 m; s. Fuchsmühl), 1 1/2 Std. nördlich. Zurück über Fuchsmühl.

3. Auf dem Südweg über **Kornthal** (Badesee), Muckenthal, Voitenthan nach **Friedenfels***, 2 Std. südwestlich. Zurück über Güttern und Kornthal.

4. Über Naherholungsgebiet **Wiesauer Waldseen,** Schönhaid, **Seidlersreuth** (Badeweiher) nach **Falkenberg** mit gleichnamiger Burg (Goldstadt-Reiseführer Oberpfalz), 2 Std. südöstlich.

5. Über Wiesauer Waldseen nach **Tannenlohe** (Jugendherberge), 1 3/4 Std. südlich. Von dort in das romantische **Waldnaabtal** (unter Naturschutz). Zurück über Falkenberg (Busverbindung).

6. Über Leugas durch schöne Wald- und Weiherlandschaft nach **Tirschenreuth** (Goldstadt-Reisführer Oberpfalz), 3 1/4 Std. östlich. Zurück mit dem Bus über Falkenberg.

WIRSBERG

(Kreis Kulmbach, 370 m, 2000 Einw.), Marktgemeinde und anerkannter Luftkurort am Rand des südwestlichen Steilabfalls des Frankenwaldes und den Ausläufern des Fichtelgebirges in schöner Lage am Zusammenfluß von Kosser und Schorgast.

Die Geschichte des 1139 urkundlich genannten Ortes geht auf eine Turmhügelanlage aus der Zeit um 1000 und eine Burg zurück, die 1248 aus dem Besitz der Herzöge von Meranien an die Grafen von Orlamünde und 1340 an die Nürnberger Burggrafen kam. Der Ort war sowohl Stammsitz des 1687 ausgestorbenen

Ministerialengeschlechts der Herren von Wirsberg als auch der 1670 ausgestorbenen Herren von Rabenstein, die in dem „Schlößchen" hinter der Kirche wohnten.

Die **Johanniskirche** von 1743 im fränkischen Markgrafenstil mit farbenprächtigem Kanzelaltar birgt neben einem alten Taufstein ein Bild aus der Schule Lucas Cranachs. Hinter der Kirche das **Rabensteinschlößchen,** einst Sitz der Familie von Rabenstein. Das **Alte Rathaus,** ein Fachwerkbau von 1700, trägt das Wappen der Herren von Wirsberg. Auf dem **Schloßberg** mitten im Ort thronte die 1554 zerstörte Burg Wirtesburg. Oberhalb des **Kaiserdenkmals** liegt der **Terrassen-Turmhügel** von um 1000; in der Nähe das **Siegesdenkmal** von 1870/71. Am Friedhof die **Grabkapelle** von 1600.

Im Norden auf „dem Haag" die freigelegten Mauerreste der 1433 erstmals erwähnten gotischen **St. Leonhardskapelle,** die als Wallfahrtskirche dem Pferdepatron St. Leonhard gewidmet war und um 1600 nach Einführung der Reformation abgebrochen wurde; die Steine fanden für den Bau der Grabkapelle am Friedhof Verwendung. Bei Ausgrabungen fand man die Fundamente einer spätromanischen Vorgängerin, die vermutlich auf dem Boden einer altgermanischen Kultstätte entstand.

Weiter nördlich die Ruine der im 16. Jh. bis auf die Stirnmauer abgetragenen **Heilingskirche.** Sie war ebenfalls eine Wallfahrtskirche. Ihre Bauzeit ist nicht bekannt; die erste urkundliche Erwähnung erfolgte 1469. Der Sage nach sollen unter ihr „zwölf goldene Apostel" begraben sein. Bis zur Kirche führten einst die Stollen des ehemaligen Kupferbergwerks.

Auskunft: Kurverwaltung 8655 Wirsberg, Neues Rathaus.

Verkehr: Bundesstraße 303 Stadtsteinach–Bad Berneck. Autobahnanschluß Bad Berneck 5 km. Bahnstation Neuenmarkt-Wirsberg 2 km. Busverbindung mit Bad Berneck, Kulmbach. Haltestelle des Omnibus-Linienverkehrs Berlin-Fichtelgebirge (Bayern-Express).

Kureinrichtungen: Kurbad für medizinische Bäder, Massagen und Bestrahlungen.

Unterhaltung und Sport: Kurhaus mit Lese- und Fernsehraum. Waldschwimmbad und Freizeitzentrum im Schorgasttal. Kneippanlage, Naturlehrpfad, Tennis, Reiten. - Skilanglauf. - Deutsches Dampflokomotivmuseum in Neuenmarkt 2 km.

Aussichtspunkte: Aussichtspavillons auf der Theresienhöhe, dem Lindenberg und der Sessenreuther Höhe.

Wanderungen:

1. Durch das romantische Schorgasttal über die **Grundmühle** (Gaststätte) nach **Marktschorgast***, 1 1/2 Std. östlich.

2. Durch das Kossertal über Adlerhütte, Schlackenmühle, Einöde und am Großen Kosserbach entlang nach **Marienweiher** mit Barock-Wallfahrtskirche von 1719/40, 2 Std. nördlich.

3. Über die ehem. **St. Loenhardkapelle** und **Ruine Heilingskirche** vorbei an Neufang über Dörnhof zum aussichtsreichen **Peterlesstein** (591 m), bekannt als „Magnetberg des Frankenwaldes“, weil Spuren von Magneteisen die Kompaßnadel ablenken, 2 Std. nördlich. Aus dem Serpentingestein des kahlen Felsens wurden früher Rosenkranzperlen (= Paterla, abgeleitet von pater noster) hergestellt. Zurück über Hermeshöhe, am Kleinen Kosserbach entlang sowie über Aschatzmühle, Schmölz und Einöde.

4. Über Reutlashof, Ködnitz, Plassenburg nach **Kulmbach** *, 3 Std. westlich. Zurück über Fölschnitz und das Dorf See.

5. Nach **Himmelkron***, (dabei die Eisenbahn-Steilstrecke „Schiefe Ebene“ querend, s. Marktschorgast), 1 1/2 Std. südlich.

WUNSIEDEL

(Kreisstadt, 555 m 11 000 Einw.), zentral gelegener Hauptort des Fichtelgebirges im Röslautal, Geburtsort des Dichters Jean Paul, Stadt der Luisenburgfestspiele und Sitz einer Staatlichen Fachschule für Steinbearbeitung. Wunsiedel beherbergt bedeutende Industriebetriebe mit Granitbearbeitung, Steinschleifereien, Kalkbrüchen und -brennereien, Mineralmühlen, Porzellan-, Glas-, Farben- und Textilfabriken, Holzbearbeitung, Brauereien und einer Likörfabrik. Zur Stadtgemeinde gehören u. a. auch die Orte Bernstein, Breitenbrunn, Göpfersgrün, Hildenbach, Holenbrunn und Schönbrunn.

Blick in die Geschichte:

Die alte Siedlung (Wunne = Waldwiesenland, sedel = Edelsitz) gehörte zum historischen Egerland und verdankt ihre Entstehung einer längst verschwundenen Burg, die südlich der Stadtpfarrkirche St. Veit auf dem Bocksberg thronte. In einer Urkunde des Bistums Bamberg wurde der Ort 1163 erstmals genannt; Burgherr war Albrecht von Wunsiedel, der einem egerländischen Adelsgeschlecht entstammte. 1321 kaufte Burggraf Friedrich IV. die „Purch zu Wunsidel“ und verlieh dem Ort 1326 das Stadtrecht. Der aufblühende Bergbau auf Zinn und Eisen brachte Wohlstand in die Stadt. Die Marmorbrüche der Umgebung lieferten Steine für die Befestigungsanlagen, so daß Wunsiedel bald als „Stadt der marmornen Mauern und Türme“ bekannt wurde. In den Kriegen gegen die Hussiten 1430 und Böhmen 1462 verteidigten die Bürger erfolgreich ihre Stadt. Gegen Ende des 15. Jh. wurde Wunsiedel Verwaltungsmittelpunkt des Sechsämterlandes. 1528 fand die Reformation Eingang. Im 30jährigen Krieg kam der Bergbau zum Erliegen. 1791 gelangte Wunsiedel mit der Markgrafschaft Bayreuth an Preußen und nach kurzer französischer Herrschaft 1810 an das Königreich Bayern. Mehrere Großbrände, zuletzt 1731 und 1834, vernichteten den größten Teil der Stadt. Heute ist Wunsiedel Sitz des Großlandkreises Wunsiedel mit fast den gleichen Grenzen des alten Sechsämterlandes einschließlich der ehemals egerländischen Enklave Marktredwitz.

„Ich bin gern in Dir geboren, du kleine, aber gute lichte Stadt“, schrieb der Dichter Jean Paul (Friedrich Richter; 1763–1825) über seine Geburtsstadt. Wunsiedel ehrt aber auch das Andenken an den unglücklichen Burschenschaftler Karl Sand (1795–1820), der ebenfalls hier geboren wurde, 1819 aus patriotischen Motiven den russischen Staatsrat August von Kotzebue ermordete und auf dem Schafott endete.

Sehenswürdigkeiten:

Die evangelische **Stadtpfarrkirche St. Veit** (ursprünglich St. Martin) geht als älteste Kirche der Stadt ins 12. Jh. zurück. Der noch bestehende gotische Chor stammt aus dem 15. Jh. Ein Blitzschlag zerstörte die Kirche 1903 bis auf die Umfassungsmauern. Bei der Wiederherstellung orientierte man sich an der 1731 nach einem Großbrand im Markgrafenstil errichteten Vorläuferin.

In der Nähe die **Spitalkirche St. Maria** mit dem **Spital,** 1449 gestiftet von dem Wunsiedeler Großkaufmann Sigmund Wann, der durch Bergbau und Zinnblechhandel ein reiches Vermögen erwarb. Seine 1451 eingesetzte großzügige Stiftung ermöglicht bis heute die Versorgung von 12 Pfründnern in einem Altersheim. Die nach Bränden mehrmals umgebaute Spitalkirche besteht aus einem kleinen einschiffigen Raum mit dreiseitigem Chorabschluß und Holzflachdecke. Das ehemalige Spital, ein im Kern spätgotischer dreigeschossiger Bau, beherbergt heute das Fichtelgebirgsmuseum.

Das **Fichtelgebirgsmuseum** (Eingang Spitalhof) enthält reichhaltige Sammlungen zur Geschichte des Fichtelgebirges und seiner Bewohner (u. a. Bauernmöbel, Trachten, Handwerkskunst). Den Wunsiedeler Söhnen Jean Paul und Karl Sand sind Gedenkzimmer gewidmet. Besonders sehenswert ist auch die große Mineraliensammlung. Eine Fachbibliothek enthält zahlreiche Werke aus dem Kulturbereich des Fichtelgebirges.

Die katholische **Stadtpfarrkirche zu den zwölf Aposteln** entstand 1883/84 als neugotischer Gewölbebau. Sie besitzt über dem Marienaltar eine spätgotische Steinfigur „Maria mit dem Kind" (um 1420), am zweiten Altar an der Westseite als Antependium ein Holzrelief „Beweinung Christi" (um 1500) und auf der Empore westlich vom Chor ein Holzrelief „Die zwölf Apostel" (um 1520).

Die **Gottesackerkirche Hl. Dreifaltigkeit** wurde 1672 geweiht. An den Langhauswänden befinden sich Bildnisse der ab 1568 eingesetzten Wunsiedeler Superintendenten. Die kulturgeschichtlich interessanten Rundscheiben in einem der Langhausfenster wurden wahrscheinlich in Bischofgrün angefertigt. Kirche und Friedhof besitzen zahlreiche künstlerische Grabsteine, die bis in das 16. Jh. zurückreichen und teilweise vermutlich von den Bayreuther Meistern Elias und Gabriel Räntz geschaffen wurden.

Am Marktplatz das **Rathaus** von 1840. Es bewahrt außer dem Stadtarchiv mit alten Urkunden auch die Stadt- und Kirchenbibliothek.

Die Kreisstadt Wunsiedel war einst Zentrum des historischen Sechsämterlandes. Von den Befestigungsanlagen ist noch das malerische Koppetentor aus dem 15. Jahrhundert erhalten.
(Foto: Gernot Messarius)

Das malerische **Koppetentor** aus der Zeit um 1460, Rest der früheren Stadtbefestigung, ist das Wahrzeichen der Stadt. Beschädigungen durch Brände machten mehrfache Umbauten des Turmes erforderlich.

Das **Jean-Paul-Geburtshaus,** ein altes Schulhaus, liegt hinter der evangelischen Stadtpfarrkirche am Jean-Paul-Platz 5. Davor steht eine von Ludwig Schwanthaler modellierte **Jean-Paul-Büste.** Das Geburtshaus des Freiheitskämpfers **Karl Sand** mußte dem Verkehr weichen.

20 Brunnen zieren das Stadtgebiet. Nach altem Brauch werden sie am Samstag vor dem 24. Juni (Johanni) mit Blumen und Lichtern geschmückt. Bei Einbruch der Dunkelheit ziehen Musikanten spielend und singend von Brunnen zu Brunnen. Das Brunnenfest geht bis in das Jahr 1767 zurück; es entstand nach Beendigung einer langen Trockenperiode.

Die ehemalige **Wallfahrtskirche St. Katharina** zu Ehren der hl. Katharina von Alexandrien erhebt sich als Ruine auf dem aussichtsreichen **Katharinenberg** (618 m) südlich der Stadt. Die erste urkundliche Erwähnung erfolgte 1364; das Dokument befindet sich im Stadtarchiv. Vom Katharinenberg belagerte 1462 das böhmische Heer die Stadt. Nach siegreicher Abwehr wurde die Kapelle vergrößert und der noch erhaltene Turm angefügt. Mit Einführung der Reformation verfiel die Kirche; der Turm wurde weiterhin als Wartturm benutzt. Seine Nordseite trägt die Inschrift: „Wunsiedel verteidigt sich gegen die Hussiten 1430, gegen die Böhmen 1462“. Der mit schönem Wald (200 Jahre alte Birken) bewachsene Katharinenberg aus Phyllitgestein wurde zum Naturpark erklärt. Am Fuß entstand ein Erholungszentrum mti einem Sportteich.

Auskunft: Städtisches Verkehrsamt 8592 Wunsiedel.

Verkehr: Bundesstraße 303 Bad Berneck–Marktredwitz. Bahnstation Wunsiedel-Holenbrunn. Busverbindung mit Holenbrunn, Marktredwitz und vielen Orten des Fichtelgebirges.

Unterhaltung und Sport: Freibad, Hallenbad, Rudern, Tennis, Minigolf, Angeln. - Skilauf, Rodeln, Eislauf, Eisstockschießen.

Veranstaltungen: Luisenburg-Festspiele Ende Juni bis Mitte August, verbunden mit Kunstausstellungen in Wunsiedel. Städtische Kammerkonzerte. Brunnenfest am Samstag vor dem 24. Juni.

Sammlungen: Fichtelgebirgsmueseum, Eingang Spitalhof.
Spezialitäten: Sechsämtertropfen (bitter-süßer Fruchtlikör aus Vogelbeeren). Ausschank im Sechsämterstübchen gegenüber der katholischen Stadtpfarrkirche.

Wanderungen:

1. Rundweg Beamtenlaufbahn. Vorbei am Krankenhaus auf der Bibersbacher Straße bis zur Abzweigung vor dem Wald, auf dieser links über die Markus-Zahn-Allee. Vom Pavillon schöner Blick auf Wunsiedel und das Kösseine-Massiv. Nach Einmündung der neuen Hofer Straße auf dieser zurück. Insgesamt 1 1/2 Std.

2. Vorbei am Sportweiher und Schwimmbad auf einem Wiesenweg zum hochgelegenen Dorf **Breitenbrunn,** 1/2 Std. südlich.

3. Über den **Katharinenberg** (618 m) mit Kirchenruine nach **Bad Alexandersbad*,** 3/4 Std. südöstlich.

4. Über Schneckenhammer, Juliushammer und Unterthölau nach **Marktredwitz***, 2 Std. südöstlich. Zurück mit dem Bus oder vorbei am Krankenhaus und auf dem Quellenweg über Bad Alexandersbad.

5. Auf dem Höhenweg über Gasthof Waldlust zur **Luisenburg** (s. dort), 3/4 Std. südlich.

6. Über den Schönbrunner Berg nach **Schönbrunn** mit sehenswerter Dorfkirche, 3/4 Std. südwestlich. Der Ortsteil Schönbrunn war einst Sitz einer Rodungsherrschaft; Burgplatz und Graben westlich der Kirche sind noch zu erkennen. Die Kirche St. Peter stammt aus dem 13. Jh.; im spätromanischen Tonnengewölbe des Chorraumes wurden Wandmalereien des 15. Jh. freigelegt. - Auf dem Dorfplatz ein für den Landkreis Wunsiedel typischer **Dorfbrunnen** des 18. Jh. der kreisförmig von Kühlkammern umgeben ist und früher der Milchfrischhaltung diente. Weiter 1/4 Std. nordwestlich zum **Hildenbühl** (666 m) mit schöner Rundsicht. Zurück über Ziegelhütte und Göringsreuth.

7. Über Göringsreuth, Hildenbach, Vordorf (ehemals Zinnbergbau), Rudolfsattel, Felspartie Drei Brüder zum **Rudolfstein** (866 m), 3 1/4 Std. nordwestlich. Abstieg 1 1/2 Std. nördlich nach **Weißenstadt***; zurück mit dem Bus.

8. Über Valetsberg und Bibersbach nach Röslau*, 1 1/4 Std. nordwestlich.

9. Über Valetsberg auf dem Valetsberger Weg und Mittelweg durch das **Zeitelmoos,** eines der größten Hochmoore des Fichtelgebirges (→ Seite 174) nach Vierst und Vordorf, 2 Std. nordwestlich. Zurück über Hildenbach und Göringsreuth.

Von Wunsiedel mehrere markierte **Rundwanderwege.**

ZELL

(Kreis Hof, 624 m, 2300 Einw.), Marktgemeinde und anerkannter Erholungsort am Westfuß des Großen Waldsteins nahe der Saalequelle. Westlich liegt der langgestreckte **Haidberg** (693 m), bekannt als „Magnetberg des Fichtelgebirges“, dessen Serpentingestein so magneteisenhaltig ist, daß eine starke Ablenkung der Kompaßnadel erfolgt; Alexander von Humboldt entdeckte 1796 dieses Phänomen.

„Cella Waltstein“ wurde vermutlich von Benediktinern gegründet. Zu Beginn des 12. Jh. kam die Mönchszelle an den Bamberger Bischof Otto I., um 1230 an die Herren von Sparneck und 1563 an die Markgrafen von Kulmbach-Bayreuth, die dem Ort die Marktrechte verliehen.

Auskunft: Marktverwaltung 8665 Zell.
Verkehr: Abzweigung Friedmannsdorf von der Bundesstraße 2 Bad Berneck–Münchberg. Autobahnanschluß Gefrees 10 km. Nächste Bahnstation Münchberg 7 km. Busverbindung mit Münchberg, Sparneck und Gefrees.
Unterhaltung und Sport: Beheiztes Freibad, Hallenbad, Angeln, Segelfliegen (Flugplatz Haidberg). - Skilauf.
Sammlungen: Oberfränkisches Bauernhofmuseum in Kleinlosnitz.

Wanderungen:

1. Auf dem Quellenweg zur **Saalequelle** (707 m), 1/2 Std. südlich. Die aus dem Stollen eines ehem. Bergwerks sprudelnde Quelle trägt eine Syenittafel mit der Inschrift: „Quelle der Saale, gefaßt von den Städten Münchberg, Schwarzenbach, Hof, Weißenfels, Halle 1869“. Bei der Quelle interessanter **Waldlehrpfad,** 2 Std. Zurück 1 Std. in einem großen Bogen durch den Münchberger Stadtwald und über den **Haidberg.**

2. Über Waldhütte auf dem Zellersteig vorbei an der wenige Schritte vom Weg liegenden **Felsgruppe Arnstein** und über den Fernsehsender und den **Bärenfang** (Steinbau, der einst dem Bärenfang diente) zum aussichtsreichen **Großen Waldstein** (877 m, s. dort) mit Burgruine und bewirtschaftetem Waldsteinhaus, 3/4 Std. südöstlich. Zurück auf dem Saar-Schlesier-Weg und auf dem Quellenweg.

3. Auf dem Quellenweg über die Saalequelle und die Bärenhöhe zur **Torfmoorhölle** (683 m) an der Straße Gefrees–Weißenstadt (Gasthaus, Wanderparkplatz), 1 1/4 Std. südlich. Von dort 2 1/2 Std. südlich über die **Egerquelle** und das Weißenhaider Eck zum **Waldhaus Karches** an der Fichtelgebirgsstraße.

Die Saale entspringt in der Nähe von Zell aus dem Stollen eines alten Bergwerks. Ihre Quelle wurde 1869 von den Städten Münchberg, Schwarzenbach, Hof, Halle und Weißenfels gefaßt.
(Foto: Gernot Messarius)

QUELLE DER SAALE

D

PRAKTISCHE HINWEISE

1. Auskunft

Informationen und Prospektmaterial über das Fichtelgebirge erhalten Sie von folgenden Stellen:

Tourist Information Fichtelgebirge, Bayreuther Straße 4, 8591 Fichtelberg

Gebietsausschuß Nordoberpfalz im Fremdenverkehrsverband Ostbayern (für Steinwald und südliches Fichtelgebirge) 8481 Erbendorf, Rathaus.

Spezielle Auskünfte über Wanderwege erteilt der **Fichtelgebirgsverein e. V.,** 8670 Hof/Saale, Altstadt 36.

2. Unterkunft

Das vielfältige Angebot reicht vom einfachen Gasthof bis zum Komforthotel. Außerdem gibt es noch zahlreiche Pensionen, Privatzimmer, Ferienwohnungen, Ferienhäuser und Quartiere auf Bauernhöfen. Verschiedene Orte haben schön gelegene Campingplätze. Jugendherbergen, Naturfreundehäuser und Unterkunftshäuser des Fichtelgebirgsvereins bieten vor allem dem Wanderer preiswerte Unterkunft. Bei Jugendherbergen gilt für die Aufnahme in Bayern eine Altersgrenze von 27 Jahren, jedoch nicht für Eltern mit Kindern und Führer von Jugendgruppen. Voraussetzung ist ein gültiger Jugendherbergsausweis. Über die Jugendherbergen und die näheren Aufnahmebedingungen informiert das jährlich erscheinende Jugendherbergsverzeichnis. Es ist im Buchhandel erhältlich.

Ein aktuelles Unterkunftsverzeichnis der Ferienorte des Fichtelgebirges erhalten Sie kostenlos von der Tourist-Information Fichtelgebirge in Fichtelberg bzw. vom Gebietsausschuß Nordoberpfalz in Erbendorf. Detaillierte Gastgeberverzeichnisse auch über Privatquartiere, Ferienwohnungen und Quartiere auf Bauernhöfen gibt es bei den in den Ortsbeschreibungen genannten Verkehrsvereinen.

Jugendherbergen

8580 Bayreuth, Universitätsstr. 28, Tel. 0921/25262
8670 Hof, Beethovenstr. 44, Tel. 09281/93277
8591 Hohenberg/Eger, In der Burg 1, Tel. 09233/1587
8650 Kulmbach, Mangersreuther Str. 43, Tel. 09221/7243
8590 Marktredwitz, Wunsiedler Str. 55, Tel. 09231/81082
8581 Warmensteinach-Oberwarmensteinach, Tel. 09277/249
8655 Wirsberg, Sessenreuther Str. 31

Naturfreundehäuser

Naturfreundehaus Am Röhrberg, 8592 Wunsiedel, Schillerstr. 4
Naturfreundehaus Epprechtstein, 8686 Kirchenlamitz, Epprechtstein 5
Naturfreundehaus Lamitzgrund, 8676 Schwarzenbach/Saale, Martin-Luther-Str. 35
Naturfreundehaus Selb, 8672 Selb, Hirtenwiese 1

Unterkunftshäuser des Fichtelgebirgsvereins

Ochsenkopfhaus (759 m), am Südfuß des Ochsenkopfes, 50 Betten, Anfahrt mit dem Wagen möglich, Parkmöglichkeit, Telefon 09277/236, Post 8581 Oberwarmensteinach-Fleckl Nr. 13.
Seehaus (922 m), zwischen Seehügel und Nußhardt, 30 Betten, 30 Matratzenlager, Telefon 09272/222, Post 8591 Fichtelberg.
Waldsteinhaus (855 m), dicht unterhalb des Waldsteingipfels, 22 Betten, Anfahrt mit dem Wagen möglich, Parkmöglichkeit unterhalb des Hauses, Telefon 09257/264, Post 8663 Sparneck.
Kösseinehaus (939 m), dicht unterhalb des Kösseinegipfels, 22 Betten, Telefon 09232/2061, Post 8592 Wunsiedel.
Marktredwitzer Haus (760 m), südlich von Waldershof am Nordrand des Naturparks Steinwald, 26 Betten, Tel. 09231/71383, Post 8591 Hohenhard üb. Waldershof.
Gänskopfhütte (743 m), am Südhang des Gänskopfes, Unterkunftshütte der FGV-Ortsgruppe Weidenberg, nur an Ausflugstagen bewirtschaftet. Tel. 09278/1301

Die vereinseigenen Häuser des Fichtelgebirgsvereins sind bis auf die Gänskopfhütte ganzjährig bewirtschaftet. Einige Häuser haben wöchentlich einen Ruhetag. Bei Übernachtungswünschen empfiehlt sich telefonische Anmeldung.

Campingplätze

Arzberg	Joditz (Auensee)	Thumsenreuth
Bayreuth	Kulmbach	Trevesenhammer
Brand/Oberpfalz	Selb-Heidelheim	Weißenstadt
Fichtelberg	Stammbach	Wunsiedel
Immenreuth		

Diese Campingplätze sind vorschriftsmäßig mit den erforderlichen technischen und sanitären Einrichtungen ausgestattet. Nähere Angaben in den Campingführern, die im Buchhandel erhältlich sind.

3. Anreise und Verkehrswege

Nach Wunsiedel von	Berlin 350 km	Kassel 460 km
	Dortmund 620 km	München 300 km
	Frankfurt 360 km	Nürnberg 140 Km
	Hamburg 760 km	Saarbrücken 530 km
	Hannover 620 km	Stuttgart 340 km

Straßenverkehr

Die am Westrand des Fichtelgebirges verlaufende Autobahn München– Nürnberg–Berlin verfügt zwischen Bayreuth und Hof über mehrere Ausfahrten, von denen die einzelnen Orte gut zu erreichen sind. Für Autofahrer aus dem Norden und Westen empfiehlt es sich, die Autobahn von Kassel bzw. Frankfurt über Würzburg in Richtung Nürnberg schon bei der Abzweigung nach Bamberg zu verlassen und über die gut ausgebaute Bundesstraße 505 bis zum Autobahndreieck Bayreuth/Kulmbach zu fahren. Dadurch wird der Umweg über das verkehrsreiche Nürnberger Autobahnkreuz vermieden.

Das Fichtelgebirge selbst bietet ein ausgezeichnetes Straßennetz. Hauptverkehrsstraße ist die 43 km lange **Fichtelgebirgsstraße** (Bundesstraße 303) von der Autobahnabfahrt Bad Berneck vorbei an Bischofsgrün und Wunsiedel nach Marktredwitz mit Weiterführung zum Grenzübergang Schirnding. Landschaftlich reizvoll ist auch die nach der hier ansässigen Glasindustrie benannte **Glasstraße** von der Autobahnabfahrt Bayreuth Nord über Weidenberg und Warmensteinach nach Fichtelberg sowie das Teilstück der **Porzellanstraße** (Bundesstraße 15) von Marktredwitz nach Selb. Bei Bischofsgrün zweigt die herrliche **Panoramastraße** ab über Warmensteinach–Fleckl nach Fichtelberg-Neubau.

Bahnverkehr

Das Fichtelgebirge ist durch drei Hauptlinien der Bundesbahn erschlossen:

1. München – Regensburg – Weiden – Marktredwitz – Hof – Berlin.
2. Frankfurt (Stuttgart) – Nürnberg – Marktredwitz – Prag.
3. Würzburg – Kulmbach – Neuenmarkt-W. – Münchberg – Hof.

Durch Stillegung von Nebenbahnen werden einige Strecken nur noch für den Güterverkehr genutzt. Als Ersatz erreichen nun Buslinien auch die entlegensten Orte des Fichtelgebirges.

Flugverkehr

Seit 1972 ist das Gebiet auch in den regionalen Luftverkehr einbezogen. Für die Regionalflugplätze Bayreuth-Bindlach und Hof-Pirk bestehen günstige Flugverbindungen von und nach Frankfurt/Main mit guten Anschlüssen in alle Richtungen.

4. Grenzverkehr

Das Fichtelgebirge grenzt im Osten an die Tschechoslowakei (Ceskoslovanská Republika = CSSR). Für die Einreise sind Visum und Reisepaß erforderlich, Westberliner benötigen den Personalausweis. Einige Ferienorte veranstalten Ausflugsfahrten in die CSSR nach Eger, Karlsbad, Marienbad und Prag. Visa werden von den Veranstaltern besorgt, jedoch brauchen Sie neben dem gültigen Reisepaß noch zwei Lichtbilder. Grenzübergang in die CSSR für Straße und Schiene ist Schirnding.

Im Norden grenzt das Gebiet an die DDR. Straßenübergang ist Rudolphstein – Hirschberg, Bahnübergang Hof – Gutenfürst.

5. Heilbäder, Luftkur- und Erholungsorte

Der Bayerische Fachausschuß für Kurorte, Erholungsorte und Heilbrunnen zeichnete aufgrund eingehender Klimaanalysen (Zusammenwirken von Sonnenbestrahlung, Luftfeuchtigkeit, Niederschlägen, Wind, Luftdruck und Luftreinheit in Verbindung mit geographischer Lage, Vegetation und umgebender Landschaft) folgende Orte des Fichtelgebirges aus:

Staatlich anerkannte Heilbäder: Bad Alexandersbad, Bad Berneck.

Staatlich anerkannte Luftkurorte: Bischofsgrün, Fichtelberg, Oberwarmensteinach, Warmensteinach, Wirsberg.

Staatlich anerkannte Erholungsorte: Brand/Opf., Erbendorf, Friedenfels, Marktschorgast, Mehlmeisel, Nagel, Sparneck, Weidenberg, Weißenstadt, Zell.

6. Museen und Sammlungen

Alexandersbad, Bad: Dorfmuseum in Kleinwendern. Leben und Arbeit des Fichtelgebirgsbauern im 18. und 19. Jahrhundert.

Arzberg: Volkskundemuseum, Friedhofstraße.

Bayreuth: Stadtmuseum im Moll'schen Haus Ecke Max-/Kanzleistraße. Deutsches Feimaurermuseum, Cosima-Wagner-Straße (Eingang vom Hofgarten). - Richard-Wagner-Museum, Richard-Wagner-Str. 48. - Jean-Paul-Museum, Wahnfriedstr. 1. - Museum histor. Schreibmaschinen, Berneckerstr. 11. Weitere Museen S. 103.

Berneck, Bad: Stadtmuseum, Marktplatz 44.

Brand: Max-Reger-Gedächtniszimmer im Rathaus.

Fichtelberg-Neubau: Besucherbergwerk Gleißinger Fels.

Goldkronach: Ehemaliger Bergbauschacht Schmutzler.

Hof: Museum Bayerisches Vogtland, Unteres Tor 5a.

Hohenberg an der Eger: Porzellanmuseum, Freundschaft 1

Kulmbach: Zinnfiguren-Museum und Filialgalerie der Bayerischen Staatsgemäldesammlung auf der Plassenburg.

Marktredwitz: Egerlandmuseum im Egerland-Kulturhaus, Fikentscherstr. 70. Geschichte und Brauchtum des Egerlandes.

Mehlmeisel: Waldmuseum im Erholungsgebiet Bayreuther Haus.

Neuenmarkt-Wirsberg: Damplokomotiv-Museum.

Rehau: Ascher Heimatstube. Weitere Museen Seite 173.

Warmensteinach: Glasmuseum im Freizeithaus.

Wunsiedel: Fichtelgebirgsmuseum, Eingang Spitalhof neben der Spitalkirche. Reichhaltige Sammlung in vielen Räumen zur Geschichte des Fichtelgebirges und seiner Bewohner. Gedenkzimmer für Jean Paul und Karl Sand. Große Mineraliensammlung.

Thumsenreuth: Schloßmuseum.

Weidenberg: Volkskundesammlung des Fichtelgebirgsvereins.

Zell: Oberfränkisches Bauernhofmuseum in Kleinlosnitz.

7. Wandern im Fichtelgebirge

Der 1888 aus der „Sektion Fichtelgebirg" des Alpenvereins entstandene Fichtelgebirgsverein e. V. (FGV) mit heutigem Hauptsitz in Hof hat im gesamten Fichtelgebirge zusammen mit den über 50 örtlichen Zweigvereinen ein engmaschiges Netz markierter Wanderwege angelegt, das sich in Hauptlinien, Nebenlinien und örtliche Wege gliedert. Eine Auswahl der schönsten Wanderwege finden Sie bei den jeweiligen Ortsbeschreibungen. Auf weitere Wege verweisen die in vielen Orten aufgestellten Informationstafeln sowie die örtlichen Verkehrsvereine. Bei den angegebenen Wanderzeiten kann es sich nur um ungefähre Richtzeiten ohne Pausen handeln. Und: Bergab geht es schneller als bergauf! Die weißen Ringe an den Bäumen sind keine Wegmarkierungen, sondern Kennzeichen die Waldabteilungsgrenzen der Forstbehörden.

Für die Tageswanderung empfiehlt sich das kleine Handgepäck: Wanderkarte (unbedingt zu empfehlen!) und Reiseführer, Fotoapparat, Fernglas, Verbandszeug, Taschenmesser, Regenschutz; als „eiserne Ration" etwas Schokolade, Traubenzucker oder Dörrobst. Nicht immer ist ein Gasthaus in der Nähe, und wenn man Pech hat, ist gerade Ruhetag.

Die mehrtägige Wanderung erfordert gründlichere Vorbereitung: Rucksack (weiche Gegenstände an die Rückenseite), Schlafanzug, Schlafsack (für Jugendherbergen aus weißem Leinen), Wasch-, Schuhputz- und Nähzeug, Turn- oder Hausschuhe, Badezeug, Ersatzstrümpfe (aus Wolle).

Denken Sie auch an festes, bequemes Schuhwerk! Für größere Wanderungen brauchen Sie unbedingt hohe Wanderschuhe: Nur sie können dem Fuß den notwendigen Halt geben.

Der Fichtelgebirgsverein sorgt jedoch nicht nur für das Wegenetz. Zu seinen Aufgaben gehören auch Natur- und Landschaftsschutz, Volkskunde und Heimatgeschichte, Brauchtumspflege und Heimatschrifttum. Die vierteljährlich erscheinende Heimatzeitschrift „Der Siebenstern" (liegt in vielen Gaststätten aus) pflegt den Kontakt zu den über 15 000 Mitgliedern der Ortsvereine. Außerdem errichtet und unterhält der Fichtelgebirgsverein neben Unterkunftshäusern auch Aussichtstürme und Felsbesteigungsanlagen. Ebenso wurden die Quellen der vier im Fichtelgebirge entspringenden Flüsse Main, Naab, Eger und Saale in einer der Landschaft angepaßten Form gefaßt.

Aussichtstürme: Schönburgwarte auf dem Großen Kornberg, Asenturm auf dem Ochsenkopf mit Tagesgaststätte, Backöfele auf dem Schneeberg (z. Z. militärisches Sperrgebiet), Prinz-Rupprecht-Turm bei Bad Berneck, Waldenfelswarte Kohlberg.

Felsbesteigungsanlagen: Prinzenfelsen, Nußhardt, Rudolfstein, Weißmainfelsen, Burgstein und Haberstein bei der Luisenburg; Katzentrögel, Saubadfelsen und Reiseneggerfelsen im Steinwald.

8. Hauptwanderlinien

Markierte Hauptwanderwege des Fichtelgebirgsvereins

Höhenweg (weißes H auf rotem Grund) - 46 km
Schwarzenbach/Saale - Großer Waldstein - Weißenstadt - Rudolfstein - Nußhardt - Seehaus - Platte - Silberhaus - Hohe Matze - Kösseine - Haberstein - Luisenburg - Wunsiedel.

Nordweg (weißes N auf rotem Grund) - 58 km
Kulmbach - Wirsberg - Gefrees - Großer Waldstein - Epprechtstein - Kirchenlamitz - Hirschstein - Großer Kornberg - Selb.

Mittelweg (schwarzes M auf gelbem Grund) - 54 km
Bayreuth - Untersteinach - Königsheide - Ochsenkopf - Weißmainquelle - Weißmainfelsen - Seehaus - Vordorfermühle - Vordorf - Zeitelmoos - Thierstein - Hohenberg/Eger.

Südweg (schwarzes S auf gelbem Grund) - 68 km
Neuenmarkt - Bad Berneck - Goldmühl - Warmensteinach - Bayreuther Haus - Immenreuth - Armesberg - Friedenfels - Wiesau.

Westweg (weißes W auf rotem Grund) - 45 km
Weißenstein (bei Stammbach) - Gefrees - Stein - Bad Berneck - Fürstenstein - Sophienthal - Gänskopfhütte - Heidenaabquelle - Ahornberg - Grünberg.

Ostweg (weißes O auf rotem Grund) - 45 km
Rehau - Wildenau - Wartberg - Großer Hengstberg - Hohenberg/Eger - Schirnding - Kappel - Waldsassen.

Quellenweg (schwarzes Q auf gelbem Grund) - 46 km
Münchberg - Zell - Saalequelle - Egerquelle - Weißenhaider Eck - Waldhaus Karches - Weißmainquelle - Weißmainfelsen - Fichtelnaabquelle - Fichtelsee - Nagel - an der Kösseine entlang - Luisenberg - Bad Alexandersbad - Marktredwitz.

Egerweg (schwarzes E auf gelbem Grund) - 43 km
Egerquelle - Weißenstadt - Röslau - Marktleuthen - Schwarzenhammer - Wellerthal - Hohenberg/Eger - Fischern.

Röslauweg (schwarzes R auf gelbem Grund) - 40 km
Röslaquelle - Vordorfermühle - Leupoldsdorf - Tröstau - Wunsiedel - Lorenzreuth - Seußen - Arzberg - Schirnding - Fischern.

Steinwaldweg (weiß-rotes Rechteck) - 38 km
Kösseinegipfel - Schurbach - Langentheilen - Platte mit Oberpfalzturm - Weißenstein - Teichelberg - Waldsassen.

Südrandweg (blaues Quadrat mit weißem Punkt) - 24 km
Untersteinach - Görau - Bocksleite - Lessauer Berg - Fenkenseer Berg - Seybothenreuther Forst - FGV-Wanderheim Tauritzmühle - Seengebiet Gabellohe - Immenreuth.

Maintäler-Verbindungsweg (Winkel mit M) - 20 km
Langenstadt südl. Kulmbach - Alter Steg über den Roten Main - Wehelitz - Rohr - Schwingen - Lindau - Spitzeichen - Waizendorf - Feuln am Weißen Main - See.

Überregionale Wanderwege

Main-Wanderweg (blaues M auf weißem Grund) - im FGV-Bereich 25 km. Weißmainquelle - Karches - Bischofsgrün - Bad Berneck - Hohe Warte - Prinz-Rupprecht-Turm - Himmelkron und weiter über Kulmbach bis zur Mündung in den Rhein.

Rotmain-Weg (rotes M auf weißem Grund) - 54 km
Rotmainquelle - Creussen - Eremitage - Bayreuth - Altenplos - Steinenhausen (Zusammenfluß mit dem Weißen Main).

Main-Donau-Weg (blaues M auf weißem Grund, darunter weißes D auf blauem Grund) - im FGV-Bereich 27 km
Bischofsgrün - Ochsenkopf - Weißmainquelle - Nagel - Ebnath - Armesberg (Weiterführung durch den Oberpfälzer Waldverein).

Saar-Schlesien-Weg (liegendes blaues Kreuz auf weißem Grund) - im FGV-Bereich 94 km
Von Münchberg bis zur Saalequelle auf dem Quellenweg - weiter zum Großen Waldstein - auf dem Höhenweg nach Wunsiedel - weiter mit eigenem Zeichen über Hohe Warte - Thiersheim - Thierstein - Wellerthal - Selb - Rehau bis Dreiländereck bei Prex.

Europäischer Fernwanderweg Nr. 3 Atlantik - Ardennen - Böhmerwald - im FGV-Bereich 48 km
Verlauf auf den gleichen Wegen wie der Saar-Schlesien-Weg von Münchberg bis Marktredwitz, Ortsteil Thölau (vorläufiger Endpunkt).

Europäischer Fernwanderweg Nr. 6 Ostsee - Wachau - Adria - im FGV-Bereich 66 km
Von Münchberg bis Marktredwitz auf dem Quellenweg - weiter zur Kappel- Markierung blaues Kreuz auf weißem Grund - bis Waldsassen auf dem Ostweg.

9. Rundwanderwege für Autofahrer

Im Fichtelgebirge wurden viele Wanderparkplätze geschaffen, die Rundwanderungen zu lohnenden Ausflugszielen ermöglichen. Hier eine kleine Auswahl.

Parkplatz Gasthaus Wellerthal im Egertal
Anfahrt von Thierstein, Selb oder Hohenberg

1. Südöstlich zum **Schloßberg** (585 m) mit Säulenbasalt und Resten der Burg Neuhaus des 14. Jh. Von dort westlich auf dem Mittelweg bis Pfannenstiel und nordöstlich über Blumenthal zurück. Insgesamt 2 Std.

2. Nordöstlich über Silberbach und auf dem Silberbacher Häusellohweg in das **Torfmoorgebiet Häuselloh.** Nun östlich bis zur Einmündung in den Ostweg und auf diesem südlich zum **Großen Hengstberg** (651 m) an der Landesgrenze mit schönem Buchenwald und Blick ins Egerland vom Granitgipfel. Abstieg südwestlich ins Egertal und auf dem Egerweg zurück. Insgesamt 3 Std.

Der rund 1000 Quadratkilometer große Naturpark Fichtelgebirge ist ein Dorado für den Wanderer. Für Autofahrer gibt es zahlreiche Rundwanderwege, die zum Parkplatz zurückführen.
(Foto: Gernot Messarius)

ÜBERSICHTSKARTE
Naturpark Fichtelgebirge
Stand 1.1.1979
Maßstab 1:15.000

3. Nordwestlich auf dem Saar-Schlesien-Weg zum **Wunsiedler Weiher.** Zurück über den Hohen Stein und Teufelstisch. Insgesamt 2 Std.

Parkplatz Gasthaus Vorsuchhütte am Großen Kornberg
Anfahrt von Marktleuthen oder Schönwald über Spielberg

1. Westlich auf dem Nordweg in 20 Minuten steil aufwärts zum **Großen Kornberg** (827 m) mit Aussichtsturm. Zurück über die Skiliftstation.

2. Nordöstlich 3/4 Std. nach **Göringsreuth** mit Waldgaststätte Pfarrhaus. Von dort südöstlich bis zur Einmündung in den Nordweg und auf diesem zurück.

Parkplatz Nähe Großer Waldstein
An der Straße von Weißenstadt nach Sparneck

1. Westlich 1/4 Std. auf den aussichtsreichen **Großen Waldstein** (877 m) mit Burgruine und bewirtschaftetem Waldsteinhaus.

2. Östlich in 1 1/4 Std. auf den **Epprechtstein** (798 m) mit Burgruine und auf Parallelwegen zurück.

Parkplatz Egerquelle
An der Straße von Bischofsgrün nach Weißenstadt

1. Über die **Egerquelle** (100 m entfernt) auf dem Forstweg nordwestlich bis zur Einmündung des Goldkronacher Sträßchens, auf diesem südwestlich bis zur Einmündung des Tischweges und auf diesem über die **Hohe Haide** (829 m) zurück. Insgesamt 1 1/2 Std.

2. Östlich über die **Weißenhaider Mühle** (Gaststätte) auf den **Rudolfstein** (866 m). Zurück über die Felsgruppe Drei Brüder, den Rudolfsattel und das Weißenhaider Eck. Insgesamt 2 1/2 Std.

Parkplatz Oberwarmensteinach-Fleckl
Anfahrt von Bischofsgrün, Warmensteinach oder Fichtelberg

1. Nördlich auf den **Ochsenkopf** (1024 m) mit bewirtschaftetem Aussichtsturm. Von dort östlich über die **Weißmainquelle** zum

Weißmainfelsen, dann südlich zur **Fichtelnaabquelle** und südwestlich zurück. Insgesamt 2 1/2 Std.

2. Nordöstlich zur **Fichtelnaabquelle,** dann südöstlich zum **Fichtelsee** und westlich nach Neubau, auf der Straße vorbei am **Besucherbergwerk Gleißinger Fels** zum Forsthaus Grünstein und über die **Steinachquelle** zurück. Insgesamt 2 1/2 Std.

Parkplatz Gasthaus Karches an der Fichtelgebirgsstraße
Entfernung von Bad Berneck 17 km, von Marktredwitz 23 km

1. Auf dem Quellenweg nordwestlich zum Weißenhaider Eck und östlich zum Rudolfsattel (Abstecher über die Drei Brüder zum **Rudolfstein**). Nun südlich auf der Forststraße Röslauer Weg über die **Röslaquelle** zum **Nußhardt** (972 m) und südwestlich zum Parkplatz zurück. Insgesamt 4 Std.

2. Nordöstlich Richtung Nußhardt bis zur Einmündung der Buchenallee, auf dieser nordwestlich über Höhenklinik, Fröbershammer nach Bischofsgrün und am Weißen Main entlang zum Parkplatz zurück. Insgesamt 3 Std.

3. Westlich über die **Weißmainquelle** auf den Ochsenkopf (1024 m). Abstieg südöstlich auf der Forststraße und nach Überquerung der oberen Ringstraße zum **Weißmainfelsen.** Von dort nördlich zurück. Insgesamt 2 Std.

4. Südlich über **Weißmainfelsen** zur **Fichtelnaabquelle** und südöstlich zum **Fichtelsee.** Von dort nördlich durch das Naturschutzgebiet Seelohe und auf dem parallel zur Fichtelgebirgsstraße verlaufenden Weg zum Parkplatz zurück. Insgesamt 2 1/2 Std.

Parkplatz Nähe Seehaus an der Fichtelgebirgsstraße
Entfernung von Bad Berneck 19 km, vom Marktredwitz 21 km

1. Nordöstlich in gut 1/2 Std. zum bewirtschafteten **Seehaus** (922 m). Von dort Rundwanderung 2 1/4 Std. nordöstlich auf dem Mittelweg bis Vordorfermühle, dann westlich auf dem Röslauweg zur **Röslaquelle** und über den **Nußhardt** (972 m) entweder zum Seehaus oder auf abkürzender Forststraße zum Parkplatz zurück.

2. Nordöstlich zum **Seehaus** (922 m) und südöstlich zum Granitblockfeld der **Platte** (885 m). Abstieg südwestlich zum **Fichtelsee** und nördlich durch das Naturschutzgebiet Seelohe zum Parkplatz zurück. Insgesamt 2 1/2 Std.

3. Westlich über **Weißmainfelsen** und **Weißmainquelle** auf den **Ochsenkopf** (1024 m). Abstieg südöstlich auf der Forststraße und nach Überquerung der oberen Ringstraße zur **Fichtelnaabquelle** und zum **Fichtelsee.** Nun durch das Naturschutzgebiet Seelohe nördlich zum Parkplatz zurück. Insgesamt 3 Std.

Parkplatz Gaststätte Silberhaus an der Fichtelgebirgsstraße

Entfernung von Bad Berneck 23 km, von Marktredwitz 17 km

1. Südöstlich über Prinzenfelsen, Girgelhöhle zur **Hohen Matze** (813 m). Zurück auf dem gleichen Weg. Insgesamt 2 Std.

2. Über die **Hohe Matze** (813 m) und weiter südöstlich auf dem Höhenweg über Hohenbrand auf die aussichtsreiche **Kösseine** (939 m) mit bewirtschaftetem Unterkunftshaus. Zurück über Reichenbach und Nageler See. Insgesamt 4 Std.

3. Westlich nach **Fichtelberg** und von dort nördlich zum **Fichtelsee.** Zurück südöstlich zuerst auf dem Quellenweg und dann auf dem von Fichtelberg kommenden Wanderweg. Insgesamt 2 Std.

4. Nordöstlich auf der Alten Silberhausstraße und auf der bald nördlich abzweigenden Zinnschützstraße zum idyllischen **Zinnschützweiher** mitten im Hochwald (einst Zinnwäsche). Nahe nördlich der Granitsteinbruch Fuchsbau. Zurück auf dem gleichen Weg. Insgesamt 1 1/2 Std.

5. Nordwestlich auf dem Höhenweg über die **Platte** (885 m) zum **Seehaus** (922 m). Zurück auf den unterhalb des Höhenweges verlaufenden Forststraßen. Insgesamt 2 1/2 Std.

Parkplatz Luisenburg unterhalb des Einganges zum Labyrinth

Anfahrt über die Fichtelgebirgsstraße, Abzweigung Wunsiedel

1. Rundgang durch das Felsenlabyrinth, 1 - 2 Std.

2. Durch das Labyrinth zum **Versöhnungsfelsen** (785 m) mit Kreuz, dann südlich zum **Burgstein** (869 m) und östlich zum **Haberstein** (848 m), zurück nördlich auf dem Höhenweg. Insgesamt 2 1/2 Std.

3. Südlich über den **Haberstein** (848 m) auf die **Kösseine** (939 m). Zurück westlich und auf der Kösseinestraße. Insgesamt 3 Std.

10. Hobby und Sport

Sollte Ihnen das Wandern als sportliche Betätigung noch nicht genügen: Im Fichtelgebirge gibt es noch viele andere Möglichkeiten. Zahlreiche Ferienorte verfügen über moderne, teils neu gebaute **Freibäder** und **Hallenbäder.** Oft haben die Freibäder beheiztes Wasser und somit eine erhöhte Zahl an sommerlichen Badetagen. Besonders gut ausgestattet ist das Ozonhallenbad „Am Fichtelsee" mit Heißwasserbecken im Freien, dessen Temperatur immerhin 32 Grad aufweist. Ein Idyll für Freibader sind Fichtelsee, Förmitzspeicher und Weißenstädter See. Hier kann man auch **Kahnfahren, Segeln** und **Windsurfen.** Bäche, Flüsse und Weiher sind mit ihrem reinen Wasser sehr fischreich und eignen sich vorzüglich zum **Angeln.**

Als Attraktion gilt die 1000 m lange **Sommerrodelbahn** mit ihren 10 Steilkurven am Ochsenkopf ebenso wie die **Sommersprungschanze.** Und auf den Ochsenkopfgipfel führt sowohl von Bischofsgrün-Fröbershammer als auch von Oberwarmensteinach-Fleckl in 12 m Höhe eine Seilschwebebahn, die mit einer Gesamtlänge von 4,1 km zu den längsten Europas zählt.

„Das Glück der Erde liegt auf dem Rücken der Pferde" - auch im Fichtelgebirge. Viele Orte haben Reitclubs mit Reithallen und Ausrittgelände. Angebote für Reiter und Pferd halten bereit Bad Alexandersbad, Bayreuth, Bischofsgrün, Fahrenbühl, Fichtelberg, Himmelkron, Hof, Kirchenlamitz, Kulmbach, Marktredwitz, Mehlmeisel, Münchberg, Rehau, Selb, Tröstau, Weidenberg, Weißenstadt, Wirsberg, Wunsiedel und Zell. Nähere Auskünfte erteilen die örtlichen Verkehrsämter.

Darüber hinaus läßt sich fast jeder Feriensportwunsch erfüllen. **Tennis, Minigolf, Boccia** und **Kegeln** sind ja schon fast selbstverständlich, **Segelfliegen** dagegen ist noch nicht ganz so alltäglich: Bayreuth, Kulmbach, Tröstau und Zell bieten dafür gute Voraussetzungen. Und in einer **Ferienfahrschule** können Sie auch gleich Ihren Führerschein erwerben. Ein **Golfplatz** mit 9-Loch-Anlage befindet sich in Thurnau südwestlich von Kulmbach.

Es regnet: Kein Grund zur Betrübnis. Besuchen Sie eines jener **Museen,** denen ein Extra-Kapitel gewidmet ist. Sie erfahren viel über Land und Leute in Ihrem Urlaubsgebiet. Ganz oben steht das **Fichtelgebirgsmuseum** in Wunsiedel, dem eine große Mineraliensammlung angeschlossen ist. Lohnend ist auch das **Besucherbergwerk Gleißinger Fels** in Fichtelberg, in dem früher silberglänzende Erze abgebaut wruden. Wer sich für **Steine** und **Mineralien** interessiert, findet im Fichtelgebirge immer noch ein dankbares Betätigungsfeld. **Ferienhobbykurse** (u. a. Bauernmalerei, Bildhauerei) veranstaltet das Verkehrsamt Fichtelberg; Kulmbach offeriert mehrmals jährlich die **Zinnfiguren-Hobby-Wochen.** Und wie wär's mit einem Besuch der **Luisenburg-Festspiele,** die im Sommer auf der waldumrahmten Naturbühne stattfinden? Programm und Karten im Vorverkauf gibt es beim Verkehrsamt Wunsiedel.

Wintersport: Ganz groß. Rund um den Ochsenkopf dreht sich ein einziges Skikarussel (20 qkm) mit Seilschwebebahnen, Liftanlagen (teils mit Flutlicht), Pisten und drei Sprungschanzen, mit Rodel-und Skibobbahnen. Fast unbegrenzte Möglichkeiten findet

Die 4500 Zuschauer fassende „Hutschenreuther Eissporthalle" in Selb mit architektonisch imponierender Holzleimbinderkonstruktion gehört zu den schönsten Eissporthallen Deutschlands.
(Foto: Stadtverwaltung Selb)

Sechsämtertropfen Sechsämtertropfen Sechsämtertropfen
Jägermeister
Sechsämtertropfen

der Skiwanderer auf markierten Langlauf-Loipen, die sogar schon kartographisch genau erfaßt sind. Gerade der Skilanglauf wird von den Sportmedizinern immer wieder als gesündester Wintersport empfohlen.

Daß die Gegend um den Ochsenkopf ziemlich schneesicher ist, hat sich schon herumgesprochen. Und für den Fall der Fälle steht eine riesige Schneekanone bereit. Hochburgen des Wintersports sind Bischofsgrün und Warmensteinach, aber auch die Nachbarorte Mehlmeisel und Fichtelberg können durchaus mithalten. Als Geheimtip gilt noch der Kornberg mit Flutlicht-Lift, und im Steinwald hat sich das Gebiet um Pfaben zu einem beliebten Wintersportplatz entwickelt.

Geradezu revolutionierend ist die Kurzskimethode der Skischule Nordbayern, die in Bischofsgrün ihren Sitz hat und mit Kursen in vielen Wintersportorten des Fichtelgebirges vertreten ist. Mit einm 60-cm-Ski geht es los, der sich über 1 m und 1,30 m schließlich auf 1,60 m Skilänge steigert. Dabei werden die Skier für den Lehrgang zur Verfügung gestellt. Das „Ski-Diagnose-Verfahren" auf Videofilm ermöglicht individuellen Unterricht. Dann gibt es noch die „Bambino-Skimethode", mit der selbst 3jährige Kinder das Skilaufen erlernen.

Vergnügen bereitet das **Eisstockschießen,** eine Art Nationalsport in Bayern, dessen Regeln dem Boccia ähneln. Eine **Eislaufhalle** bieten Bayreuth und Selb.

Doch auch Wintergäste ohne sportliche Ambitionen kommen im Fichtelgebirge zu ihrem Recht. Gerade beschauliche Spaziergänge, vielleicht auch eine Pferdeschlittenfahrt, durch den tiefverschneiten Winterwald lassen die Schönheit dieser Landschaft zu einem besonderen Erlebnis werden.

11. Souvenirs aus dem Fichtelgebirge

Wer brächte nicht gern etwas aus den Ferien mit nach Hause, als Erinnerung an erlebte Urlaubsfreuden? In der Gegend um Weidenberg, Warmensteinach und Bischofsgrün ist die ehemals Gablonzer Glasindustrie wieder heimisch geworden. Kein Wunder also, daß **Glaswaren** aller Art hoch im Kurs stehen. Das gleiche gilt für **Porzellan,** das in vielen Orten hergestellt wird. Selb und Arzberg sind die beiden bedeutendsten Porzellanstädte des Fichtelgebirges mit weltbekannten Firmen. Unverbindlich besichtigt werden können die Musterräume der einzelnen Firmen.

Steine und **Mineralien** – das Fichtelgebirge ist immer noch eine Fundgrube für Hobby-Geologen. Wenn Sie auch etwas Glück haben müssen, noch wertvolle Topase und Turmaline aufzuspüren, ein paar schöne Souvenir-Steine werden sicher dabei sein.

In Marktleuthen finden Sie die älteste und einzige **Zinngießerei** des Fichtelgebirges; Sie können sich in der Werkstatt umschauen und schöne Zinnwaren erwerben, Lohnend ist ein Besuch der **Töpferei** in Höchstädt, die im ehemaligen Stall eines alten, unter Denkmalschutz stehenden Bauernhauses eingerichtet ist, und Töpferwaren nach alten Vorbildern aus dem Fichtelgebirge fertigt. Beliebt sind auch die vielfältigen **Holzschnitzereien.** Fotogeschäfte offerieren großformatige Fotos mit Motiven aus dem Fichtelgebirge, auf Holz gezogen ein hübscher Wandschmuck! Hier und da gibt es noch alte **Stiche** mit Städte- und Landschaftsansichten aus früherer Zeit.

Immer begehrt sind **Textilien** aus heimischen Betrieben. Nicht umsonst ist Hof Mittelpunkt der nordbayerischen Textilindustrie, und traditionsreiche Textilfirmen sind auch in vielen anderen Orten seßhaft. Rehau hat eine bedeutende Lederindustrie, Grund genug, sich für schöne **Geschenkartikel aus Leder** zu interessieren.

Spezialität von Bad Berneck sind die süßen **Pfeffernüsse,** und aus Wunsiedel kommt der berühmte **Sechsämtertropfen,** jener bittersüße Fruchtlikör, den Sie nicht nur in Gaststätten, sondern original im Wunsiedeler Sechsämterstübchen gegenüber der katholischen Stadtpfarrkirche probieren können. Eine Flasche dieses edlern Tropfens wird Sie sicherlich auch noch daheim erfreuen!

12. Bücher und Landkarten

Rudolf Börner: Welcher Stein ist das? Tabellen zum Bestimmen der wichtigsten Mineralien und Gesteine mit vielen Abbildungen. Franckh'sche Verlagsbuchhandlung Stuttgart.

Gernot Messarius: Fränkische Schweiz, Goldstadt-Reiseführer Band 2319; Oberpfalz, Goldstadt-Reiseführer Band 2310. Zwei kenntnisreiche Begleiter durch benachbarte Regionen des Fichtelgebirges.

Friedrich Wilhelm Singer - Georg Pöhlein: Fichtelgebirge. Das granitene Hufeisen. Auf den literarischen Spuren der Romantiker in Verbindung mit herrlichen Farbaufnahmen aus unserer Zeit. Oberfränkische Verlagsanstalt, Hof.

Irene Reif - Karl Pöhner: Fichtelgebirge. Porträt einer Landschaft in Text und Bild als literarisch-spritzige Bestandaufnahme. Saalfrank Verlag, Helmbechts/Kulmbach.

Ludwig Tieck - W. Heinrich Wackenroder: Die Pfingstreise von 1793 durch die Fränkische Schweiz, den Frankenwald und das Fichtelgebirge. Wie die berühmten Begründer der deutschen Romantik vor 190 Jahren das Waldgebirge erlebten. Herausgegeben von Christoph Schaller, geschmückt mit zeitgenössischen Abbildungen. Saalfrank Verlag Helmbrechts, Kulmbach.

Traudl Wolfrum: Kiechla, Kleeß und Krautsalot. 146 Rezepte aus der oberfränkischen Küche, bunt garniert mit Anekdoten, Mundartgedichten, Farbbildern und Illustrationen. Gondrom Verlag, Bayreuth.

L. Zapf: Der Sagenkreis des Fichtelgebirges. Interessante Begebenheiten aus vergangenen Zeiten. Georg Reichel Verlag, Hof.

Deutsche Generalkarte, 1:200 000, Blatt 14

Fritsch Autowanderkarte, 1:100 000, Frankenwald/Fichtelgebirge

Fritsch Wander- und Umgebungskarten 1:35 000 - 1:50 000 Naturpark Fichtelgebirge und Steinwald, Hof und östlicher Frankenwald, Wirsberg-Marktschorgast, Bad Berneck, Fichtelberg-Bischofsgrün, Wunsiedel-Bad Alexandersbad, Kulmbach.

Ortsverzeichnis

A

Ahornberg 168
Ahornis 186
Alexandersbad, Bad 82
Anzenberg 80
Armesberg 81
Arnoldsreuth 81
Arzberg 85
Asenturm 57
Auensee 140

B

Babilon 144
Backöfele 60
Bärenhöhe 50
Bärnreuth 105
Bayreuth 87
Bayreuther Haus 165
Benk 108
Bergkopf 52
Berneck, Bad 104
Bernstein 76
Bindlach 64
Birk 174
Birnstengel 109
Bischofsgrün 108
Brand bei
Marktredwitz 162
Brand/Oberpfalz 112
Brandholz 128
Buchberg 158
Buchhaus 149
Burgstein 72

C

Carolinenquelle 142
Creussen 103

D

Dachsfelsen 78
Dechenntsees 81
Demutstal 84
Drei Brüder 60
Dreihirtenstein 108
Dürrberg 198

E

Ebnath 114
Egerquelle 14
Entenquelle 108
Epprechtstein 52
Erbendorf 115
Eremitage 100
Erkersreuth 184

F

Fahrenbach 193
Fahrenbühl 178
Falkenberg 123
Falkenhaus, Schloß 108
Fantaisie, Schloß 102
Faßmannsreuth 173
Feisnitzspeicher 86
Fichteberg 117
Fichtelhammer 158
Fichtelnaabquelle 12
Fichtelsee 118
Fischern 76
Fleckl 195
Förmitzspeicher 178
Friedenfels 122
Fröbershammer 109
Fuchsmühl 123
Fürstenstein 112

G

Gänskopfhütte 200
Geiersberg 195
Gefrees 125
Gesees 103
Girgelhöhle 62
Glasermühle 109
Goldkronach 128
Goldmühl 108
Göpfersgrün 76
Göringsreuth 176
Grandfelsen 78
Graentzerstein 162
Grassemann 195
Gregnitztal 114
Grenzhammer 195
Groschlattengrün 163
Grötschenreuth 81
Grünauer Mühle 176
Grünberg 115
Grünstein 108
Gsteinigt 86

H

Haberstein/
Kösseine 74
Haberstein/
Schneeberg 60
Hackelstein 124
Hagenhausweiher 87
Hahnenfilz 16
Haidberg 211
Hallerstein 178
Harlachberg 81
Häusellon 184
Heidenaab 14
Hengstberg, Großer 184
Himmelkron 131
Hinterröhrenhof 108
Hirschhorn 112
Hirschsprung 143
Hirschstein 52
Höchstädt 133
Hof 134
Hohe Heide 60
Hohe Matze 62
Hohenberg/Eger 140
Hohenhard 78
Hoher Stein 185
Hohe Warte 108
Hopfau 81
Huberfelsen 78
Hügelfelsen 110
Hütten 195
Hüttstadtl-St. Veit 117

I

Immenreuth 143
Iskaraberg 200

J

Jean-Paul-Brunnen 120
Joditz 48
Johanneszeche 76
Juliushammer 84

K

Kaiserhammer 133
Kastl 147
Kappel, Kirche 87
Karches 110
Karchesweiher 110
Katharinenberg 211
Kellermühle 81
Kemnath 144
Kirchbrünnlein 48
Kirchenlamitz 147
Kirchenpingarten 200
Kirchgattendorf 46
Klausenteich 86
Klausenturm 165
Kleinwendern 84
Kleppermühle 176
Knockfelsen 78
Kohlberg 86
Königshalde 196
Konnesreuth 87
Konradsreuth 48
Kornberg, Großer 52
Kössain 74
Kösseine 74
Kreuzberg 204
Kreuzstein 198
Kühnmühle 140
Kulmain 144
Kulmbach 149

L

Lamitzquelle 178
Lanzendorf 132
Leupoldshammer 184
Löchleinstal 196
Luisenburg 67
Luitpoldhöhe 126

M

Mahlsack 198
Main, Roter 12
Main, Weißer 12
Marienweiher, 186
Marktleuthen 157
Marktredwitz 158
Marktredwitzer Haus 78
Marktschorgast 163
Martinlamitz 178
Mehlmeisel 165
Melkendorf 104
Mitterhammer 46
Mühlbühl 166
Münchberg 166

N

Nagel 168
Nageler See 169
Naabquelle 12
Napoleonshut 68
Nemmersdorf 130
Nentschau 46
Neubau 117
Neudrossenfeld 104
Neuenmarkt 205
Neuhaus/Eger 143
Neumühle 158
Neustadt/Kulm 147
Nußhardt 62

O

Oberkotzau 170
Oberpfalzturm 77
Oberwarmensteinach 195
Oberweißenbach 176
Ochsenkopf 57
Ölschnitz 12

P

Patersberg 156
Pechbrunn 163
Peterlesstein 206
Pfaben 116
Pfaffenberg 176
Pfaffenreuth 78
Pfalzbrunnen 194
Pfeiferfelsen 198
Pilgramsreuth 172
Plassenburg 154
Platte/Schneeberg 62
Platte/Steinwald 77
Plößberg 124
Poppenreuth 78
Prex 173
Prinzenfelsen 62
Prinz-Rupprecht-Turm 108
Pullenreuth 81
Püttnerfels 84

R

Rat-Felsen 78
Räuberfelsen 78
Rauher Berg 156
Rauher Kulm 147
Regnitz 16
Regnitzlosau 46
Rehau 171
Rehbergturm 156
Reichenbach 168
Reicholdsgrün 158
Reicholdsgrüner Höhe 149
Reinersreuth 185
Reiseneggerfelsen 78
Reuth 80
Riesenschüssel 123
Riglasreuth 81
Rodenzenreuth 193
Röhrendorf 104
Rondell 133
Röslaquelle 60
Röslau 174
Roßberg 140
Roßkopf 163
Röthenbach 86
Rudolfstein 60
Ruheberg 87

S
Saalenstein, Ruine 48
Saalequelle 16
Saubadfelsen 78
Schadenreuther
Platte 117
Schamlesberg 125
Schauerberg 84
Scheibenberg 114
Schiefe Ebene 164
Schindelberg 52
Schirnding 174
Schlageterfelsen 84
Schlehenberg 103
Schloßgattendorf 46
Schloßhügel 200
Schlottenof 76
Schneeberg 58
Schneeloch 58
Schönbrunn 211
Schönburgwarte 149
Schönwald 175
Schurbach 74
Schwarzenbach/Saale 177
Schwarzenhammer 143
Schweinsbach 112
Schüssel/Waldstein 50
Seehaus 62
Seehügel 11
Seelohe 120
Selb 178
Sichersreuth 82
Siegritz 117
Sigmundsgrün 48
Silberhaus 62
Sophienreuth 173
Sophienthal 200
Sparneck 185
Speinshart 147
Spielberg 56
Spitzeichen 156
Stammbach 186
Stadtsteinach 156
Stein, Schloß 126
Steinachquelle 198
Steinachtal 195
Steinbühl 185
Steinhaus 87
Steinhausen, Schloß 104
Steinwald 77
Steinwitzhügel 115

T
Teichelberg,
Großer 124
Thiersheim 188
Thierstein 189
Thumsenreuth 80
Thurnau 156
Thiergarten,
Schloß 102
Thusmühle 174
Tirschenreuth 204
Torfmoorhölle 212
Trebgast 190
Trevashammer 81
Triebendorf 204
Tröstau 192

U
Untersteinach
bei Kulmbach 156
Untersteinach
bei Weidenberg 67
Untreusee 170
Uprode, Ruine 168

V
Venetaschacht 58
Versöhnungsfelsen 72
Vogelfelsen 78
Vordorf 174
Vordorfermühle 193
Vorsuchhütte 52

W
Waldeck 80
Waldenfelswarte 86
Waldershof 193
Waldhaus/
Steinwald 78
Waldnaab 14
Waldnaabtal 123
Waldsassen 87
Waldstein, Großer 50
Waldstein, Kleiner 178
Warmensteinach 195
Wartberg
bei Selb 184
Wartberg
bei Thiersheim 188
Wartturm/Hof 140
Weidenberg 199
Weißdorf 54
Weißenhaider
Mühle 202
Weißenstadt 201
Weißenstädter See 202
Weißenstein, Berg 186
Weißenstein, Ruine 78
Weißmainfelsen 58
Weißmainquelle 12
Wellerthal 143
Wenderner Stein 84
Wernstein, Burg 156
Wetzstein 112
Wiesau 203
Wildenreuth 117
Wirsberg 204
Woja 48
Wolfsäule 114
Wülfersreuth 108
Wunsiedel 206
Wurlitz 48
Wurmlohpaß 62
Wurzstein, Burg 67

Z
Zainhammer 67
Zeitelmoos 174
Zell 211
Zellerfels 50
Zigeunersteine 52
Zinnschützweiher 193
Zipfeltannen-
felsen 78
Zoppatenbach 12
Zwölfgipfelblick 174

Sachregister

A

Akanthusaltar 33
Anreise 216
Auskunft 214
Aussichtstürme 220

B

Badeseen 16
Bahnverkehr 216
Basalt 19
Bergbau 41
Besucherbergwerk 120
Bevölkerung 29
Büchertip 232
Burgen 33

C

Campingplätze 215

D

Diabes

E

Eisstockschießen
Entfernungen 216
Erdgeschichte 17
Erholungsorte 217
Essen und Trinken 35

F

Felsbesteigungs-anlagen 220
Fichtelgebirgs-museum 208
Fichtelgebirgs-verein 218
Flugverkehr 217
Flüsse 12
Forstwirtschaft 41

G

Geographie 10
Geschichte 26
Gesteine 18
Gewässer 12
Glaserzeugung 42
Gneis 18
Goldbergbau 128
Granit 18
Grenzverkehr 217

H

Hauptwanderlinien 220
Heilbäder 217
Hochmoor 23

J

Jugendherbergen 215

K

Kanzelaltar 32
Klima 20

L

Landkarten 232
Landwirtschaft 41
Luftkurorte 217
Luisenburg-Festspiele 68

M

Markgrafenstil 32
Mineralien 19
Mineralquellen 16
Moore 16
Mundart 29
Museen 218

N

Naturfreundehäuser 215
Natursteinindustrie 41

P

Personenchronik 38
Pflanzen, geschützte 24
Pflanzenwelt 22
Phillitgestein 18
Porzellanherstellung 44
Porzellanindustrie 42
Proterobas 18

R

Reiten 227
Rundwanderwege 222

S

Sammlungen 218
Sechsämterland 28
Serpentingestein 18
Sommerrodelbahn 227

T

Textilindustrie 44
Tierwelt 24
Unterkunft 214
Unterkunftshäuser 215

V

Veranstaltungskalender 34
Verkehrswege 216
Volksmusik 31

W

Wandern 218
Wasserschlösser 34
Wetter 20
Wintersport 228
Wirtschaft 41

„Wenn einer eine Reise tut, dann kann er was erzählen"

Diese alte Binsenweisheit gilt auch heute noch; aber nur erzählen ohne „farbige Untermalung" kann man sich heute kaum mehr vorstellen. Deshalb gesellt sich häufig zur Reisevorbereitung und Urlaubsplanung der Gedanke nach dem gelungenen Farbfoto. Denn gerade bei einem Reiseziel, bei dem es Erlebnisse festzuhalten gibt und über die sichs farbig zu erzählen lohnt, sollte man keine Risiken beim Fotografieren eingehen. Hatte man bei der letzten Reise nicht Pech mit der Kamera? Gab es nicht Ärger mit dem Film? Fragen, die man reiflich überlegen sollte!

Auf dem Foto- und Filmmarkt gibt es heute eine so breite Angebotspalette, daß man kaum zum Vergleichen kommt. Trotz dieser Fülle gibt es einige Produkte, die sich dank ihrer Qualität von der Masse abheben, und gerade in diesen Qualitätsbereichen bewegen sich Profis. Aber welcher Amateur möchte nicht auch Anspruch auf Spitzenqualität erheben, zumal der Preis oft gar nicht so viel höher ist, als angenommen wird.

Ob Papierbild oder Dia, diese Entscheidung liegt an Ihrer „farbigen Erzählweise". Spricht man vom Film, so wird man zu Recht sehr schnell auf Kodak-Filme stoßen. Allein für die Amateurfotografie bietet Kodak heute eine Reihe verschiedener Filme an, die aufgrund ihrer Eigenschaften für bestimmte Aufnahmesituationen besonders geeignet sind.

Da gibt es für Papierbilder den Kodacolor Gold 100 Farbnegativfilm (21°) mit sehr hoher Farbintensität, Schärfe und enormem Belichtungsspielraum. Die Spitze, was moderne Fotochemie heute zu leisten vermag. Seine Bilder sind natürlich und in den Farben kräftig, wie man es eigentlich nur von Dias kennt. Erfordern Situation und Lichtverhältnisse einen höher empfindlichen Film, so stehen 200, 400 und 1000 ISO (24°, 27°, 31°) zur Verfügung.

Wer Dias bevorzugt, ist mit dem Kodak Ektachrome 100/21° Diafilm bestens ausgestattet. Seine große Schärfe und seine leuchtenden Farben bieten beste Voraussetzungen für naturgetreue Aufnahmen. Aber natürlich sollte man für ungünstige Lichtverhältnisse auch die höher empfindlichen Kodak Ektachrome 200 bzw. 400 (24°, 27°) oder Kodachrome 64 (19°) mitführen.

In der Brillanz unübertroffen ist der äußerst feinkörnige Diafilm Kodachrome 25 (15°).

Doch was nützt bestes Filmmaterial, wenn bei der Anschaffung des Fotoapparates und bei noch Wichtigerem, beim Kauf des Objektivs, das für erste Qualität verantwortlich ist, gespart wurde.

Nennen wir doch gleich das Paradestück der deutschen Kleinbild-Fotoindustrie, die Leica mit ihren Leitz-Objektiven, als Mercedes unter den Fotoapparaten. Seit Jahrzehnten setzt diese Firma qualitative Maßstäbe. Gewiß, der Einstieg in diese Spitzenklasse fordert seinen Preis.

Um aber einem noch größeren Kreis die Entscheidung für die Leica R 4 zu erleichtern, hat Leitz die etwas „abgespeckte" R 4s gebaut. Ohne auf technische Details weiter einzugehen, sei eine Besonderheit der beiden Leicas hervorgehoben, die mit den Wert der Kameras in der Praxis ausmachen: „integral" und „selektiv" – die Garantie für richtige Belichtung. Jeder Fotograf kennt das Problem: „Wie belichte ich richtig?" Da ist ein unwiederbringliches Motiv, Gegenlicht gibt Stimmung, dramatische Schatten, man muß in Sekunden reagieren und richtig messen . . . nur, kann die Belichtungs-Automatik bei der jetzt notwendigen Bildgestaltung auch eingreifen? Oder muß man manuell eine oder sogar zwei Stufen über oder unterbelichten . . . oder wie war das doch gleich? So hat sich schon manches Bild während langer Überlegungen in Nichts aufgelöst.

Natürlich ist eine automatische Belichtungssteuerung nichts Besonderes mehr, eher eine notwendige Technik, die dem Fotografen die Konzentration aufs Motiv erlaubt. Nur, wird jede Automatik mit jeder Lichtsituation fertig? Deshalb spricht man bei der Leica von zwei Belichtungsmeßmethoden: eine mittenbetonte Großfeld-Integralmessung für alle Motive mit normalen Lichtverhältnissen. Und als Besonderheit die Leitz-Selektivmessung, mit der man den bildwichtigen Teil des Motivs gezielt anmessen kann und damit auch schwierigen Lichtsituationen gewachsen ist.

Eine Weiterentwicklung der Leica R4 ist die Leica R5. Wie das bisherige Spitzenmodell bietet auch die Leica R5 alle Belichtungsprogramme. Neue technische Merkmale und eine Reihe von Detailverbesserungen (Programm-Automatik, TTL-Blitzbelichtungsmessung durch das Objektiv) machen das Arbeiten mit der Leica R5 noch sicherer und unbeschwerter.

So wie die Kamera mit ihrer Elektronik zur Kreativität beisteuert, spielt das Objektiv die entscheidende Rolle für die Bildqualität. Durchzeichnung der Bildteile vom tiefsten Schatten bis hin zum hellsten Licht. Brillante Wiedergabe des gesamten Farbspektrums und eine gestochene Schärfe. Eine Kombination die bisher nur bei Leitz-Objektiven in dieser Vollendung zu finden ist.

Die Qual der passenden Objektivwahl – was soll man auf die Reise mitnehmen? Zwischen 30 Leica R-Objektiven mit Brennweiten von 15 mm Weitwinkel- und 800 mm Teleobjektiv gilt es zu wählen, und schließlich soll nicht der ganze Reiseetat in der Fotoausrüstung stecken:

1. Maxi-Nutzen bei Mini-Aufwand: Wer bei geringem Aufwand wendig und schnell und für viele Gelegenheiten ausgerüstet sein will, der wählt Weitwinkel (35 mm) und Tele (90 mm).

2. Die kompakte Reiseausrüstung: Fürs leichte Gepäck wählen viele gern die beiden Vario-Objektive (35-70 und 70-210 mm). Dazu als Ergänzung ein 24 mm Weitwinkel-Objektiv.

3. Die vielseitige Reiseausrüstung: Mit dieser Ausstattung kann der Fotograf viele Möglichkeiten der Bildgestaltung ausschöpfen. Sie bietet ein weitgespanntes Spektrum der Anwendungsmöglichkeiten. Ein 21 mm und ein 35 mm Weitwinkel-Objektiv für Übersichtsaufnahmen, dazu, als Universal-Objektiv für Nah und Fern, das Macro 60 mm Objektiv und als praxisgerechte Ergänzung für Landschaftsaufnahmen und für Porträts, ein mittleres Tele 135 mm. Für den weiteren Telebereich ein 180 mm-Objektiv.

Gehen Sie mit ihrer kompletten Ausrüstung nun auf große Reise, dann beachten Sie dabei noch folgendes: Da Filme im Ausland sehr teuer sind, nehmen Sie genügend mit! So schnell kommt man nicht mehr in dieses Gebiet, also drückt man gern noch ein zweites Mal auf den Auslöser!

Versuchen Sie während der Reise die Filme immer so kühl wie möglich zu transportieren und zu lagern, da bei großer Hitze Farbveränderungen auftreten können. Lassen Sie die belichteten Filme so schnell wie möglich entwickeln!

Erkundigen Sie sich bei Ihrer Versicherung über den Schutz bei einem eventuellen Diebstahl oder Schaden!

Und nun – viel Erfolg für Ihre „farbige Reiseerzählung".

Die Goldstadt-Reiseführer

(0388)

EUROPA

Deutschland
Bayerischer Wald (2309)
Bodensee und Umgebung (2303)
Fichtelgebirge (2318)
Fränkische Schweiz (2319)
Harz (2305)
Oberpfalz (2310)
Odenwald (2313)
Schwäbische Alb, Donautal (2304)
Schwarzwald Süd (2301)

Frankreich
Atlantikküste (2076)
Bretagne (4077)
Burgund (4072)
Cote d'Azur (2070)
Cote Languedoc Roussillon (2071)
Das Tal der Loire (4078)
Korsika (2015)
Provence u. Camargue (2032)
Vogesen, Straßbg., Colmar (2023)

Griechenland (4218)
Kreta (2055)
Korfu (2054)
Rhodos (2022)

Großbritannien
Schottland (4059)
Südengland (2058)
Nordengland (4083)

Irland (4042)

Island (4043)

Italien
Elba (2044)
Gardasee und Iseosee (2012)
Friaul - Julisch Venetien (2028)
Italienische Riviera (2005)
Meran mit Ausflügen (2009)
Golf von Neapel (2025)
Rom (2026)
Südtirol (2010)
Sizilien (2024)
Toskana (2041)

Jugoslawien
Jugoslawische Adria (2027)

Malta Gozo, Comino (2046)

Österreich
Burgenland (2062)
Kärnten (2060)
Steiermark (2063)
Wien (2064)

Portugal (4211)
Algarve (2011)
Azoren (6201)
Lissabon (2081)
Madeira (2045)

Schweiz
Berner Oberland (2050)
Tessin (2051)

Skandinavien
Dänemark (4016)
Finnland (4040)
Lappland (4029)
Norwegen (4039)
Schweden (4033)

Spanien
Costa Brava (2002)
Costa Blanca (2020)
Costa del Sol,
Costa de la Luz (2019)
Gran Canaria (2036)
Lanzarote, Fuerteventura
Mallorca (2003)
Südspanien (4200)
Teneriffa (2035)
La Palma, Gomera, Hierro

Tschechoslowakei (2013)

Ungarn (2037)

UDSSR
Leningrad (4214)
Moskau (4213)

Zypern (4017)

AFRIKA

Algerien mit Sahara (4212)
Marokko (4030)
Mauritius (6234)
Seychellen (6229)
Südafrika (6215)
Tunesien (4021)

AMERIKA

Bolivien (6219)
Brasilien (6245)
Chile (6241)
mit Feuerland u. Osterinsel
Cuba (6246)
Ecuador mit Galapagos (6243)
Kolumbien (6242)
New York (2038)
Peru (6220)
USA - Gesamt (4207)
USA - Der Südwesten (6255)
Venezuela (6244)

ASIEN
INDISCHER OZEAN
PAZIFISCHER OZEAN

Birma (6235)
Hawaii (6233)
Israel (6251)
Japan 1 (6224)
Tokyo, Nara, Kyoto
Malaysia (6226)
Malediven (6228)
Nordindien und Nepal (6209)
Südindien (6208)
Sri Lanka (6227)
Thailand (6206)
Türkei (4217)

AUSTRALIEN (6231)

Sprachführer

Die einfache Hörsprache –
lesen und sofort richtig sprechen

1401 Französisch
1402 Englisch
1403 Spanisch
1404 Griechisch
1405 Serbokroatisch
1406 Portugiesisch
1407 Italienisch
1408 Türkisch
1409 Russisch

Wanderführer

Spaziergänge u. Wanderungen vom halbstündigen Küstenspaziergang bis ganztägigen alpinen Bergtouren, Fahrpläne und kleiner Sprachführer, Übersichts- und Wanderrouten-skizzen, Fotos, 96 Seiten.

Teneriffa (3451)
Gomera (3452)

Reisebücher

DER GROSSE GOLDSTADT

Bermuda deutsch (8702)
englisch (8705)

Gezähmte Wildnis
Schweden von Schonen bis Lappland (8703)

Heilige Stätten
Pilgerziel Jerusalem (8704)

Kenia
Safari- und Reiseführer (8706)